陈永明数学教学丛书

递推关系面面观

徐卫文　陶烨昕　李瑾　陈永明　编

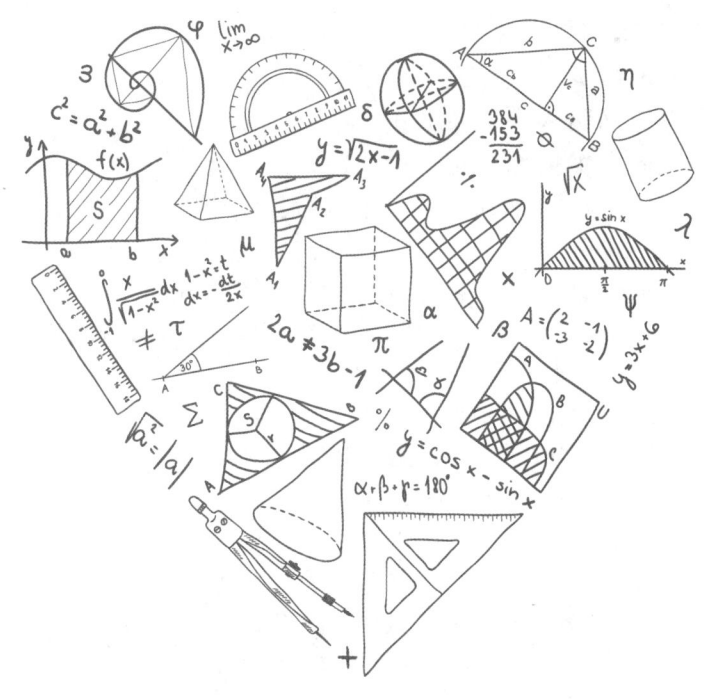

上海科技教育出版社

图书在版编目(CIP)数据

递推关系面面观 / 徐卫文等编. — 上海：上海科技教育出版社，2024.8. — ISBN 978-7-5428-8187-8

Ⅰ. G633.603

中国国家版本馆 CIP 数据核字第 2024C2H770 号

责任编辑　冯晨阳
封面设计　符　劼

陈永明数学教学丛书

递推关系面面观

徐卫文　陶烨昕　李　瑾　陈永明　编

出版发行	上海科技教育出版社有限公司
	（上海市闵行区号景路159弄A座8楼　邮政编码201101）
网　　址	www.sste.com　www.ewen.co
经　　销	各地新华书店
印　　刷	启东市人民印刷有限公司
开　　本	787×1092　1/16
印　　张	17
版　　次	2024年8月第1版
印　　次	2024年8月第1次印刷
书　　号	ISBN 978-7-5428-8187-8/G·4879
定　　价	60.00元

内容提要

本书汇集了有关递推关系的知识,包括了几个部分:首先是递推关系的一般认识.接着是本书的重点部分——讨论了递推关系与通项公式、前 n 项和的互求:从递推关系求通项公式——分类讨论和思想方法汇总,从递推关系求前 n 项和公式,从通项公式求递推关系,在这些章节中,既有例题、习题的种种解法,又进行了归类;既研究技能技巧又从思想方法角度加以分析.最后部分是关于递推关系理论的初步探讨,以及在计算机时代,为什么递推关系(迭代)能大放异彩.

在递推关系方面,本书是收集、整理得比较完整的一本参考书.适合高中师生学习参考.

前　言

递推关系,在高考中常有出现,也是高中教科书中一个重要的内容. 它不仅是数列章节的基础概念之一,而且在解决实际问题时具有广泛的应用. 但是限于篇幅原因,教科书里没有完整地进行过介绍,因此,广大师生迫切需要有这方面的参考书.

本书是一本比较全面叙述递推关系的书籍,包括从递推关系求数列的通项(各种类型、各种方法)与前 n 项和公式;从通项公式求递推关系;以及从递推关系着手研究数列的特性(有界性、单调性)与数列的极限,并收集了高考题中一部分有关递推关系的题目;最后,简单讲述递推关系在计算机中的应用.

这本书的编写有几个特点:第一是讲述解题方法和技巧,第二是把这些方法和技巧分类有序呈现,第三是再从思想方法角度加以总结. 我和我的团队非常推崇张景中院士提出的解题"中巧说",在学习"中巧说"的基础上,编写了《数学习题教学研究》《陈永明讲评数学题——高中习题归类研讨》和《陈永明讲评数学题——初中习题归类研讨》,本书延续了这种风格. 对高中数学教师和高中生来说,这可能是较好的辅助资料,希望对大家有所帮助.

一本优秀的教参,还应该有更高的要求:既能讲述解题方法和技巧,又要"翘一翘尾巴"——从理论上稍加发挥. 本书除了编排上的三个特点之外,还对递推关系的性质(单调性、有界性、极限)做了一点探讨,可能可以满足高中教师的需求.

我一直认为,我国的基础教育很扎实,但是有点"坐井观天",在初等数学的小圈圈里打转,不了解书本之外的事情. 譬如,我们书本上讲了二次方程,而且学了不少解题技巧,可就到此为止了. 学生一般不会问:"讲了一次方程、二次方程,那么三次方程为什么不讲啊?"学生能不能问和问不问这样的问题,性质是大不一样的. 所以,教材要给学生"留白",要诱导学生去了解"井"外的广阔的天地. 本书想对高中生"留"个"白",看看我们反复练习的数列、递推关系究竟有什么用处.

学习递推关系，不仅有助于参加高考，其实还有更深的意义.

不可否认，在笔算的年代，数列的通项公式比较好用.譬如求某数列的第 100 项的值，只要将 $n=100$ 代入到通项公式中去，结果立马出来了.如果用递推关系来求，先要由第一项求出第二项，再由第二项求出第三项……最后由第 99 项求出第 100 项，真是少慢差费.但是，在计算机飞速发展的今天，情况发生了逆转，递推关系更显示出强大的生命力.计算机不怕麻烦，不怕复杂，只要利用递推关系设定了程序，结果马上算出来.计算机大量运用迭代，其实迭代就是递推关系的一种运用.

总的来说，递推关系和通项公式都是描述数列的重要工具.递推关系提供了一种从已知项出发计算未知项的方法，在计算机科学、物理学、生物学等领域都有广泛的应用.例如，在计算机科学中，动态规划算法常常使用递推关系来解决问题.而通项公式则直接给出了数列中任意一项的具体数值，在物理、工程等领域都有广泛的应用.例如，在物理学中，我们可以使用通项公式来描述物体的运动规律；在工程学中，我们可以使用通项公式来计算某种结构或系统的特性.它们在不同的应用场景下都有着重要的作用.

本书是在我的一本旧作基础上修订的，参与修订的有徐卫文、陶烨昕、李瑾、陈永明.

陈永明

2024 年 1 月

目录 MULU

第一章 递推关系的意义 ………………………………………… 1
    第一节 递推关系和数列的归纳定义 ………………………… 1
    第二节 几个著名的例子 ……………………………………… 6

第二章 从递推关系求通项公式——几种常见类型 ……… 14
    第一节 $a_{n+1}=a_n+f(n)$ 型 ………………………………… 14
    第二节 $a_{n+1}=a_n \cdot f(n)$ 型 ……………………………… 19
    第三节 $a_{n+1}=pa_n+q$ 型 …………………………………… 22
    第四节 $a_{n+1}=pa_n+q^n$ 型 ………………………………… 27
    第五节 $a_{n+1} \cdot a_n=pq^n$ 型 ……………………………… 31
    第六节 $a_{n+1}=pa_n+q(n)$ 型 ……………………………… 33
    第七节 $a_{n+1}=p(n)a_n+q(n)$ 型 …………………………… 36
    第八节 $a_{n+2}+pa_{n+1}+qa_n=r(r=0)$ 型 ………………… 43
    第九节 $a_{n+2}+pa_{n+1}+qa_n=r(r\neq0)$ 型 ……………… 48
    第十节 $a_{n+1}=\dfrac{pa_n}{ra_n+s}$ 型 ………………………… 53
    第十一节 $a_{n+1}=\dfrac{pa_n+q}{ra_n+s}$ 型 …………………… 55
    第十二节 $a_{n+1}=Aa_n^k$ 型和 $a_{n+2}^k=Aa_{n+1}^l a_n^m$ 型 ……… 66
    第十三节 一次联立递推关系 ……………………………… 71

第三章 从递推关系求通项公式——解法的进一步研究 … 78
    第一节 数学归纳法 ………………………………………… 78
    第二节 变换法 ……………………………………………… 83
    第三节 累加法 ……………………………………………… 91
    第四节 特征方程法 ………………………………………… 94
    第五节 构造母函数法 ……………………………………… 103
    第六节 不动点法 …………………………………………… 110
    第七节 迭代法 ……………………………………………… 114

第八节　周期分析法·· 117
第四章　从递推关系求前 n 项和······································ 122
　　第一节　利用通项公式的方法······································ 122
　　第二节　错位法·· 126
　　第三节　累加法·· 133
　　第四节　寻找 $\{S_n\}$ 的递推关系································ 138
　　第五节　母函数法··· 143
第五章　从通项公式求递推关系······································ 147
第六章　单调性和有界性问题··· 151
　　第一节　单调性·· 151
　　第二节　有界性·· 157
第七章　极限问题··· 163
　　第一节　利用通项公式求极限···································· 163
　　第二节　利用无穷递缩等比数列求极限······················· 168
　　第三节　利用单调有界定理求极限······························ 175
　　第四节　直观解释··· 181
第八章　我国高考中有关递推关系的试题························· 193
第九章　杂题讨论··· 241
第十章　递推关系、迭代和计算机··································· 259
参考文献·· 263

第一章 递推关系的意义

第一节 递推关系和数列的归纳定义

在高中教科书中,等差数列是这样定义的:如果一个数列从第 2 项起,每一项与其前一项的差都等于同一个常数,这个数列就叫做等差数列,而这个常数叫做等差数列的公差.

设等差数列为
$$a_1, a_2, a_3, \cdots, a_n, \cdots.$$
如果等差数列 $\{a_n\}$ 首项为 a,公差为 d,由定义可得
$$a_1 = a,$$
$$a_2 = a_1 + d,$$
$$a_3 = a_2 + d,$$
$$\cdots,$$
$$a_{n+1} = a_n + d,$$
$$\cdots.$$

这些式子,可以归纳为下面的式子:
$$\begin{cases} a_1 = a, \\ a_{n+1} = a_n + d \ (n=1,2,3,\cdots). \end{cases} \tag{1}$$

由定义,可以推导出等差数列的通项公式是
$$a_n = a + (n-1)d \ (n \text{ 为正整数}). \tag{2}$$

只要给定了首项 a 和公差 d,我们可以根据通项公式(2)来确定该等差数列的任何一项.这一点,我们都已经知道.其实,我们也可以根据(1)式确定数列的各项.事实上,在(1)式中,令 $n=1$,可以得到

$$a_2 = a_1 + d = a + d;$$

再令 $n=2$，可以得到

$$a_3 = a_2 + d = (a+d) + d = a + 2d;$$

令 $n=3$，又可以得到

$$a_4 = a_3 + d = (a+2d) + d = a + 3d,$$

$$\cdots,$$

$$a_n = a_{n-1} + d = [a + (n-2)d] + d = a + (n-1)d,$$

$$\cdots.$$

通项公式(2)的特点是可以直接算出随意指定的项的值. 例如，计算第 100 项，只需在(2)式中令 $n=100$，即得

$$a_{100} = a + 99d.$$

而用(1)式来计算 a_{100}，则必须先算出第 2 项，而后算出 $a_3, a_4, \cdots$，以至 a_{99}，最后才能算出所需的第 100 项的值. 正是由于这种算法的特点是"一个接着一个依次算出的"，所以，我们把(1)式中的

$$a_{n+1} = a_n + d \ (n=1, 2, 3, \cdots)$$

叫做递推关系. 只有这个递推关系还不行，还必须知道首项 a_1 的值，它是递推的起点. 我们把(1)式中的

$$a_1 = a$$

叫做初始值.

由于(1)式和(2)式都可以确定等差数列，所以都可以作为等差数列的定义. 高中教科书里的等差数列实质上就是利用(1)式定义的，也就是用递推关系和初始值来定义的. 数列的这种定义方式叫做数列的**归纳定义**.

高中教科书中，等比数列的定义是：如果一个数列从第 2 项起，每一项与它前一项的比等于同一个常数，这个数列叫做等比数列，这个常数叫做等比数列的公比. 如果设等比数列的首项 a_1 等于 a，公比是 q，那么，上面的定义相当于

$$\begin{cases} a_1 = a, \\ a_{n+1} = a_n q \ (n=1,2,3,\cdots). \end{cases} \tag{3}$$

不难看出，这也是归纳定义.

应该指出，(1)式和下面的(4)式

$$\begin{cases} a_1 = a, \\ a_n = a_{n-1} + d \ (n=2,3,4,\cdots) \end{cases} \tag{4}$$

是等价的. 尽管(1)式和(4)式中的递推关系表面上看起来是不一样的，但是

在(1)式中,若令 $n=1$,就可以算出 a_2,而在(4)式中,只要令 $n=2$,也同样可以算出 a_2,所以,它们本质上并没有差别.

同样地,(3)式和下面的(5)式

$$\begin{cases} a_1=a, \\ a_n=a_{n-1}q \ (n=2,3,4,\cdots) \end{cases} \tag{5}$$

也是等价的.

一般地,用

$$\begin{cases} a_1=a, \\ a_{n+1}=f(a_n) \ (n=1,2,3,\cdots) \end{cases}$$

确定的数列 $\{a_n\}$ 和用

$$\begin{cases} a_1=a, \\ a_n=f(a_{n-1}) \ (n=2,3,4,\cdots) \end{cases}$$

确定的数列 $\{a_n\}$ 是完全相同的.

我们有时会遇到更复杂的递推关系. 例如,

$$a_{n+2}=3a_{n+1}-2a_n \ (n=1,2,3,\cdots) \tag{6}$$

就是一个较复杂的递推关系. 在(6)式中,令 $n=1$,得

$$a_3=3a_2-2a_1,$$

令 $n=2$,得

$$a_4=3a_3-2a_2,$$

$$\cdots$$

这个递推关系的特点是,必须给出第 n、$n+1$ 项两项的值,才能得到第 $n+2$ 项的值. 与这个递推关系相适应,必须给出两个初始值 a_1、a_2,才能递推出各项的值.

用归纳方式定义的数列又称为循环数列. 用(1)式定义的等差数列,用(3)式定义的等比数列,它们的递推关系都涉及了相邻两项,可以写成

$$a_{n+1}=f(a_n) \ (n=1,2,3,\cdots)$$

的形式,这种数列叫做一阶循环数列. 而上面这个例子中的递推关系(6),是连接相邻三项的递推关系,其结构呈

$$a_{n+2}=f(a_n,a_{n+1}) \ (n=1,2,3,\cdots)$$

的形式,这样的数列称为二阶循环数列. 一般地,用 k 个初始值和下面连接相邻 $k+1$ 项的递推关系

$$a_{n+k}=f(a_n,a_{n+1},\cdots,a_{n+k-1}) \ (n=1,2,3,\cdots)$$

定义的数列,叫做 k 阶循环数列.

例 指出由下列各式定义的数列$\{a_n\}$是几阶循环数列,并求出其前5项的值:

(1) $a_1=1, a_{n+1}=a_n+3$ $(n=1,2,3,\cdots)$;

(2) $a_1=1, a_2=2, a_{n+2}=2a_n+3a_{n+1}$ $(n=1,2,3,\cdots)$.

解 (1) 这是一个一阶循环数列,其前5项的值是:1,4,7,10,13.

(2) 这是一个二阶循环数列,其前5项的值是:1,2,8,28,100.

习 题

写出由 $a_1=2, a_{n+1}=na_n$ 确定的数列的前 5 项.

第一章 递推关系的意义

参考答案

$2, 2, 4, 12, 48$

第二节 几个著名的例子

尽管利用通项公式可以方便地计算出随意指定的项的值,但有时从实际问题中寻找规律时,利用归纳方式更为容易些,并且更适合计算机来进行计算.所以,通项公式和归纳方式这两种定义数列的方法各有其优点.

本节中将举出几个著名的例子,读者可以从中体会归纳方式在寻求规律方面的优点.

例 1(分割问题) 请问:4 刀能把西瓜最多切成几块?

在考虑这个问题前,我们先想想二维情况,分解成几个小问题.即:

平面上有 n 条直线,任两条不平行,任三条不共点.试回答下列各问题:

(1) 共有几个交点;

(2) 设 k 条直线将平面分成 $f(k)$ 个部分,求 $f(k-1)$ 和 $f(k)$ 的关系 $(2 \leqslant k \leqslant n)$;

(3) 求 $f(n)$ 的表达式.

分析 第(1)小题是容易解决的.但本题的最终目的是第(3)小题,即求平面被分割成的块数.直接求第(3)小题中的 $f(n)$ 是会有些困难的,但第(2)小题将有助于问题的解决.

如图 1-2-1,画一条直线,将平面分成 2 个部分;画两条直线,将平面分成 4 个部分,比刚才多了 2 个部分,画第三条直线,它与先画的两条直线都相交,且不共点,所以,第三条直线必定被分成三段.与此相应地,平面被

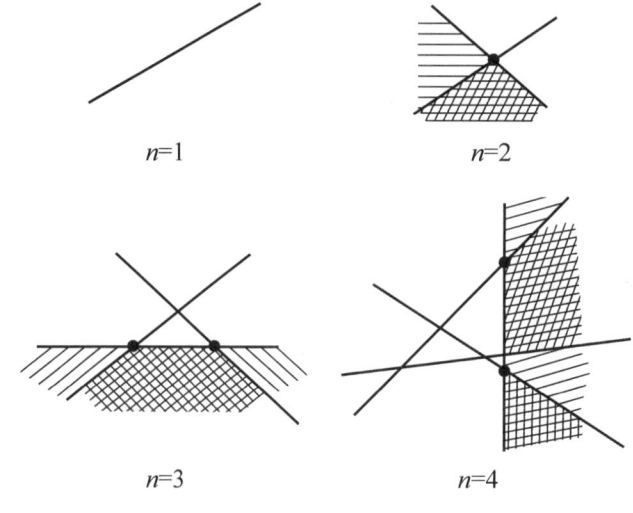

图 1-2-1

分割成的块数将增加 3 块;再画第四条直线,它与先画的三条直线形成三个交点,第四条直线被这三个交点分成四段. 相应地,平面被分割的块数又将增加 4 块……

由上述可知,有
$$f(1)=2,$$
$$f(2)=f(1)+2,$$
$$f(3)=f(2)+3,$$
$$f(4)=f(3)+4,$$
$$\cdots,$$
这样容易推出 $f(k-1)$ 和 $f(k)$ 的关系来.

解 (1) 因为 n 条直线的任两条不平行,任三条不共点,所以,每两条直线必有一个交点. 由此,n 条直线的交点总个数为
$$C_n^2=\frac{n(n-1)}{2}.$$

(2) 设 $k-1$ 条直线将平面分成 $f(k-1)$ 个部分. 再画第 k 条直线,它与前面画的 $k-1$ 条直线应有 $k-1$ 个交点. 这 $k-1$ 个交点将第 k 条直线分成 k 段,相应地,平面被分割的块数将增加 k 块. 所以
$$f(k)=f(k-1)+k \ (2\leqslant k\leqslant n). \tag{1}$$

(3) 显然,
$$f(1)=2,$$
将 $k=2,3,\cdots,n$ 代入(1)式,得
$$f(2)=f(1)+2,$$
$$f(3)=f(2)+3,$$
$$\cdots,$$
$$f(n-1)=f(n-2)+n-1,$$
$$f(n)=f(n-1)+n.$$
将上面这些式子相加,得
$$f(n)=f(1)+[2+3+4+\cdots+(n-1)+n]$$
$$=2+\frac{(n+2)(n-1)}{2}$$
$$=\frac{1}{2}(n^2+n+2).$$

与考虑平面相类似,当切 n 刀时,最多把西瓜切成 $g(n)$ 块.

虽然立体图比较难画,但是前三刀是比较容易想象的.

第一刀,最多分成 2 块;第二刀,最多分成 4 块;第三刀,最多分成 8 块;

（把已有的一分为二）；……

后面的比较难想象了，那么就类比平面时的方法，寻找 $g(n)$ 与 $g(n-1)$ 之间的关系.

在前三刀的过程中，可以发现，为了能切得更多块，需要与每一个面都相交.那么当切了 $n-1$ 刀后，第 n 刀应该和前 $n-1$ 刀切面相交形成了 $n-1$ 条交线（面与面相交成线）.也就是会在第 n 刀切面上有 $n-1$ 条线.而根据上面讨论的结果可知，一共最多有 $f(n-1)$ 个部分.那么，最理想的情况就是，每一个小部分（不规则多边形）把原来的部分一分为二，于是

$$g(n)=g(n-1)+f(n-1).$$

根据上述递推关系，用累加法（第三章第三节将做详细介绍）可推得：

$$g(n)=\frac{n^3+5n+6}{6}.$$

于是，针对切西瓜问题，只需要把 $n=4$ 代入上述公式就可以了，可知最多切 15 块.

例 2（斐波那契数列） 有一对小兔，过一个月之后长成大兔，到第三个月就可以生下一对小兔，并且以后每月生下一对小兔，而所生的小兔，也同样到第二个月长成大兔，到第三个月生下一对小兔，以后也每月生下一对小兔.假设所有兔子一年内均不死亡，问：一年后共有几对兔子？

分析 设每月兔子的对数为

$$a_1,a_2,a_3,\cdots,a_n,\cdots.$$

本题即求其中的第 13 项 a_{13}.

显然

$$a_1=1;$$

一个月之后，这对小兔长成了大兔，故

$$a_2=1;$$

到第三个月，这对大兔生下了一对小兔，所以

$$a_3=2,$$

注意，其中有一对大兔，一对小兔；到第四个月，一对小兔长成大兔，而一对大兔又生下一对小兔，所以共有 3 对，即

$$a_4=3,$$

其中有两对是大兔，一对是小兔.a_4 比 a_3 多 1 对兔子，这 1 对兔子是怎么会增加出来的呢？这是因为 a_3 中有一对是大兔，它们生下了一对小兔.可见，研究从某个月到它后面的一个月增加了几对兔子，只要观察某一个月中有几对大兔就可以了，而某一个月中大兔的对数就等于前面一个月的兔子总

对数.以 a_2, a_3, a_4 为例,a_4 由两部分构成:大兔对数和小兔对数.其中,大兔对数就是 a_3,小兔对数(即增加的兔子对数)就是 a_3 中的大兔对数,也就是 a_2.所以,

$$a_4 = a_2 + a_3.$$

一般地,有

$$a_n = a_{n-1} + a_{n-2} (n=3,4,\cdots).$$

解

$$a_1=1, a_2=1,$$
$$a_3=a_2+a_1=2, a_4=a_3+a_2=3,$$
$$a_5=a_4+a_3=5, a_6=a_5+a_4=8,$$
$$a_7=a_6+a_5=13, a_8=a_7+a_6=21,$$
$$a_9=a_8+a_7=34, a_{10}=a_9+a_8=55,$$
$$a_{11}=a_{10}+a_9=89, a_{12}=a_{11}+a_{10}=144,$$
$$a_{13}=a_{12}+a_{11}=233.$$

所以,一年之后,共有 233 对兔子.

这个问题是中世纪意大利数学家莱昂纳多·斐波那契首先提出的,所以被称为斐波那契问题.问题中所涉及的数列

$$1, 1, 2, 3, 5, 8, 13, 21, \cdots$$

被称为斐波那契数列.

例3(走楼梯问题) 假如有 10 阶楼梯,小明每次只能向上走 1 阶或者 2 阶,请问:一共有多少种不同的走法呢?

分析 假如楼梯只有 1 阶,那就只有一种走法,记作 $a_1=1$.假如楼梯有 2 阶呢?那就有两种走法,或者走两步 1 阶;或者走一次 2 阶,记作 $a_2=2$.假如楼梯有 3 阶呢?可以分两种情况,或者第一步走 1 阶,则剩余 2 阶的走法为 $a_2=2$;或者第一步走 2 阶,则剩余 1 阶的走法为 $a_1=1$,所以 $a_3=a_1+a_2=3$.假如楼梯有 4 阶呢?同样分两种情况,或者第一步走 1 阶,则剩余 3 阶的走法为 $a_3=3$;或者第一步走 2 阶,则剩余 2 阶的走法为 $a_2=2$,所以 $a_4=a_3+a_2=5$.假如楼梯有 5 阶呢?同样分两种情况,或者第一步走 1 阶,则剩余 4 阶的走法为 $a_4=5$;或者第一步走 2 阶,则剩余 3 阶的走法为 $a_3=3$,所以 $a_5=a_3+a_4=8$.利用同样的方法我们可以依次算出 a_6、a_7、a_8、a_9、a_{10} 分别等于 13、21、34、55、89.

在这个过程中,运用了类比、化归的数学思维,比如算 4 阶楼梯走法的

时候,我们把问题转化为 2 阶和 3 阶楼梯走法的总和.

把以上结果放在一起:
$$1,2,3,5,8,13,21,34,55,89,\cdots.$$

从分析过程可以看出,上面数列从第 3 个数开始,每一个数都是前两个数的和.

如果有更多台阶怎么办呢? 这就需要递推关系了. 由于一步最多走两个台阶,因此要到达第 n 级台阶,有两种方案:

① 走到第 $n-1$ 级台阶上,然后走 1 阶到最上方;

② 走到第 $n-2$ 级台阶上,然后走一次 2 阶到最上方.

我们用 a_{n-1} 和 a_{n-2} 分别表示走到第 $n-1$ 级和第 $n-2$ 级台阶的方法数,那么走到第 n 级台阶的方法数就是:
$$a_n = a_{n-1} + a_{n-2}.$$

显然,这就是斐波那契数列的递推关系(第七章将研究斐波那契数列及其性质).

例 4("世界末日"问题) 在一块平板上竖起三根柱子 A、B、C,另外,有 n 片大小不同的、中间开着小孔的圆片. 开始时,如图 1-2-2,把这些圆片套在 A 柱上,大的在下,小的在上.

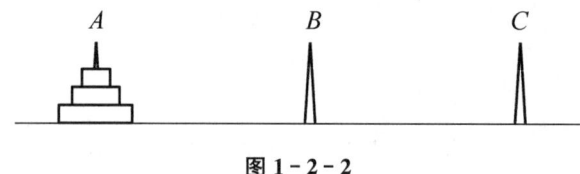

图 1-2-2

现在,按下列规则将圆片从这根柱上移到另一根柱上:

① 一次只能移动一片;

② 大圆片不能在小圆片上面.

设把 A 柱上的 n 片圆片全部移到 C 柱所需的最少次数为 a_n. 试回答:

(1) a_1、a_2、a_3 是多少?

(2) a_n 和 a_{n-1} 之间有怎样的关系?

(3) 求 a_n.

解 (1) 显然,当 A 柱上只有一片圆片时,只需移动一次,就可以将它移到 C 柱. 所以
$$a_1 = 1.$$

当 A 柱上有两片圆片时,必须利用 B 柱作过渡,即先将第一片移到 B 柱,再将第二片移到 C 柱,最后将 B 柱上的小圆片移到 C 柱上. 这样,A 柱

上的两片圆片就转移到了 C 柱上,并且从始至终大片都不在小片上. 因此
$$a_2=3.$$

当 A 柱上有三片圆片时,应该怎样考虑呢？由于必须一片一片移动,大的又不许压在小的上面,所以,想要移动 A 柱上最底下的一片圆片,也就是第三片圆片,就必须将第一、第二片圆片先搬到某一根柱上(当然是 B 柱比较恰当,注意,这需要用 $a_2=3$ 次),这样一来,就可以将第三片圆片从 A 柱上移到 C 柱上(这样又是 1 次). 最后,将 B 柱上的两片圆片通过 A 柱过渡移到 C 柱上(这样又要 $a_2=3$ 次),如图 1-2-3. 所以,一共要 7 次,即

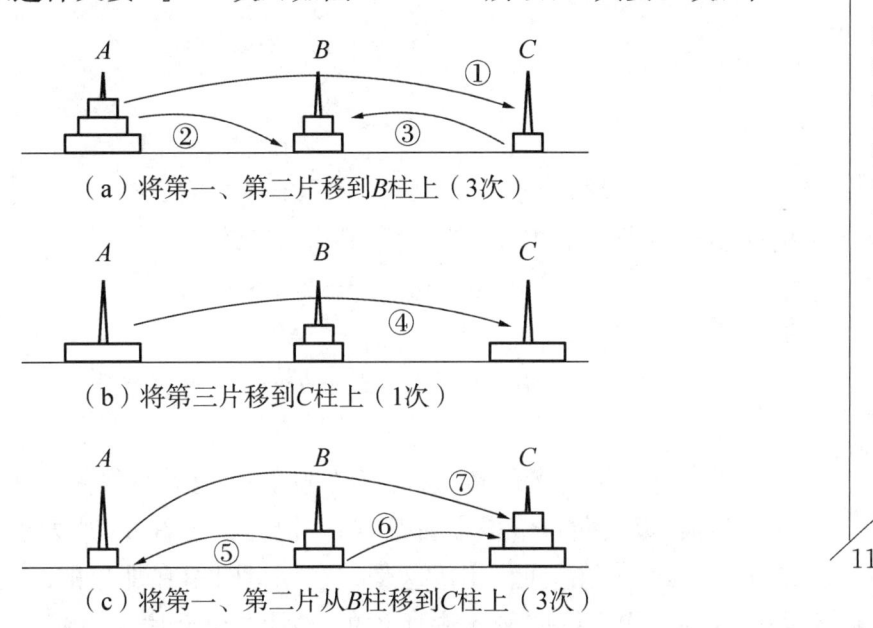

图 1-2-3

$$a_3=2a_2+1=7.$$

(2) 从第(1)小题的讨论中,不难知道 a_n 与 a_{n-1} 之间的关系应是
$$a_n=2a_{n-1}+1.$$

(3) 因为
$$a_n=2a_{n-1}+1,$$
$$a_{n-1}=2a_{n-2}+1,$$
两式相减,得
$$a_n-a_{n-1}=2(a_{n-1}-a_{n-2}),$$
同理,有
$$a_{n-1}-a_{n-2}=2(a_{n-2}-a_{n-3}),$$
$$a_{n-2}-a_{n-3}=2(a_{n-3}-a_{n-4}),$$
$$\cdots,$$

$$a_3 - a_2 = 2(a_2 - a_1),$$

把以上$(n-2)$个式子相乘,得

$$a_n - a_{n-1} = 2^{n-2}(a_2 - a_1).$$

又因

$$a_1 = 1, a_2 = 3,$$

所以

$$a_n - a_{n-1} = 2^{n-1}.$$

同理可得

$$a_{n-1} - a_{n-2} = 2^{n-2},$$
$$a_{n-2} - a_{n-3} = 2^{n-3},$$
$$\cdots,$$
$$a_2 - a_1 = 2.$$

把这$(n-1)$个式子相加,得

$$a_n - a_1 = 2 + 2^2 + \cdots + 2^{n-1}.$$

即

$$a_n = 1 + 2 + 2^2 + \cdots + 2^{n-1} = 2^n - 1.$$

印度有一个古老的传说. 相传在佛教圣地贝拿勒斯的一个寺庙里有一块黄铜板,板上插着三根宝石针,第一根针上套着 64 片大小不等的金片,大的在底下,小的在上面. 相传这是神在创世时留在那里的. 不论白天黑夜,寺内都有一个僧人按照例 4 中所说的法则移动金片. 神预言,当这 64 片金片都移到另一个针上时,世界末日就来临了.

根据计算,当所谓的"世界末日"来临时,金片将被移动过 $2^{64} - 1$ 次. 如果移动一次需要一秒钟,那么,共需花 58 万亿年. 现代科学家估计,太阳系的寿命不过 200 亿年. 58 万亿年还大大超过了 200 亿年呢！当然,即使到地球毁灭之时,也并不意味着"世界末日"来临了,人类必将以自己的聪明才智战胜自然,求得生存和发展.

习 题

1. 如图 1-2-4 所示,将小球排成六边形状,设一边上有 n 个小球时,整个六边形所含小球数为 a_n.

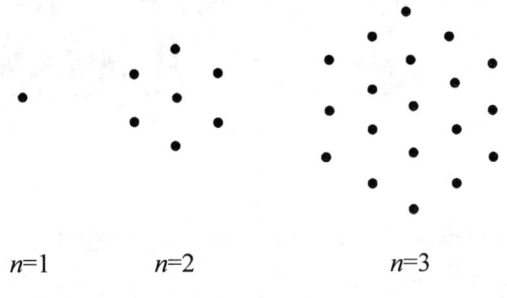

图 1-2-4

(1) 求 a_{n+1} 和 a_n 的关系;(2) 求 a_n.

2. 球面上有 n 个大圆,任三个不共点. 设这 n 个大圆把球面分割成 $f(n)$ 个部分.
(1) 求 $f(n)-f(n-1)$;(2) 求 $f(n)$.

········ 参考答案

1. (1) $a_{n+1}=a_n+6n$ (2) $a_n=3n^2-3n+1$

2. (1) $f(n)-f(n-1)=2(n-1)$ (2) $f(n)=n^2-n+2$

第二章 从递推关系求通项公式
——几种常见类型

从上一章的几个例题中可以看出,从实际问题出发寻找某个数列的规律,有时是用归纳方式较为容易. 但是,有时需要求出该数列的通项公式,这就要研究从递推关系求通项公式的方法. 有时,我们把从递推关系求通项公式的过程叫做解递推关系,所求得的通项公式叫做递推关系的解. 在这一章和下一章里,我们将研究递推关系的解法. 本章从类型的角度加以总结,下一章则从方法的角度进一步梳理.

在研究过程中,我们常推导出一些公式,而在举例时,有时我们并没有套用这些公式来求得答案,有时我们宁肯循着公式推导过程重新推算,其目的是让读者熟悉有关的思想方法.

第一节 $a_{n+1}=a_n+f(n)$ 型

这里讨论的是 $a_{n+1}=a_n+f(n)$ 型递推关系,右边的 $f(n)$ 是关于 n 的函数,如果它仅是个常数,显然这个数列是个等差数列. 可见本节讨论的类型是等差数列的一个推广.

如果一个数列 $\{a_n\}$ 由下列条件确定:

$$\begin{cases} a_1=a, \\ a_{n+1}=a_n+f(n) \ (n=1,2,3,\cdots), \end{cases} \quad (1)$$

其中 $f(n)$ 是关于 n 的已知函数,a 是常数,那么

$$a_n=a+f(1)+f(2)+\cdots+f(n-1),$$

即

$$a_n=a+\sum_{k=1}^{n-1} f(k).$$

这个结论可做如下证明:

由(1)式中的递推关系,可得
$$a_n-a_{n-1}=f(n-1),$$
$$a_{n-1}-a_{n-2}=f(n-2),$$
$$\cdots,$$
$$a_3-a_2=f(2),$$
$$a_2-a_1=f(1).$$
将这些等式的两边分别相加,有
$$a_n-a_1=f(1)+f(2)+\cdots+f(n-1).$$
由于
$$a_1=a,$$
所以
$$a_n=a+\sum_{k=1}^{n-1}f(k).$$

我们把数列中的后项与它前面的一项的差叫做阶差. 比如,第二项与第一项的差 a_2-a_1,第三项与第二项的差 a_3-a_2,$\cdots$,第 n 项与第 $n-1$ 项的差 a_n-a_{n-1},都是阶差. 数列的各个阶差依次排列起来也构成一个数列,这个数列称为原数列的阶差数列,即
$$a_2-a_1,a_3-a_2,a_4-a_3,\cdots,a_n-a_{n-1},\cdots$$
是数列 $\{a_n\}$ 的阶差数列. 从(1)式中的递推关系可知,本题所给数列的阶差数列是
$$f(1),f(2),f(3),\cdots,f(n),\cdots. \tag{2}$$
将原数列与它的阶差数列(2)排列成下面的式样:
$$a_1,a_2,\ a_3,\ a_4,\ a_5,\ \cdots,\ a_{n-1},\ a_n,\ a_{n+1},\cdots.$$
$$\backslash\ /\backslash\ /\ \backslash\ /\ \backslash/\quad\quad\backslash\ /\ \backslash/$$
$$f(1),f(2),f(3),f(4),\cdots,f(n-1),f(n),\cdots.$$
因为
$$a_2=a_1+f(1),$$
而
$$a_3=a_2+f(2),$$
所以
$$a_3=a_1+f(1)+f(2).$$
又因为
$$a_4=a_3+f(3),$$
所以又有

同理,可推出
$$a_4 = a_1 + f(1) + f(2) + f(3).$$
$$a_5 = a_1 + f(1) + f(2) + f(3) + f(4),$$
$$\cdots,$$
$$a_n = a_1 + f(1) + f(2) + \cdots + f(n-1)$$
$$= a + \sum_{k=1}^{n-1} f(k).$$

这可以作为前述的累加证法的一种直观说明.

例1 求下列式子所确定的数列的通项公式:
$$\begin{cases} a_1 = 1, \\ a_{n+1} = a_n + n + 1 \ (n = 2, 3, 4, \cdots). \end{cases}$$

解
$$a_n = a_1 + \sum_{k=1}^{n-1}(k+1)$$
$$= 1 + [2 + 3 + \cdots + n]$$
$$= 1 + \frac{(2+n)(n-1)}{2}$$
$$= \frac{n^2 + n}{2}.$$

例2 已知数列 $\{a_n\}$ 满足 $a_1 = \frac{1}{2}, a_{n+1} = a_n + \frac{1}{n^2 + n}$,求其通项公式.

解
$$a_n = a_1 + \sum_{k=1}^{n-1} \frac{1}{k^2 + k}$$
$$= a_1 + \left(1 - \frac{1}{2} + \frac{1}{2} - \frac{1}{3} + \frac{1}{3} - \frac{1}{4} + \cdots + \frac{1}{n-1} - \frac{1}{n}\right)$$
$$= \frac{1}{2} + \left(1 - \frac{1}{n}\right)$$
$$= \frac{3}{2} - \frac{1}{n}.$$

例3 求下列式子所确定的数列的通项公式:
$$\begin{cases} a_1 = 1, \\ na_{n+1} = (n+1)a_n + 1 \ (n = 2, 3, 4, \cdots). \end{cases} \tag{3}$$

分析 本题不是 $a_{n+1} = a_n + f(n)$ 型,但如果用 $n(n+1)$ 除递推关系两边,再进行变量替换,就可以转化为 $a_{n+1} = a_n + f(n)$ 型.

解 在(3)式中的递推关系两边同除以 $n(n+1)$,则

$$\frac{a_{n+1}}{n+1}=\frac{a_n}{n}+\frac{1}{n(n+1)}.$$

令

$$\frac{a_n}{n}=b_n,$$

则新数列$\{b_n\}$是由下列式子所确定的：

$$\begin{cases}b_1=\dfrac{a_1}{1}=1,\\ b_{n+1}=b_n+\dfrac{1}{n(n+1)}.\end{cases}$$

所以

$$\begin{aligned}b_n&=b_1+\sum_{k=1}^{n-1}\frac{1}{k(k+1)}\\ &=1+\left[\frac{1}{1\cdot 2}+\frac{1}{2\cdot 3}+\cdots+\frac{1}{(n-1)n}\right]\\ &=1+\left[\left(\frac{1}{1}-\frac{1}{2}\right)+\left(\frac{1}{2}-\frac{1}{3}\right)+\cdots+\left(\frac{1}{n-1}-\frac{1}{n}\right)\right]\\ &=1+\left[1-\frac{1}{n}\right]=2-\frac{1}{n}.\end{aligned}$$

于是

$$a_n=nb_n=n\left(2-\frac{1}{n}\right)=2n-1.$$

习 题

1. 求下列式子所确定的数列的通项公式：
   (1) $a_1=1, a_{n+1}-a_n=2n-1 \ (n=1,2,3,\cdots)$；
   (2) $a_1=1, a_{n+1}=a_n+3n^2+3n+1 \ (n=1,2,3,\cdots)$；
   (3) $a_1=1, na_n=(n-1)a_{n-1}+2 \ (n=2,3,4,\cdots)$；
   (4) $a_1=1, a_{n-1}-a_n=na_{n-1}a_n \ (n=2,3,4,\cdots)$；

2. 数列 $\{a_n\}$ 由下式确定：
$$a_1=1, a_{n+1}=a_n+(n+1) \ (n=1,2,3,\cdots).$$
   (1) 试求该数列的通项公式；
   (2) 求 $\sum_{k=1}^{n} \dfrac{1}{a_k}$.

3. 由 $a_1=50, a_n=a_{n-1}-4n+21 \ (n=2,3,4,\cdots)$ 确定了数列 $\{a_n\}$. 试求其通项公式，并求它的前 n 项和 S_n 的表达式.

参考答案

1. (1) $a_n = n^2 - 2n + 2$ (2) $a_n = n^3$ (3) $a_n = \dfrac{2n-1}{n}$ (4) $a_n = \dfrac{2}{n^2+n}$ **2.** (1) $a_n = \dfrac{n^2+n}{2}$ (2) $\dfrac{2n}{n+1}$ **3.** $a_n = -2n^2 + 19n + 33, S_n = -\dfrac{2}{3}n^3 + \dfrac{17}{2}n^2 + \dfrac{253}{6}n$

第二节 $a_{n+1}=a_n \cdot f(n)$ 型

如果数列是由下列式子所确定的：
$$\begin{cases} a_1=a, \\ a_{n+1}=a_n \cdot f(n) \ (n=1,2,3,\cdots), \end{cases} \quad (1)$$

那么该数列的通项公式是
$$a_n=af(1) \cdot f(2) \cdot \cdots \cdot f(n-1),$$
即
$$a_n=a\prod_{k=1}^{n-1}f(k).$$

这个结论可证明如下：

由(1)式中的递推关系,有
$$a_n=a_{n-1} \cdot f(n-1),$$
$$a_{n-1}=a_{n-2} \cdot f(n-2),$$
$$\cdots,$$
$$a_2=a_1 f(1).$$

依次将这些式子中后面的式子代入前面的式子中去,就得
$$a_n=af(1) \cdot f(2) \cdot \cdots \cdot f(n-1)$$
$$=a\prod_{k=1}^{n-1}f(k).$$

例 1 已知数列 $\{a_n\}$ 满足 $a_1=\dfrac{3}{2}, a_{n+1}=\dfrac{n}{n+1}a_n$,求其通项公式.

解
$$a_n=a_1\prod_{k=1}^{n-1}\frac{k}{k+1}$$
$$=a_1 \cdot \frac{1}{2} \cdot \frac{2}{3} \cdot \frac{3}{4} \cdot \cdots \cdot \frac{n-1}{n}$$
$$=\frac{3}{2} \cdot \frac{1}{n}$$
$$=\frac{3}{2n}.$$

例 2 设数列 $\{a_n\}$ 是首项为 1 的正项数列,且
$$(n+1)a_{n+1}^2-na_n^2+a_{n+1}a_n=0 \ (n=1,2,3,\cdots),$$
求数列 $\{a_n\}$ 的通项公式.

解 原递推关系可化为
$$[(n+1)a_{n+1}-na_n](a_{n+1}+a_n)=0.$$
因为 $\{a_n\}$ 是正数数列,所以 $a_{n+1}+a_n\neq 0$.
因此,
$$(n+1)a_{n+1}-na_n=0.$$
可化为
$$a_{n+1}=\frac{n}{n+1}a_n.$$
所以
$$a_n=a_1\prod_{k=1}^{n-1}\frac{k}{k+1}=\frac{1}{n}.$$

本节的题型,有时可以通过"取对数"的方法转化为第一节的 $a_{n+1}=a_n\cdot f(n)$ 型.

例如,$a_{n+1}=na_n$,可以在等式两边同取对数,即
$$\lg a_{n+1}=\lg(na_n),$$
得
$$\lg a_{n+1}=\lg n+\lg a_n.$$
若设 $b_{n+1}=\lg a_{n+1},b_n=\lg a_n$,则
$$b_{n+1}=b_n+\lg n.$$
这样就转化成了第一节的 $a_{n+1}=a_n+f(n)$ 型,这里不再赘述.

习 题

1. 已知数列 $\{a_n\}$ 满足 $a_1 = 3, a_{n+1} = \dfrac{3n-1}{3n+2} a_n$ $(n=1,2,3,\cdots)$，求其通项公式.

2. 已知数列 $\{a_n\}$ 满足 $a_1 = 1, a_{n+1} = a_n \cdot \dfrac{n}{n+1}$ $(n=1,2,3,\cdots)$，求其通项公式.

3 已知数列 $\{a_n\}$ 满足 $a_1 = 1, a_{n+1} = a_n \cdot 2^n$ $(n=1,2,3,\cdots)$，求其通项公式.

········ 参考答案

1. $a_n = \dfrac{6}{3n-1}$ 2. $a_n = \dfrac{1}{n}$ 3. $a_n = 2^{\frac{n^2-n}{2}}$.

第三节 $a_{n+1}=pa_n+q$ 型

由

$$\begin{cases} a_1=a, \\ a_{n+1}=pa_n+q \ (n=1,2,3,\cdots) \end{cases} \tag{1}$$

确定的数列 $\{a_n\}$（其中 p、q、a 是与 n 无关的常数）是一种较常见的数列. 等差数列和等比数列都是它的特例. 事实上，当 $p=1$ 时，$\{a_n\}$ 是以 q 为公差的等差数列；当 $q=0$ 而 $p\neq 0$ 时，$\{a_n\}$ 是以 p 为公比的等比数列.

这种类型的数列的通项公式如下：

(a) 当 $p=1$ 时，$a_n=a+(n-1)q$；

(b) 当 $p\neq 1$ 时，$a_n=\left(a-\dfrac{q}{1-p}\right)p^{n-1}+\dfrac{q}{1-p}$.

$p=1$ 时的公式是显然的，对 $p\neq 1$ 的情形，可用以下几种方法加以证明.

证法一（数学归纳法） 由(1)中的递推关系，可得

$$a_1=a,$$
$$a_2=pa_1+q=pa+q,$$
$$a_3=pa_2+q=p^2a+(p+1)q,$$
$$a_4=pa_3+q=p^3a+(p^2+p+1)q,$$
$$\cdots.$$

由此推测有

$$\begin{aligned} a_n &= p^{n-1}a+q(p^{n-2}+p^{n-3}+\cdots+p+1) \\ &= \frac{q}{1-p}+\left(a-\frac{q}{1-p}\right)\cdot p^{n-1}. \end{aligned} \tag{2}$$

下面就用数学归纳法进行论证.

1° 当 $n=1$ 时，

$$a_1=\frac{q}{1-p}+\left(a-\frac{q}{1-p}\right)\cdot p^0=a,$$

(2)式成立.

2° 假设当 $n=k$ 时，(2)式成立，即

$$a_k=\frac{q}{1-p}+\left(a-\frac{q}{1-p}\right)\cdot p^{k-1},$$

则当 $n=k+1$ 时，

$$a_{k+1} = pa_k + q$$
$$= p\left[\frac{q}{1-p} + \left(a - \frac{q}{1-p}\right) \cdot p^{k-1}\right] + q$$
$$= p \cdot \frac{q}{1-p} + \left(a - \frac{q}{1-p}\right) \cdot p^k + q$$
$$= \frac{q}{1-p} + \left(a - \frac{q}{1-p}\right) \cdot p^k,$$

(2)式也成立.

所以对一切 n，(2)式都成立.

证法二（阶差数列法） 对于数列 $\{a_n\}$，作出其每相邻两项的差
$$a_2 - a_1, a_3 - a_2, a_4 - a_3, \cdots, a_n - a_{n-1}, \cdots.$$

因为
$$a_n = pa_{n-1} + q,$$

故
$$a_{n-1} = pa_{n-2} + q,$$

两式相减，得
$$a_n - a_{n-1} = p(a_{n-1} - a_{n-2}).$$

这说明，$\{a_n\}$ 的阶差数列 $\{a_n - a_{n-1}\}$ 是以 $a_2 - a_1$ 为首项，以 p 为公比的等比数列. 所以
$$a_n - a_{n-1} = p^{n-2}(a_2 - a_1).$$

这实际上已将数列 $\{a_n\}$ 转化为前几节指出的一种类型，即 $a_{n+1} = a_n + f(n)$ 型. 不难求得 a_n 的表达式为
$$a_n = a_1 + (p^0 + p^1 + \cdots + p^{n-2})(a_2 - a_1)$$
$$= a_1 + \frac{(a_2 - a_1)(1 - p^{n-1})}{1 - p}$$
$$= a + \frac{(pa + q - a)(1 - p^{n-1})}{1 - p}$$
$$= \frac{q}{1-p} + \left(a - \frac{q}{1-p}\right) p^{n-1}.$$

证法三（裂项法） 如果 $q = 0$，我们所讨论的数列是以 p 为公比的等比数列. 但如果 $q \neq 0$，数列 $\{a_n\}$ 就不是等比数列. 这时，我们可以设法把"自由项" q 分裂为两部分，其中一部分移到左边，与 a_{n+1} 结合成 $a_{n+1} - k$，另一部分留在右边，并与 pa_n 提取公因式 p，使右端成 $p(a_n - k)$，这样一来，数列 $\{a_n - k\}$ 就是一个以 p 为公比的等比数列. 那么，应该将 q 分拆为怎样的两项呢？用"凑"的办法是比较困难的，我们可以采用下列方法：

设 k 满足
$$a_{n+1}-k=p(a_n-k),$$
即
$$a_{n+1}=pa_n-pk+k. \tag{3}$$
把(3)式与(1)式中的递推关系相比较,应有
$$-pk+k=q,$$
解出 k 的值,得
$$k=\frac{q}{1-p} \quad (p\neq 1). \tag{4}$$

k 一旦求出,q 的分拆问题自然就解决了. 可以知道,新数列 $\{a_n-k\}$ 是以 a_1-k 为首项,p 为公比的等比数列. 所以
$$a_n-k=(a_1-k)p^{n-1},$$
即
$$a_n=k+(a_1-k)p^{n-1}.$$
考虑到
$$a_1=a, k=\frac{q}{1-p} \quad (p\neq 1),$$
可得出
$$a_n=\frac{q}{1-p}+\left(a-\frac{q}{1-p}\right)p^{n-1}. \tag{5}$$

例 设数列 $\{a_n\}$ 满足下列条件:
$$\begin{cases} a_1=1, \\ a_{n+1}=3a_n+2 \ (n=1,2,3,\cdots). \end{cases}$$
试求其通项公式.

解法一 根据上文的推导,将 $p=3, q=2$ 代入(5)式,即可得
$$a_n=\frac{2}{1-3}+\left(1-\frac{2}{1-3}\right)3^{n-1}$$
$$=2\cdot 3^{n-1}-1.$$
此处就不再重复推导.

解法二 在递推关系的两边都加上 1,得
$$a_{n+1}+1=3(a_n+1).$$
因此,新数列 $\{a_n+1\}$ 是首项为 $a_1+1=2$,公比为 3 的等比数列. 所以,
$$a_n+1=2\cdot 3^{n-1},$$
即
$$a_n=2\cdot 3^{n-1}-1.$$

解法三 因
$$a_{n+1}=3a_n+2,$$
$$a_n=3a_{n-1}+2,$$
两式相减,得
$$a_{n+1}-a_n=3(a_n-a_{n-1}).$$
可见,新数列$\{a_{n+1}-a_n\}$是以$a_2-a_1=4$为首项,以3为公比的等比数列,所以
$$a_{n+1}-a_n=4\cdot 3^n.$$
注意,这已归结为上一节中讨论过的类型. 所以
$$a_n=a_1+\sum_{k=1}^{n-1}4\cdot 3^k=2\cdot 3^{n-1}-1.$$

习 题

1. 数列 $\{a_n\}$ 满足下列条件，试求各个数列的通项公式：

   (1) $a_1=1, a_n=1+\dfrac{1}{2}a_{n-1}$ $(n=2,3,4,\cdots)$；

   (2) $a_1=0, a_n=3a_{n-1}+2$ $(n=2,3,4,\cdots)$；

   (3) $a_1=1, a_n=3a_{n-1}-4$ $(n=2,3,4,\cdots)$；

   (4) $a_1=3, a_n=\dfrac{1}{2}a_{n-1}+3$ $(n=2,3,4,\cdots)$.

2. 由 $a_1=-\dfrac{17}{2}, a_n=\dfrac{3}{2}a_{n-1}+5$ $(n=2,3,4,\cdots)$ 给定的数列 $\{a_n\}$.

   (1) 求该数列的通项公式；

   (2) 从第几项起 a_n 为正？

3. 由 $a_1=1, a_{n+1}=-a_n+1$ $(n=1,2,3,\cdots)$ 所确定的数列是怎样的数列？

参考答案

1. (1) $a_n=2-\left(\dfrac{1}{2}\right)^{n-1}$ (2) $a_n=3^{n-1}-1$

(3) $a_n=2-3^{n-1}$ (4) $a_n=6-3\cdot\left(\dfrac{1}{2}\right)^{n-1}$

2. (1) $a_n=-10+\left(\dfrac{3}{2}\right)^n$ (2) 第 6 项 **3.** 摆动数列：$1,0,1,0,\cdots$

第四节 $a_{n+1}=pa_n+q^n$ 型

$a_{n+1}=pa_n+q^n$ 型的递推关系与上节的 $a_{n+1}=pa_n+q$ 型差别在于右边的常数 q，变成了 q^n。我们设法将 $a_{n+1}=pa_n+q^n$ 型转化为 $a_{n+1}=pa_n+q$ 型。转化方法可以是两边除以 q^{n+1}。这样 $a_{n+1}=pa_n+q^n$ 就变成了

$$\frac{a_{n+1}}{q^{n+1}}=\frac{p}{q}\cdot\frac{a_n}{q^n}+\frac{1}{q}.$$

令 $b_n=\dfrac{a_n}{q^n}$，则有

$$b_{n+1}=\frac{p}{q}b_n+\frac{1}{q},$$

就转化成 $a_{n+1}=pa_n+q$ 型了。当然这类递推关系还有别的方法可以处理。

例 1 已知数列 $\{a_n\}$ 中，$a_1=\dfrac{5}{6}$，$a_{n+1}=\dfrac{1}{3}a_n+\left(\dfrac{1}{2}\right)^{n+1}$，求该数列的通项公式。

解 两边同除以 $\left(\dfrac{1}{2}\right)^{n+1}$，得

$$\frac{a_{n+1}}{\left(\frac{1}{2}\right)^{n+1}}=\frac{\frac{1}{3}a_n}{\left(\frac{1}{2}\right)^{n+1}}+1,$$

$$\frac{a_{n+1}}{\left(\frac{1}{2}\right)^{n+1}}=\frac{\frac{1}{3}a_n}{\frac{1}{2}\cdot\left(\frac{1}{2}\right)^n}+1,$$

$$\frac{a_{n+1}}{\left(\frac{1}{2}\right)^{n+1}}=\frac{2}{3}\cdot\frac{a_n}{\left(\frac{1}{2}\right)^n}+1.$$

设 $b_{n+1}=\dfrac{a_{n+1}}{\left(\frac{1}{2}\right)^{n+1}}$，则 $b_{n+1}=\dfrac{2}{3}b_n+1$.

即转化为 $a_{n+1}=pa_n+q$ 型，可利用上节的方法求得

$$a_n=-2\cdot\left(\frac{1}{3}\right)^n+3\cdot\left(\frac{1}{2}\right)^n.$$

例 2 设数列 $\{a_n\}$ 由下式确定：

$$\begin{cases}a_1=1,\\ a_n=2a_{n-1}+(-1)^{n+1}.\end{cases}$$

求其通项公式.

解法一 当 $n \geq 2$ 时,
$$a_n = 2a_{n-1} + (-1)^{n+1},$$
$$2a_{n-1} = 2^2 a_{n-2} + 2 \cdot (-1)^n,$$
$$2^2 a_{n-2} = 2^3 a_{n-3} + 2^2 \cdot (-1)^{n-1},$$
$$\cdots,$$
$$2^{n-2} a_2 = 2^{n-1} a_1 + 2^{n-2} \cdot (-1)^3.$$

将上述各式相加,得
$$a_n = 2^{n-1} \cdot a_1 + [(-1)^{n+1} + 2 \cdot (-1)^n + \cdots + 2^{n-2} \cdot (-1)^3]$$
$$= 2^{n-1} - 2^{n-2} + 2^{n-3} - \cdots + (-1)^{n+1} 2^0$$
$$= \frac{2^{n-1} \cdot \left[1 - \left(-\frac{1}{2}\right)^n\right]}{1 - \left(-\frac{1}{2}\right)}$$
$$= \frac{1}{3}[2^n + (-1)^{n+1}].$$

当 $n=1$ 时,$a_1 = 1$,符合上式.

所以 $\{a_n\}$ 的通项公式是 $a_n = \frac{1}{3}[2^n + (-1)^{n+1}]$.

解法二 在递推关系两边同除以 2^n,得
$$\frac{a_n}{2^n} = \frac{a_{n-1}}{2^{n-1}} - \left(-\frac{1}{2}\right)^n.$$

令
$$b_n = \frac{a_n}{2^n},$$
有
$$\begin{cases} b_1 = \frac{a_1}{2^1} = \frac{1}{2}, \\ b_n = b_{n-1} - \left(-\frac{1}{2}\right)^n \quad (n \geq 2). \end{cases}$$

因而有

当 $n \geq 2$ 时,
$$b_n = b_1 + \sum_{k=1}^{n-1} \left[-\left(-\frac{1}{2}\right)^{k+1}\right]$$
$$= \frac{\frac{1}{2}\left[1 - \left(-\frac{1}{2}\right)^n\right]}{1 - \left(-\frac{1}{2}\right)}$$

$$=\frac{1}{3}\left[1-\left(-\frac{1}{2}\right)^n\right],$$

从而

$$a_n = b_n \cdot 2^n = \frac{1}{3}[2^n - (-1)^n].$$

当 $n=1$ 时，$a_1=1$，符合上式.

所以 $\{a_n\}$ 的通项公式是 $a_n = \frac{1}{3}[2^n - (-1)^n]$.

习　题

1. 已知数列 $\{a_n\}$ 满足 $a_1=1, 2a_{n+1}=a_n+(-1)^{n+1}$ $(n=1,2,3,\cdots)$，求其通项公式.
2. 已知数列 $\{a_n\}$ 满足 $a_1=a, a_{n+1}+a_n=n$ $(n=1,2,3,\cdots)$，求其通项公式.

参考答案

1. $a_n=\dfrac{1}{3}\left[\left(\dfrac{1}{2}\right)^{n-3}+(-1)^n\right]$

2. $a_n=\begin{cases}\dfrac{n}{2}-a, & n\text{ 为偶数}, \\ \dfrac{n}{2}+a-\dfrac{1}{2}, & n\text{ 为奇数}\end{cases}$ 或 $a_n=\dfrac{2n-1}{4}-\left(a-\dfrac{1}{4}\right)\cdot(-1)^n$

第五节 $a_{n+1} \cdot a_n = pq^n$ 型

看例子：

例 已知数列 $\{a_n\}$ 满足 $a_1=1, a_{n+1}a_n=3^n$（$n=1,2,3,\cdots$），求其通项公式.

分析 本题是 $a_{n+1} \cdot a_n = pq^n$ 型的递推关系，是连续两项的乘积关系，可以通过中间项找到间隔两项的关系.

解 由已知得 $a_1=1, a_2=3$，且
$$a_n a_{n-1} = 3^{n-1},$$
$$a_{n-1} a_{n-2} = 3^{n-2},$$

将两式相除，得
$$\frac{a_n}{a_{n-2}} = 3.$$

因为 a_n、a_{n-2} 是数列 $\{a_n\}$ 中间隔的两项，因此可得数列 $\{a_n\}$ 的奇数项和偶数项分别是以 a_1、a_2 为首项，3 为公比的等比数列.

设奇数项组成的数列为 $\{a_k\}$，则 $n=2k-1$，即 $k=\dfrac{n+1}{2}$.

由等比数列通项公式得 $a_k = a_1 \cdot 3^{k-1}$.

当 n 为奇数时，$a_n = 1 \cdot 3^{\frac{n+1}{2}-1} = 3^{\frac{n-1}{2}}$.

同理，设偶数项组成的数列为 $\{a_k\}$，则 $n=2k$，即 $k=\dfrac{n}{2}$.

由等比数列通项公式得 $a_k = a_2 \cdot 3^{k-1}$.

当 n 为偶数时，$a_n = 3 \cdot 3^{\frac{n}{2}-1} = 3^{\frac{n}{2}}$.

所以，$a_n = \begin{cases} 3^{\frac{n}{2}}, & n \text{ 为偶数}, \\ 3^{\frac{n-1}{2}}, & n \text{ 为奇数}. \end{cases}$

本题还可以通过"取对数"的方法解决，对 $a_{n+1}a_n = 3^n$ 两边同取对数，得
$$\lg(a_{n+1}a_n) = \lg(3^n),$$

则
$$\lg a_{n+1} + \lg a_n = n\lg 3.$$

设 $b_{n+1} = \lg a_{n+1}, b_n = \lg a_n$，

则
$$b_{n+1} + b_n = n\lg 3.$$

这就转化为了第一节 $a_{n+1} = a_n + f(n)$ 的类型，此处不再赘述.

习 题

已知 $a_1=1, a_{n+1}a_n=3\cdot 2^n$ $(n=1,2,3,\cdots)$,求 a_n.

参考答案

$a_n=\begin{cases} 3\cdot 2^{\frac{n}{2}}, & n\text{ 为偶数}, \\ 2^{\frac{n-1}{2}}, & n\text{ 为奇数} \end{cases}$

第六节 $a_{n+1}=pa_n+q(n)$型

显然,本节的类型是本章第四节 $a_{n+1}=pa_n+q^n$ 的推广.第四节里右边是 q^n,而现在是 n 的更一般的函数 $q(n)$.

因为,当 $n \geq 2$ 时,
$$a_n = pa_{n-1} + q(n-1),$$
因而
$$pa_{n-1} = p^2 a_{n-2} + p \cdot q(n-2),$$
$$\cdots,$$
$$p^{n-2}a_2 = p^{n-1}a_1 + p^{n-2}q(1),$$
将上述各式相加,有
$$a_n = p^{n-1}a_1 + [q(n-1)+pq(n-2)+\cdots+p^{n-2}q(1)] \quad (n \geq 2).$$

例1 已知数列 $\{a_n\}$ 满足 $a_{n+1}=2a_n+(2n-1)$,且 $a_1=2$,求其通项公式.

分析 构造等比数列 $\{a_n+kn+b\}$.

解 设 $a_{n+1}+k(n+1)+b=2(a_n+kn+b)$,与 $a_{n+1}=2a_n+(2n-1)$ 对比系数得
$$\begin{cases} k=2, \\ b-k=-1, \end{cases}$$
解得
$$\begin{cases} k=2, \\ b=1, \end{cases}$$
所以 $\{a_n+2n+1\}$ 是以 2 为公比,$a_1+2+1=5$ 为首项的等比数列.

故 $a_n = 5 \cdot 2^{n-1} - 2n - 1$.

例2 已知数列 $\{a_n\}$ 满足 $a_1=1$,且 $a_{n+1}=2a_n+n^2-n+1$,求其通项公式.

分析 构造等比数列 $\{a_n+xn^2+yn+z\}$.

解 设 $a_{n+1}+x(n+1)^2+y(n+1)+z=2(a_n+xn^2+yn+z)$,对比系数得
$$\begin{cases} x=1, \\ y-2x=-1, \\ z-x-y=1, \end{cases}$$
解得
$$\begin{cases} x=1, \\ y=1, \\ z=3, \end{cases}$$

所以$\{a_n+n^2+n+3\}$是以 2 为公比，$a_1+1^2+1+3=6$ 为首项的等比数列.

故 $a_n+n^2+n+3=6 \cdot 2^{n-1}=3 \cdot 2^n$，

即 $a_n=3 \cdot 2^n-n^2-n-3$.

习 题

设数列 $\{a_n\}$ 满足 $a_1=4, a_n=3a_{n-1}+2n-1$ $(n\geqslant 2)$,求其通项公式.

参考答案

$a_n=2\cdot 3^n-n-1$

第七节 $a_{n+1}=p(n)a_n+q(n)$ 型

这个类型比起前面几节,更复杂了些.可以说前面几节的类型只是本节类型的特例.

对于由

$$\begin{cases} a_1=a, \\ a_{n+1}=p(n)a_n+q(n) \ (n=1,2,3,\cdots) \end{cases} \tag{1}$$

所确定的数列 $\{a_n\}$,可以用下列方法求出其通项公式.

首先,设想用 $f(n)$ 除(1)式中递推关系的两端,得

$$\frac{a_{n+1}}{f(n)}=\frac{p(n)a_n}{f(n)}+\frac{q(n)}{f(n)}.$$

我们希望 $\frac{a_{n+1}}{f(n)}$、$\frac{p(n)a_n}{f(n)}$ 是某个数列 $\{b_n\}$ 中相邻的两项,即

$$b_{n+1}=\frac{a_{n+1}}{f(n)}, b_n=\frac{p(n)a_n}{f(n)}.$$

因为

$$b_{n+1}=\frac{a_{n+1}}{f(n)},$$

应有

$$b_n=\frac{a_n}{f(n-1)},$$

将它与 $b_n=\frac{p(n)a_n}{f(n)}$ 相比较,应有

$$\frac{1}{f(n-1)}=\frac{p(n)}{f(n)},$$

所以,

$$f(n)=f(n-1)\cdot p(n).$$

由此,得

$$f(1)=p(1)\cdot f(0),$$
$$f(2)=p(2)\cdot f(1),$$
$$\cdots,$$
$$f(n)=p(n)f(n-1).$$

将它们相乘,就找到了 $f(n)$ 的表达式

$$f(n)=p(1)\cdot p(2)\cdot p(3)\cdot\cdots\cdot p(n)\cdot f(0),$$

其中 $f(0)$ 是一个常数,这个常数可以略去.

将(1)式中递推关系的两边同除以
$$p(1)p(2)p(3)\cdot\cdots\cdot p(n),$$
得
$$\frac{a_{n+1}}{p(1)p(2)p(3)\cdot\cdots\cdot p(n)}=\frac{a_n}{p(1)p(2)p(3)\cdot\cdots\cdot p(n-1)}+\frac{q(n)}{p(1)p(2)p(3)\cdot\cdots\cdot p(n)}.$$

令
$$b_n=\frac{a_n}{p(1)p(2)p(3)\cdot\cdots\cdot p(n-1)},$$
就有
$$b_{n+1}=b_n+\frac{q(n)}{p(1)p(2)p(3)\cdot\cdots\cdot p(n)}.$$

这是上节中出现过的类型,b_n 的表达式可按上节中的方法求得,当然 a_n 的表达式也可随之得出.

例 1 设数列 $\{a_n\}$ 满足
$$\begin{cases}a_1=1,\\ na_{n+1}=(n+1)a_n-2\ (n=1,2,3,\cdots),\end{cases}$$
试求其通项公式.

解法一 题中的递推关系可化为
$$a_{n+1}=\frac{n+1}{n}a_n-\frac{2}{n}, \tag{2}$$
可见
$$p(n)=\frac{n+1}{n}.$$
于是
$$p(1)p(2)\cdot\cdots\cdot p(n)=\frac{2}{1}\cdot\frac{3}{2}\cdot\cdots\cdot\frac{n+1}{n}=n+1.$$
用 $n+1$ 除(2)式的两边,得
$$\frac{a_{n+1}}{n+1}=\frac{a_n}{n}-\frac{2}{n(n+1)}. \tag{3}$$
令
$$b_n=\frac{a_n}{n},$$

则有
$$\begin{cases} b_1 = a_1 = 1, \\ b_{n+1} = b_n - \dfrac{2}{n(n+1)}. \end{cases}$$

所以,当 $n \geq 2$ 时,
$$b_n = b_1 - 2\left[\frac{1}{1 \cdot 2} + \frac{1}{2 \cdot 3} + \cdots + \frac{1}{(n-1)n}\right]$$
$$= 1 - 2\left(1 - \frac{1}{n}\right) = \frac{2}{n} - 1.$$

于是,
$$a_n = nb_n = 2 - n \quad (n \geq 2).$$

当 $n = 1$ 时,$a_1 = 1$,符合上式.

所以 $\{a_n\}$ 的通项公式是 $a_n = 2 - n$.

实际上,我们可以看出,直接在题中递推关系的两边同除以 $n(n+1)$,即可得出(3)式.这样解法显得简洁,但技巧性较强,本章第一节的例3就是这样解出的.

解法二 因
$$na_{n+1} = (n+1)a_n - 2,$$
$$(n-1)a_n = na_{n-1} - 2,$$

因此
$$na_{n+1} - (n-1)a_n = (n+1)a_n - na_{n-1},$$
$$n(a_{n+1} - a_n) = n(a_n - a_{n-1}),$$
$$a_{n+1} - a_n = a_n - a_{n-1}.$$

由此可以看出 $\{a_n\}$ 是等差数列,首项是 1. 又因为
$$na_{n+1} = (n+1)a_n - 2,$$

所以
$$1 \cdot a_2 = 2 \cdot a_1 - 2,$$
$$a_2 = 0.$$

可见,公差是
$$a_2 - a_1 = -1.$$

于是不难求得
$$a_n = 2 - n.$$

解法三 设想把 $na_{n+1} = (n+1)a_n - 2$ 变形成
$$n(a_{n+1} - k) = (n+1)(a_n - k),$$

即
$$na_{n+1}=(n+1)a_n-k,$$
可见，k 应等于 2. 由此，原递推关系可变形为
$$n(a_{n+1}-2)=(n+1)(a_n-2)$$
（事实上，只要在原递推关系两端同减去 $2n$ 也可得这一结果），从而，
$$\frac{a_{n+1}-2}{n+1}=\frac{a_n-2}{n}.$$
令
$$b_n=\frac{a_n-2}{n},$$
于是
$$\begin{cases} b_1=\dfrac{a_1-2}{1}=-1, \\ b_{n+1}=b_n, \end{cases}$$
这说明数列 $\{b_n\}$ 是各项为 -1 的常数列. 所以，
$$\frac{a_n-2}{n}=-1,$$
即
$$a_n=2-n.$$

例 2 设数列 $\{a_n\}$ 满足
$$\begin{cases} a_1=7, \\ a_{n+1}=5a_n+2\cdot 3^{n+1}-4, \end{cases}$$
求其通项公式.

解法一 因为
$$a_{n+1}=5a_n+2\cdot 3^{n+1}-4,$$
故
$$\frac{a_{n+1}}{5^{n+1}}=\frac{a_n}{5^n}+\frac{2\cdot 3^{n+1}-4}{5^{n+1}}.$$
令
$$b_n=\frac{a_n}{5^n},$$
则
$$b_{n+1}=b_n+2\cdot\left(\frac{3}{5}\right)^{n+1}-4\cdot\left(\frac{1}{5}\right)^{n+1}$$

$$b_n = b_1 + \sum_{k=1}^{n-1}\left[2\cdot\left(\frac{3}{5}\right)^{k+1} - 4\cdot\left(\frac{1}{5}\right)^{k+1}\right]$$

$$= \frac{a_1}{5} + 2\cdot\frac{\frac{9}{25}\left[1-\left(\frac{3}{5}\right)^{n-1}\right]}{1-\frac{3}{5}} - 4\cdot\frac{\frac{1}{25}\left[1-\left(\frac{1}{5}\right)^{n-1}\right]}{1-\frac{1}{5}}$$

$$= \frac{7}{5} + \frac{9}{5} - \frac{9}{5}\cdot\left(\frac{3}{5}\right)^{n-1} - \frac{1}{5} + \left(\frac{1}{5}\right)^n$$

$$= 3 - 3\cdot\left(\frac{3}{5}\right)^n + \left(\frac{1}{5}\right)^n,$$

从而

$$a_n = b_n \cdot 5^n = 3\cdot 5^n - 3^{n+1} + 1.$$

解法二 因为

当 $n \geqslant 2$ 时

$$a_n = 5\cdot a_{n-1} + (2\cdot 3^n - 4),$$
$$5\cdot a_{n-1} = 5^2\cdot a_{n-2} + (2\cdot 3^{n-1} - 4)\cdot 5,$$
$$5^2\cdot a_{n-2} = 5^3\cdot a_{n-3} + (2\cdot 3^{n-2} - 4)\cdot 5^2,$$
$$\cdots,$$
$$5^{n-2}\cdot a_2 = 5^{n-1}\cdot a_1 + (2\cdot 3^2 - 4)\cdot 5^{n-2},$$

将上面各式相加,得

$$a_n = 5^{n-1}\cdot a_1 + 2(3^n + 3^{n-1}\cdot 5 + \cdots + 3^2\cdot 5^{n-2}) - 4(1+5+\cdots+5^{n-2})$$

$$= 7\cdot 5^{n-1} + 2\cdot\frac{3^n\left[\left(\frac{5}{3}\right)^{n-1}-1\right]}{\frac{5}{3}-1} - 4\cdot\frac{5^{n-1}-1}{5-1}$$

$$= 3\cdot 5^n - 3^{n+1} + 1.$$

当 $n=1$ 时,$a_1 = 7$,符合上式.

所以 $\{a_n\}$ 的通项公式是 $a_n = 3\cdot 5^n - 3^{n+1} + 1$.

解法三 设想有 x、y 两数使下式成立:

$$a_{n+1} + x\cdot 3^{n+2} + y = 5(a_n + x\cdot 3^{n+1} + y),$$

也就是使数列 $\{a_n + x\cdot 3^{n+1} + y\}$ 成一个以 5 为公比的等比数列.那么,

$$a_{n+1} = 5a_n + 2x\cdot 3^{n+1} + 4y.$$

与原递推关系对照,应有

$$\begin{cases} 2x = 2, \\ 4y = -4, \end{cases}$$

由此得

$$\begin{cases} x=1, \\ y=-1, \end{cases}$$

于是有
$$a_{n+1}+3^{n+2}-1=5(a_n+3^{n+1}-1).$$

令 $b_n=a_n+3^{n+1}-1$,得
$$\begin{cases} b_{n+1}=5b_n, \\ b_1=a_1+3^2-1=15, \end{cases}$$

因而
$$b_n=15\cdot 5^{n-1},$$

即有
$$a_n+3^{n+1}-1=15\cdot 5^{n-1},$$

所以,
$$a_n=3\cdot 5^n-3^{n+1}+1.$$

不难看出,解法三也是一种裂项法.

习 题

1. 已知数列 $\{a_n\}$ 满足下列条件，试求各数列的通项公式：
   (1) $a_1=1,(n+2)(a_n+1)=na_{n+1}$ $(n=1,2,3,\cdots)$；
   (2) $a_1=1,a_{n-1}-a_n=na_{n-1}a_n$ $(n=2,3,\cdots)$.

2. 已知 $a_1=0,a_{n+1}=-2a_n+2^n-1$，求 a_n 的表达式.

3. 已知 $a_1=1,a_{n+1}=-2a_n+3^n+3n-1$，求 a_n 的表达式.（提示：假设有三个数 x、y、z，使 $a_{n+1}+x3^{n+1}+y(n+1)+z=-2(a_n+x3^n+yn+z)$ 成立.）

参考答案

1. (1) $a_n=\dfrac{3}{2}n^2+\dfrac{1}{2}n-1$ (2) $a_n=\dfrac{2}{n(n+1)}$

2. $a_n=2^{n-2}+\dfrac{1}{3}(-2)^{n-2}-\dfrac{1}{3}$ 3. $a_n=\dfrac{1}{5}\cdot 3^n+\dfrac{1}{15}\cdot(-2)^{n-1}+n-\dfrac{2}{3}$

第八节　$a_{n+2}+pa_{n+1}+qa_n=r(r=0)$型

$a_{n+2}+pa_{n+1}+qa_n=r$ 是连接三项的递推关系，与这个递推关系相适应，应给出两项初始值. 由这种递推关系和两个初始值所确定的数列，也可以叫做二阶线性循环数列.

当右边 r 为 0 时，这个递推关系是线性齐次的情形. 一个数列的第一、第二项分别是 a、b，递推关系是

$$a_{n+2}+pa_{n+1}+qa_n=0, \tag{1}$$

这个数列的通项公式应是怎么样的呢？

我们希望通过裂项的方法，将(1)式变形成

$$a_{n+2}-\alpha a_{n+1}=\beta(a_{n+1}-\alpha a_n) \tag{2}$$

的形式. 这样一来，新数列 $\{a_{n+1}-\alpha a_n\}$ 就是以 β 为公比的等比数列. 为做到这一点，不妨假定 α、β 已找到，即(2)式已找到. 由(2)式，得

$$a_{n+2}-(\alpha+\beta)a_{n+1}+\alpha\beta a_n=0, \tag{3}$$

比较(1)(3)两式，知 α、β 应满足

$$\alpha+\beta=-p, \alpha\beta=q.$$

于是，α、β 应是二次方程

$$k^2+pk+q=0 \tag{4}$$

的两个根. (4)式叫递推关系(1)的特征方程，其根叫特征根. (4)式是很容易写出的，只要在(1)式中去掉 a_n，并将 a_{n+1}、a_{n+2} 分别改成 k 和 k^2 就行了.

下面分两种情况来讨论.

(i) $\alpha\neq\beta$. 此时，由(2)式可得

$$a_{n+2}-\alpha a_{n+1}=\beta^n(a_2-\alpha a_1)=(b-\alpha a)\beta^n,$$

或

$$a_{n+1}-\alpha a_n=(b-\alpha a)\beta^{n-1}. \tag{5}$$

但是，(2)也可以变形为

$$a_{n+2}-\beta a_{n+1}=\alpha(a_{n+1}-\beta a_n),$$

所以，可导出

$$a_{n+1}-\beta a_n=(b-a\beta)\alpha^{n-1}. \tag{6}$$

(6)−(5)，得

$$(\alpha-\beta)a_n=(b-a\beta)\alpha^{n-1}-(b-a\alpha)\beta^{n-1}.$$

由于 $\alpha\neq\beta$，所以，得出

$$a_n = \frac{b-a\beta}{\alpha-\beta}\alpha^{n-1} - \frac{b-a\alpha}{\alpha-\beta}\beta^{n-1}. \tag{7}$$

(ii) $\alpha = \beta$. 此时,(5)式变成

$$a_{n+1} - \alpha a_n = (b-a\alpha)\alpha^{n-1}.$$

用 α^{n+1} 除上式两边,得

$$\frac{a_{n+1}}{\alpha^{n+1}} - \frac{a_n}{\alpha^n} = \frac{b-a\alpha}{\alpha^2} \text{（常数）}.$$

于是,$\left\{\dfrac{a_n}{\alpha^n}\right\}$ 是首项为 $\dfrac{a}{\alpha}$,公差为 $\dfrac{b-a\alpha}{\alpha^2}$ 的等差数列. 这样就可以先求出 $\dfrac{a_n}{\alpha^n}$,最后求出 a_n 的表达式来,即有

$$a_n = a\alpha^{n-1} + (n-1)(b-a\alpha)\alpha^{n-2}. \tag{8}$$

例 已知数列 $\{a_n\}$ 中,$a_1=5, a_2=2, a_n=2a_{n-1}+3a_{n-2}(n\geqslant 3)$,求数列 $\{a_n\}$ 的通项公式.

分析 由 $a_n=2a_{n-1}+3a_{n-2}$ 可得特征方程为 $k^2-2k-3=0$,解得两根为 $\begin{cases}\alpha=-1,\\\beta=3\end{cases}$ 或 $\begin{cases}\alpha=3,\\\beta=-1.\end{cases}$

解法一 设 $a_n - \alpha a_{n-1} = \beta(a_{n-1} - \alpha a_{n-2})$.

若取 $\begin{cases}\alpha=-1,\\\beta=3,\end{cases}$ 则

$$a_n + a_{n-1} = 3(a_{n-1} + a_{n-2}).$$

所以数列 $\{a_n+a_{n-1}\}$ 是首项为 $a_1+a_2=7$,公比为 3 的等比数列,所以

$$a_n + a_{n-1} = 7 \cdot 3^{n-2}. \tag{9}$$

设 $\quad a_n - \lambda \cdot 3^{n-1} = -(a_{n-1} - \lambda \cdot 3^{n-2}),$

则 $\quad a_n + a_{n-1} = 4\lambda \cdot 3^{n-2}.$

比较得 $\quad \lambda = \dfrac{7}{4},$

所以 $\quad a_n - \dfrac{7}{4} \cdot 3^{n-1} = -\left(a_{n-1} - \dfrac{7}{4} \cdot 3^{n-2}\right),$

所以数列 $\left\{a_n - \dfrac{7}{4} \cdot 3^{n-1}\right\}$ 是首项为 $a_1 - \dfrac{7}{4} = \dfrac{13}{4}$,公比为 -1 的等比数列,

所以 $\quad a_n - \dfrac{7}{4} \cdot 3^{n-1} = \dfrac{13}{4} \cdot (-1)^{n-1},$

因此 $\quad a_n = \dfrac{7}{4} \cdot 3^{n-1} + \dfrac{13}{4} \cdot (-1)^{n-1}.$

若取 $\begin{cases} \alpha=3, \\ \beta=-1, \end{cases}$ 则

$$a_n - 3a_{n-1} = -(a_{n-1} - 3a_{n-2}).$$

所以数列 $\{a_n - 3a_{n-1}\}$ 是首项为 $a_2 - 3a_1 = -13$，公比为 -1 的等比数列，所以

$$a_n - 3a_{n-1} = -13 \cdot (-1)^{n-2}, \tag{10}$$

即

$$a_n - 3a_{n-1} = -13 \cdot (-1)^n,$$

两边同时除以 3^n 得

$$\frac{a_n}{3^n} - \frac{a_{n-1}}{3^{n-1}} = -13 \cdot \left(-\frac{1}{3}\right)^n,$$

即

$$\frac{a_n}{3^n} - \frac{a_{n-1}}{3^{n-1}} = -13 \cdot \left(-\frac{1}{3}\right)^n,$$

$$\frac{a_{n-1}}{3^{n-1}} - \frac{a_{n-2}}{3^{n-2}} = -13 \cdot \left(-\frac{1}{3}\right)^{n-1},$$

$$\frac{a_{n-2}}{3^{n-2}} - \frac{a_{n-3}}{3^{n-3}} = -13 \cdot \left(-\frac{1}{3}\right)^{n-2},$$

$$\cdots,$$

$$\frac{a_2}{3^2} - \frac{a_1}{3} = -13 \cdot \left(-\frac{1}{3}\right)^2,$$

以上各式相加，得

$$\frac{a_n}{3^n} - \frac{a_1}{3} = -13 \cdot \frac{\left(-\frac{1}{3}\right)^2 \left[1 - \left(-\frac{1}{3}\right)^{n-1}\right]}{1 - \left(-\frac{1}{3}\right)},$$

所以当 $n \geqslant 2$ 时，

$$a_n = \frac{1}{4}\left[7 \cdot 3^{n-1} + 13 \cdot (-1)^{n-1}\right],$$

当 $n=1$ 时，$a_1=5$，符合上式.

由此得数列的通项公式为

$$a_n = \frac{1}{4}\left[7 \cdot 3^{n-1} + 13 \cdot (-1)^{n-1}\right].$$

(10)式后的其他解法 由 $a_n - 3a_{n-1} = -13 \cdot (-1)^n$，

可设 $a_n - \lambda \cdot (-1)^{n-1} = 3[a_{n-1} - \lambda \cdot (-1)^{n-2}]$，

所以 $a_n = 3a_{n-1} - 4\lambda \cdot (-1)^{n-2}$，

比较得 $\lambda = \frac{13}{4}$，

所以数列 $\left\{a_n - \dfrac{13}{4}(-1)^{n-1}\right\}$ 是首项为 $a_1 - \dfrac{13}{4} = \dfrac{7}{4}$，公比为 3 的等比数列，所以
$$a_n - \dfrac{13}{4}(-1)^{n-1} = \dfrac{7}{4} \cdot 3^{n-1}.$$

故所求数列的通项公式为
$$a_n = \dfrac{7}{4} \cdot 3^{n-1} + \dfrac{13}{4} \cdot (-1)^{n-1}.$$

解法二 可将解法一中的(9)式 $a_n + a_{n-1} = 7 \cdot 3^{n-2}$ 和(10)式 $a_n - 3a_{n-1} = -13 \cdot (-1)^{n-2}$ 联立方程组，解出 a_n. 具体解法不再赘述.

习 题

1. 求由 $a_1=0, a_2=1, 2a_{n+1}=3a_n-a_{n-1}$ $(n=2,3,4,\cdots)$ 所确定的数列 $\{a_n\}$ 的通项公式,并求 $\lim\limits_{n\to\infty}a_n$.

2. 求由 $a_0=0, a_1=1, a_n=\dfrac{1}{2}(a_{n-1}+a_{n-2})$ $(n=2,3,4,\cdots)$ 所确定的数列 $\{a_n\}$ 的通项公式.

3. 数列 $\{a_n\}$ 由 $a_1=0, a_2=1, a_{n+2}=\dfrac{3a_{n+1}+2a_n}{5}$ 所确定. 求 a_n 的表达式及 $\lim\limits_{n\to\infty}a_n$.

4. 数列 $\{x_n\}$ 满足 $x_1=0, x_2=1, ax_n+bx_{n-1}+cx_{n-2}=0$ $(n=3,4,\cdots)$,其中 $a+b+c=0, |a|>|c|>0$.
   (1) 试证数列 $\{x_{n+1}-x_n\}$ 是等比数列;
   (2) 求 x_n 的表达式;
   (3) 记 $S_n=x_1+x_2+\cdots+x_n$,求 $\lim\limits_{n\to\infty}\left(\dfrac{1}{n}S_n\right)$.

5. 求斐波那契数列 $\{F_n\}: F_1=F_2=1, F_{n+2}=F_n+F_{n+1}$ 的通项公式.

参考答案

1. $a_n=2-\left(\dfrac{1}{2}\right)^{n-2}$; $\lim\limits_{n\to\infty}a_n=2$ 2. $a_n=\dfrac{2}{3}\left[1-\left(-\dfrac{1}{2}\right)^n\right]$ 3. $a_n=\dfrac{5}{7}\left[1-\left(-\dfrac{2}{5}\right)^{n-1}\right]$; $\lim\limits_{n\to\infty}a_n=\dfrac{5}{7}$ 4. (1) 可证 $x_{n+1}-x_n=\dfrac{c}{a}(x_n-x_{n-1})$ (2) $x_n=\dfrac{a}{a-c}\left[1-\left(\dfrac{c}{a}\right)^{n-1}\right]$ (3) 略解: $S_n=\dfrac{a}{a-c}\left[n-\left(1+\dfrac{c}{a}+\dfrac{c^2}{a^2}+\cdots+\dfrac{c^{n-1}}{a^{n-1}}\right)\right]=\dfrac{a}{a-c}\left[n-\dfrac{a}{a-c}\left(1-\dfrac{c^n}{a^n}\right)\right]$, $\dfrac{S_n}{n}=\dfrac{a}{a-c}-\left(\dfrac{a}{a-c}\right)^2\cdot\dfrac{1}{n}\left[1-\left(\dfrac{c}{a}\right)^n\right]$. 因为 $\left|\dfrac{c}{a}\right|<1$,故 $\lim\limits_{n\to\infty}=\dfrac{S_n}{n}=\dfrac{a}{a-c}$ 5. 略解: 特征方程为 $k^2-k-1=0$, 特征根为 $k=\dfrac{1\pm\sqrt{5}}{2}$. 代入公式,可得 $F_n=\dfrac{1}{\sqrt{5}}\left[\left(\dfrac{1+\sqrt{5}}{2}\right)^n-\left(\dfrac{1-\sqrt{5}}{2}\right)^n\right]$

第九节 $a_{n+2}+pa_{n+1}+qa_n=r(r\neq 0)$ 型

当 $r\neq 0$ 时,递推关系 $a_{n+2}+pa_{n+1}+qa_n=r$ 是线性非齐次的情形. 情况越来越复杂,怎么处理呢?

设想将 r 从递推关系
$$a_{n+2}+pa_{n+1}+qa_n=r \tag{1}$$
的右边移到左边,并且将它拆分成三项,分别与其他三项结合成
$$(a_{n+2}-k)+p(a_{n+1}-k)+q(a_n-k)=0 \tag{2}$$
的形式. (2)式经整理之后,变成
$$a_{n+2}+pa_{n+1}+qa_n=k+kp+kq,$$
与(1)式比较,知
$$k(1+p+q)=r.$$
如果 $1+p+q\neq 0$,则有
$$k=\frac{r}{1+p+q}.$$
这样一来,在 $1+p+q\neq 0$ 的条件下,$r\neq 0$ 的情况都可转化为(2)式. 令 $b_n=a_n-k$,则有
$$b_{n+2}+pb_{n+1}+qb_n=0, \tag{3}$$
这属于上一节里右边为 0 的情形. 也就是说,$r\neq 0$(非齐次)的情形在 $1+p+q\neq 0$ 的条件下可转化为 $r=0$(齐次)的情形.

如果 $1+p+q=0$,这时有
$$p=-(1+q),$$
代入(1)式,得到
$$\begin{gathered}a_{n+2}-(1+q)a_{n+1}+qa_n=r,\\(a_{n+2}-a_{n+1})-q(a_{n+1}-a_n)=r,\end{gathered} \tag{4}$$
令 $c_n=a_{n+1}-a_n$,上式成为
$$c_{n+1}-qc_n=r.$$
这是本章第三节中研究过的类型,只要求出 c_n,a_n 也就可求得.

例 1 求满足
$$\begin{cases}a_1=0,a_2=1,\\a_{n+2}=4a_{n+1}-3a_n+1\ (n=1,2,3,\cdots)\end{cases}$$
的数列 $\{a_n\}$ 的通项公式.

分析 这是属于 $1+p+q=0$ 的情形,必可化为(4)式的形式.

解 将题给的递推关系变形为
$$a_{n+2} - a_{n+1} = 3(a_{n+1} - a_n) + 1,$$
令 $b_n = a_{n+1} - a_n$,得
$$b_{n+1} = 3b_n + 1,$$
$$b_{n+1} + \frac{1}{2} = 3\left(b_n + \frac{1}{2}\right).$$

可见数列 $\left\{b_n + \frac{1}{2}\right\}$ 是以
$$b_1 + \frac{1}{2} = a_2 - a_1 + \frac{1}{2} = \frac{3}{2}$$
为首项,以 3 为公比的等比数列. 所以
$$b_n + \frac{1}{2} = \frac{3}{2} \cdot 3^{n-1},$$
$$b_n = \frac{3}{2} \cdot 3^{n-1} - \frac{1}{2}.$$

于是
$$a_{n+1} - a_n = \frac{3}{2} \cdot 3^{n-1} - \frac{1}{2},$$
$$\begin{aligned}
a_n &= a_1 + \sum_{k=1}^{n-1} \left(\frac{3}{2} \cdot 3^{k-1}\right) - (n-1) \cdot \frac{1}{2} \\
&= 0 + \left(\frac{3}{2} + \frac{3}{2} \cdot 3 + \cdots + \frac{3}{2} \cdot 3^{n-2}\right) - (n-1) \cdot \frac{1}{2} \\
&= \frac{3^n}{4} - \frac{n}{2} - \frac{1}{4}.
\end{aligned}$$

例 2 已知
$$\begin{cases} a_1 = 1, a_2 = 1, \\ a_{n+2} + 2a_{n+1} + a_n = 4 \ (n=1, 2, 3, \cdots), \end{cases}$$
试求数列 $\{a_n\}$ 的通项公式.

解法一 因
$$k = \frac{r}{1+p+q} = 1,$$
所以将题设递推关系变形为
$$(a_{n+2} - 1) + 2(a_{n+1} - 1) + (a_n - 1) = 0.$$
令 $b_n = a_n - 1$,则
$$\begin{cases} b_1 = a_1 - 1 = 0, \\ b_2 = a_2 - 1 = 0, \\ b_{n+2} + 2b_{n+1} + b_n = 0. \end{cases}$$

由 $b_{n+2}+2b_{n+1}+b_n=0$,知特征方程为
$$t^2+2t+1=0,$$
解得
$$t_1=t_2=-1.$$
由上节的(8)式,得
$$b_n=0.$$
于是,
$$a_n=b_n+1=1.$$

解法二 由递推关系得
$$a_{n+2}=-2a_{n+1}-a_n+4,$$
两边同加 $xa_{n+1}+y$,得
$$a_{n+2}+xa_{n+1}+y=(x-2)a_{n+1}-a_n+y+4$$
$$=(x-2)\left(a_{n+1}-\frac{1}{x-2}a_n+\frac{y+4}{x-2}\right).$$
为使数列 $\{a_{n+1}+xa_n+y\}$ 成等比数列,应有
$$\begin{cases}x=-\dfrac{1}{x-2},\\ y=\dfrac{y+4}{x-2},\end{cases}$$
解此方程组,得
$$\begin{cases}x=1,\\ y=-2.\end{cases}$$
故有
$$a_{n+2}+a_{n+1}-2=-(a_{n+1}+a_n-2).$$
令 $b_n=a_{n+1}+a_n-2$,则得
$$\begin{cases}b_1=a_2+a_1-2=0,\\ b_{n+1}=-b_n.\end{cases}$$
故有
$$b_n=0,$$
即
$$a_{n+1}+a_n-2=0,$$
由本章第三节当 $p\neq 1$ 时的公式(b),可得
$$a_n=1.$$

容易看出,解法二的本质是裂项,所不同的是不但将常数项分拆,而且要将含 a_{n+1} 的项也进行分拆,因而难度较高.

解法三 本例还可通过猜想通项公式,再用数学归纳法证明的方法解决.

由 $\begin{cases} a_1=1, a_2=1, \\ a_{n+2}+2a_{n+1}+a_n=4(n=1,2,3,\cdots), \end{cases}$ 可得 $a_3=1, a_4=1$,因此猜想 $a_n=1$.

下面用数学归纳法证明:

1° 当 $n=1, n=2$ 时,$a_1=1, a_2=1$,结论成立.

2° 假设当 $n=k, n=k+1$ 时,$a_k=1, a_{k+1}=1$.

由 $a_{k+2}+2a_{k+1}+a_k=4$,得
$$a_{k+2}=4-2a_{k+1}-a_k=1,$$
即 $n=k+2$ 时,结论成立.

由 1°、2° 可得,对 $n=1,2,3,\cdots$ 有 $a_n=1$.

习　　题

1. 设 $a_1=1, a_2=2, a_{n+2}=6a_{n+1}-8a_n+3$，求 a_n 的表达式．
2. 设 $a_1=0, a_2=1, a_{n+2}+a_{n+1}-2a_n=2^n$，求 a_n 的表达式．

参考答案

1. $a_n=2^{2n-3}-2^{n-2}+1$　　**2.** $a_n=2^{n-2}+\dfrac{1}{3}(-2)^{n-2}-\dfrac{1}{3}$

第十节 $a_{n+1}=\dfrac{pa_n}{ra_n+s}$ 型

分数型的递推关系较复杂,我们来看一个相对简单的例子.

例 如果数列 $\{a_n\}$ 满足

$$\begin{cases} a_1=4, \\ a_{n+1}=\dfrac{2a_n}{2a_n+1} \ (n=1,2,3,\cdots), \end{cases}$$

求其通项公式.

解 由递推关系,可知

$$\dfrac{1}{a_{n+1}}=1+\dfrac{1}{2a_n},$$

即

$$\dfrac{1}{a_{n+1}}-2=\dfrac{1}{2}\left(\dfrac{1}{a_n}-2\right),$$

这说明数列 $\left\{\dfrac{1}{a_n}-2\right\}$ 是首项为 $\dfrac{1}{a_1}-2=-\dfrac{7}{4}$,公比为 $\dfrac{1}{2}$ 的等比数列,故有

$$\dfrac{1}{a_n}-2=-\dfrac{7}{4}\cdot\left(\dfrac{1}{2}\right)^{n-1}.$$

从而

$$a_n=\dfrac{1}{2-\dfrac{7}{4}\cdot\left(\dfrac{1}{2}\right)^{n-1}}=\dfrac{2^{n+1}}{2^{n+2}-7}.$$

这里采用了取倒数的求解方式,是一种比较特殊的方法.

习　题

已知 $a_1=1, a_{n+1}=\dfrac{a_n}{a_n+3}$ $(n=1,2,3,\cdots)$，求数列 $\{a_n\}$ 的通项公式.

········ 参考答案

$a_n=\dfrac{2}{3^n-1}$

第十一节 $a_{n+1}=\dfrac{pa_n+q}{ra_n+s}$型

形如 $a_{n+1}=\dfrac{pa_n+q}{ra_n+s}$ 的递推关系就复杂些，我们还是先看些例子，然后引出一般结论．

例 1 数列 $\{a_n\}$ 由下式确定：

$$\begin{cases} a_1=2, \\ a_{n+1}=\dfrac{2a_n-5}{a_n-4} \ (n=1,2,3,\cdots). \end{cases} \tag{1}$$

(1) 若设 $b_n=\dfrac{a_n-5}{a_n-1}$，试写出数列 $\{b_n\}$ 的初始值和递推关系；

(2) 用只含 n 的式子来表示 a_n．

解 (1) 因

$$a_{n+1}-5=\dfrac{2a_n-5}{a_n-4}-5=\dfrac{-3(a_n-5)}{a_n-4},$$

$$a_{n+1}-1=\dfrac{2a_n-5}{a_n-4}-1=\dfrac{a_n-1}{a_n-4},$$

故有

$$\dfrac{a_{n+1}-5}{a_{n+1}-1}=(-3)\cdot\dfrac{a_n-5}{a_n-1}, \tag{2}$$

即

$$b_{n+1}=-3b_n, b_1=-3.$$

(2) 因为 $\{b_n\}$ 是首项为 -3，公比为 -3 的等比数列，因此，

$$b_n=(-3)\cdot(-3)^{n-1}=(-3)^n.$$

从而有

$$\dfrac{a_n-5}{a_n-1}=(-3)^n,$$

即

$$a_n=\dfrac{5-(-3)^n}{1-(-3)^n}.$$

看了这个例题的解，读者定会感到诧异．在解题过程中，为什么要研究 $a_{n+1}-5$ 和 $a_{n+1}-1$ 呢？其中的 5 和 1 又是怎么确定的呢？

从解题过程中知道，这两个数（5 和 1）有相同的特性，即 $a_{n+1}-5$ 可以变形为一个分式，其分母为原递推关系的分母，分子为 a_n-5 的若干倍；a_{n+1}

-1 也可以**转化**为一个分式,其分母也是原递推关系的分母,分子是 a_n-1 的若干倍. 然后求 $a_{n+1}-5$ 和 $a_{n+1}-1$ 的比,原分母 a_n-4 被约去,得到一个左右端形式上一致的等式(2). 然后,通过变量替换就可以解出本题.

看来,怎么确定这两个数是解这类问题的关键. 设其为 k,那么

$$a_{n+1}-k = \frac{2a_n-5}{a_n-4} - k$$

$$= \frac{(2-k)\left(a_n-\frac{4k-5}{k-2}\right)}{a_n-4}.$$

根据前面说过的要求,应有

$$k = \frac{4k-5}{k-2}, \tag{3}$$

即

$$k^2-6k+5=0,$$

解之,得

$$k_1=5, k_2=1.$$

值得注意的是(3)式还可以变形为

$$k^2-2k=4k-5,$$
$$k^2-4k=2k-5,$$
$$k = \frac{2k-5}{k-4}. \tag{4}$$

这个(4)式与(1)式中的递推关系是十分相像的. (4)式的根当然也是 $k_1=5, k_2=1$. 由此可以得出关于 $a_{n+1}=\frac{pa_n+q}{ra_n+s}$ 型递推关系的一般解法.

若数列 $\{a_n\}$ 由以下式子确定:

$$\begin{cases} a_1=a, \\ a_{n+1}=\frac{pa_n+q}{ra_n+s} \end{cases} (n=1,2,3,\cdots) \tag{5}$$

(其中 $r\neq 0, ps-qr\neq 0$),并且方程

$$k = \frac{pk+q}{rk+s} \tag{6}$$

有相异两根 α、β,可令

$$b_n = \frac{a_n-\alpha}{a_n-\beta},$$

则数列 $\{b_n\}$ 是一个等比数列,从 $\{b_n\}$ 的通项公式 b_n 可以求出 $\{a_n\}$ 的通项公式 a_n.

这个结论可证明如下:

因为
$$a_{n+1}-\alpha = \frac{pa_n+q}{ra_n+s}-\alpha$$
$$= \frac{(p-r\alpha)a_n+(q-s\alpha)}{ra_n+s},$$

又因 α 是方程(6)的解,所以有
$$r\alpha^2-(p-s)\alpha-q=0,$$
$$q-s\alpha = r\alpha^2-p\alpha = -\alpha(p-r\alpha),$$

代入上式,得
$$a_{n+1}-\alpha = \frac{(p-r\alpha)a_n-\alpha(p-r\alpha)}{ra_n+s}$$
$$= \frac{(p-r\alpha)(a_n-\alpha)}{ra_n+s}. \tag{7}$$

同样地,有
$$a_{n+1}-\beta = \frac{(p-r\beta)(a_n-\beta)}{ra_n+s}. \tag{8}$$

其中
$$p-r\alpha \neq 0, \quad p-r\beta \neq 0.$$

事实上,若 $p-r\alpha=0$,则因为 $r\neq 0$,所以
$$\alpha = \frac{p}{r}.$$

代入(6)式,得
$$r\left(\frac{p}{r}\right)^2-(p-s)\cdot\frac{p}{r}-q=0,$$
$$ps-qr=0,$$

与题设矛盾. 所以 $p-r\alpha\neq 0$,同理 $p-r\beta\neq 0$.

(7)式除以(8)式,得
$$\frac{a_{n+1}-\alpha}{a_{n+1}-\beta} = \frac{p-r\alpha}{p-r\beta}\cdot\frac{a_n-\alpha}{a_n-\beta}.$$

令
$$b_n = \frac{a_n-\alpha}{a_n-\beta},$$

可得
$$\begin{cases} b_{n+1} = \dfrac{p-r\alpha}{p-r\beta}\cdot b_n, \\ b_1 = \dfrac{a_1-\alpha}{a_1-\beta} = \dfrac{a-\alpha}{a-\beta}. \end{cases}$$

数列$\{b_n\}$是等比数列,其通项公式不难求得,从而数列$\{a_n\}$的通项公式也可以求出.

例 2 求用下列式子给定的数列的通项公式:
$$\begin{cases} a_1 = 4, \\ a_n = \dfrac{3a_{n-1}+2}{a_{n-1}+4} \ (n=2,3,4,\cdots). \end{cases}$$

解 将递推关系中的 a_n、a_{n-1} 改为 k,得
$$k = \dfrac{3k+2}{k+4}, k^2 + k - 2 = 0,$$

解得
$$k_1 = 1, k_2 = -2.$$

作
$$a_n - 1 = \dfrac{3a_{n-1}+2}{a_{n-1}+4} - 1 = \dfrac{2(a_{n-1}-1)}{a_{n-1}+4},$$
$$a_n + 2 = \dfrac{3a_{n-1}+2}{a_{n-1}+4} + 2 = \dfrac{5(a_{n-1}+2)}{a_{n-1}+4},$$

所以
$$\dfrac{a_n-1}{a_n+2} = \dfrac{2}{5} \cdot \dfrac{a_{n-1}-1}{a_{n-1}+2}.$$

令
$$b_n = \dfrac{a_n-1}{a_n+2},$$

可得
$$\begin{cases} b_1 = \dfrac{1}{2}, \\ b_n = \dfrac{2}{5} \cdot b_{n-1}, \end{cases}$$

则数列$\{b_n\}$是以 $\dfrac{1}{2}$ 为首项,$\dfrac{2}{5}$ 为公比的等比数列. 于是
$$b_n = \dfrac{1}{2} \cdot \left(\dfrac{2}{5}\right)^{n-1}.$$

从而有
$$\dfrac{a_n-1}{a_n+2} = \dfrac{1}{2} \cdot \left(\dfrac{2}{5}\right)^{n-1},$$
$$a_n = \dfrac{5^{n-1}+2^{n-1}}{5^{n-1}-2^{n-2}}.$$

例 3 数列$\{a_n\}$由

$$\begin{cases} a_1=2, \\ a_{n+1}=\dfrac{-2(a_n+2)}{3a_n-2} \end{cases} (n=1,2,3,\cdots)$$

给出,求其通项公式.

解 将递推关系中的 a_{n+1}、a_n 改为 k,得

$$k=\frac{-2(k+2)}{3k-2},$$

解之,得

$$k=\pm\frac{2\sqrt{3}}{3}\mathrm{i}.$$

于是,

$$a_{n+1}-\frac{2\sqrt{3}}{3}\mathrm{i}=\frac{-2(1+\sqrt{3}\mathrm{i})\left(a_n-\dfrac{2\sqrt{3}}{3}\mathrm{i}\right)}{3a_n-2},$$

$$a_{n+1}+\frac{2\sqrt{3}}{3}\mathrm{i}=\frac{-2(1-\sqrt{3}\mathrm{i})\left(a_n+\dfrac{2\sqrt{3}}{3}\mathrm{i}\right)}{3a_n-2},$$

两式相除,得

$$\frac{a_{n+1}-\dfrac{2\sqrt{3}}{3}\mathrm{i}}{a_{n+1}+\dfrac{2\sqrt{3}}{3}\mathrm{i}}=\frac{(1+\sqrt{3}\mathrm{i})\left(a_n-\dfrac{2\sqrt{3}}{3}\mathrm{i}\right)}{(1-\sqrt{3}\mathrm{i})\left(a_n+\dfrac{2\sqrt{3}}{3}\mathrm{i}\right)},$$

令

$$b_n=\frac{a_n-\dfrac{2\sqrt{3}}{3}\mathrm{i}}{a_n+\dfrac{2\sqrt{3}}{3}\mathrm{i}},$$

则

$$\begin{cases} b_1=\dfrac{2-\dfrac{2\sqrt{3}}{3}\mathrm{i}}{2+\dfrac{2\sqrt{3}}{3}\mathrm{i}}, \\ b_{n+1}=\dfrac{(1+\sqrt{3}\mathrm{i})}{(1-\sqrt{3}\mathrm{i})}\cdot b_n. \end{cases}$$

于是,得

$$b_n = \frac{2-\frac{2\sqrt{3}}{3}\mathrm{i}}{2+\frac{2\sqrt{3}}{3}\mathrm{i}} \cdot \left(\frac{1+\sqrt{3}\mathrm{i}}{1-\sqrt{3}\mathrm{i}}\right)^{n-1}$$

$$= \frac{1-\sqrt{3}\mathrm{i}}{2} \cdot \left(\frac{-1+\sqrt{3}\mathrm{i}}{2}\right)^{n-1}$$

$$= -\left(\frac{-1+\sqrt{3}\mathrm{i}}{2}\right)^n.$$

由此可求得

$$a_n = \frac{\frac{2\sqrt{3}}{3}\mathrm{i} \cdot \left[1 - \left(\frac{-1+\sqrt{3}\mathrm{i}}{2}\right)^n\right]}{1 + \left(\frac{-1+\sqrt{3}\mathrm{i}}{2}\right)^n}.$$

因为

$$\left(\frac{-1+\sqrt{3}\mathrm{i}}{2}\right)^2 = \frac{-1-\sqrt{3}\mathrm{i}}{2},$$

$$\left(\frac{-1+\sqrt{3}\mathrm{i}}{2}\right)^3 = 1,$$

所以

$$\left(\frac{-1+\sqrt{3}\mathrm{i}}{2}\right)^n = \begin{cases} \frac{-1+\sqrt{3}\mathrm{i}}{2}, & \text{当 } n=3m-2 \text{ 时}; \\ \frac{-1-\sqrt{3}\mathrm{i}}{2}, & \text{当 } n=3m-1 \text{ 时}; \\ 1, & \text{当 } n=3m \text{ 时}; \\ m=1,2,3,\cdots. \end{cases}$$

于是

$$a_n = \begin{cases} 2, & \text{当 } n=3m-2 \text{ 时}; \\ -2, & \text{当 } n=3m-1 \text{ 时}; \\ 0, & \text{当 } n=3m \text{ 时}; \\ m=1,2,3,\cdots. \end{cases}$$

如果方程(6)有两个相等根 α，情况就不一样了. 此时，可以设

$$c_n = \frac{1}{a_n - \alpha},$$

则数列 $\{c_n\}$ 是等差数列，从它的通项公式 c_n，可以导出 $\{a_n\}$ 的通项公式 a_n.

这个结论可证明如下：

由(7)式，
$$a_{n+1}-\alpha=\frac{(p-r\alpha)(a_n-\alpha)}{ra_n+s},$$

取其倒数，得

$$\frac{1}{a_{n+1}-\alpha}=\frac{1}{p-r\alpha}\cdot\frac{ra_n+s}{a_n-\alpha}$$
$$=\frac{1}{p-r\alpha}\left(r+\frac{r\alpha+s}{a_n-\alpha}\right). \quad (9)$$

因为 α 是方程(6)的重根，所以，根据韦达定理，有

$$2\alpha=\frac{p-s}{r},$$

由此得

$$r\alpha+s=p-r\alpha.$$

将此结果代入(9)式，得

$$\frac{1}{a_{n+1}-\alpha}=\frac{r}{p-r\alpha}+\frac{1}{a_n-\alpha}.$$

令

$$c_n=\frac{1}{a_n-\alpha},$$

可得

$$\begin{cases} c_1=\dfrac{1}{a_1-\alpha}=\dfrac{1}{a-\alpha}, \\ c_{n+1}=c_n+\dfrac{r}{p-r\alpha}. \end{cases}$$

于是 c_n 可求得，从而 a_n 也可求得.

例 4 求由下列式子确定的数列的通项公式：

$$\begin{cases} a_1=1, \\ a_n=\dfrac{4-a_{n-1}}{3-a_{n-1}} \ (n=2,3,4,\cdots). \end{cases}$$

解 将递推关系中的 a_n、a_{n-1} 改为 k，得

$$k=\frac{4-k}{3-k},$$

解得

$$k_1=k_2=2.$$

依照(9)式，有

$$\frac{1}{a_n-2}=\frac{1}{\frac{4-a_{n-1}}{3-a_{n-1}}-2}=\frac{3-a_{n-1}}{a_{n-1}-2}$$

$$=-1+\frac{1}{a_{n-1}-2}.$$

令 $c_n=\frac{1}{a_n-2}$,

则有

$$\begin{cases}c_1=-1,\\ c_n=c_{n-1}-1.\end{cases}$$

于是

$$c_n=-1+(n-1)\cdot(-1)=-n.$$

从而得

$$\frac{1}{a_n-2}=-n,$$

$$a_n=2-\frac{1}{n}.$$

例5 已知在数列 $\{a_n\}$ 中,$a_1=3$,$a_n=\frac{2a_{n-1}-1}{9a_{n-1}+8}$ $(n=2,3,4,\cdots)$,求数列 $\{a_n\}$ 的通项公式.

解 将递推关系中的 a_n、a_{n-1} 改为 k,得

$$k=\frac{2k-1}{9k+8},$$

解得 $k_1=k_2=-\frac{1}{3}$.

$$a_n+\frac{1}{3}=\frac{2a_{n-1}-1}{9a_{n-1}+8}+\frac{1}{3},$$

两边同乘以 3,得

$$3a_n+1=\frac{5(3a_{n-1}+1)}{9a_{n-1}+8}=\frac{5(3a_{n-1}+1)}{3(3a_{n-1}+1)+5},$$

两边取倒数,得

$$\frac{1}{3a_n+1}=\frac{3}{5}+\frac{1}{3a_{n-1}+1},$$

所以 $\frac{1}{3a_n+1}=\frac{3}{5}(n-1)+\frac{1}{3a_1+1}=\frac{6n-5}{10}.$

所以 $a_n=\frac{5-2n}{6n-5}$ $(n=1,2,3,\cdots).$

有些分式递推关系,虽然不属于 $a_{n+1}=\dfrac{pa_n+q}{ra_n+s}$ 型,但也可以按照类似的方法解出.

例 6 已知
$$\begin{cases} a_1=2\sqrt{5}, \\ a_{n+1}=\dfrac{1}{2}\left(a_n+\dfrac{5}{a_n}\right)(n=1,2,3,\cdots). \end{cases}$$
求 a_n 的表达式.

分析 递推关系可化为
$$a_{n+1}=\dfrac{a_n^2+5}{2a_n},$$
不属 $a_{n+1}=\dfrac{pa_n+q}{ra_n+s}$ 型. 但我们仍希望将上式变形,使左端成为 $a_{n+1}-k$,右端分母不变,分子成为 $(a_n-k)^2$(因为分子是 a_n 的二次式,我们当然不能期望它变形为 a_n 的一次式. 这是与解 $a_{n+1}=\dfrac{pa_n+q}{ra_n+s}$ 型递推关系的不同之处),即希望有
$$a_{n+1}-k=\dfrac{(a_n-k)^2}{2a_n}.$$
化简上式,得
$$a_{n+1}=\dfrac{a_n^2+k^2}{2a_n}.$$
与原递推关系相比较,应有
$$k^2=5,$$
则
$$k_1=\sqrt{5},k_2=-\sqrt{5}.$$

解 由
$$a_{n+1}=\dfrac{a_n^2+5}{2a_n},$$
我们得
$$a_{n+1}-\sqrt{5}=\dfrac{(a_n-\sqrt{5})^2}{2a_n}$$
与
$$a_{n+1}+\sqrt{5}=\dfrac{(a_n+\sqrt{5})^2}{2a_n},$$

两式相除,得

$$\frac{a_{n+1}-\sqrt{5}}{a_{n+1}+\sqrt{5}}=\left(\frac{a_n-\sqrt{5}}{a_n+\sqrt{5}}\right)^2$$

$$=\left(\frac{a_{n-1}-\sqrt{5}}{a_{n-1}+\sqrt{5}}\right)^{2^2}$$

$$=\cdots$$

$$=\left(\frac{a_1-\sqrt{5}}{a_1+\sqrt{5}}\right)^{2^n},$$

即

$$\frac{a_n-\sqrt{5}}{a_n+\sqrt{5}}=\left(\frac{a_1-\sqrt{5}}{a_1+\sqrt{5}}\right)^{2^{n-1}}=\left(\frac{1}{3}\right)^{2^{n-1}}.$$

从而有

$$a_n=\frac{\sqrt{5}\left[1+\left(\frac{1}{3}\right)^{2^{n-1}}\right]}{1-\left(\frac{1}{3}\right)^{2^{n-1}}}.$$

习 题

1. 求由下列式子确定的数列的通项公式：

   (1) $a_1=2, a_n=\dfrac{a_{n-1}+2}{2a_{n-1}+1}$ $(n=2,3,4,\cdots)$；

   (2) $a_1=\dfrac{1}{2}, a_{n+1}=\dfrac{2}{3-a_n}$ $(n=1,2,3,\cdots)$；

   (3) $a_1=1+x(x>0), a_n=2-\dfrac{1}{a_{n-1}}$ $(n=2,3,4,\cdots)$.

2. 试证：由
$$\begin{cases} a_1=1, \\ a_{n+1}=\dfrac{a_n-7}{3a_n-5} \end{cases}$$
所确定的数列是 $1,3,-1$ 三数循环出现构成的数列.

3. 设 $x_1=2p, x_{n+1}=\dfrac{x_n^2}{2x_n-p}$，求 x_n 的表达式.

4. 设 $x_1=\alpha, x_{n+1}=\dfrac{x_n^2+p^2}{2x_n}$，求 x_n 的表达式.

5. 设 $x_1=2, x_{n+1}=\dfrac{x_n(x_n^2+3)}{3x_n^2+1}$，求 x_n 的表达式.（提示：考虑 $x_{n+1}-k=\dfrac{(x_n-k)^3}{3x_n^2+1}$.）

参考答案

1. (1) $a_n=\dfrac{(-3)^n-1}{(-3)^n+1}$ (2) $a_n=1-\dfrac{1}{3\cdot 2^{n-1}-1}$

(3) $a_n=\dfrac{nx+1}{(n-1)x+1}$ **2.** 略 **3.** $x_n=\dfrac{p}{1-\left(\dfrac{1}{2}\right)^{2^{n-1}}}$

4. $x_n=\dfrac{p\left[\left(\dfrac{\alpha+p}{\alpha-p}\right)^{2^{n-1}}+1\right]}{\left(\dfrac{\alpha+p}{\alpha-p}\right)^{2^{n-1}}-1}$ **5.** $x_n=\dfrac{3^{3^{n-1}}+1}{3^{3^{n-1}}-1}$

第十二节 $a_{n+1}=Aa_n^k$ 型和 $a_{n+2}^k=Aa_{n+1}^l a_n^m$ 型

如果 A、a 是正常数，k 是常数，则求用下列式子
$$\begin{cases} a_1=a, \\ a_{n+1}=Aa_n^k \quad (n=1,2,3,\cdots) \end{cases}$$
确定的数列 $\{a_n\}$ 的通项公式 a_n，可通过对递推关系两端取对数，并设 $\lg a_n=b_n$ 来解得.

事实上，对上述递推关系两边取对数，有
$$\lg a_{n+1}=k\lg a_n+\lg A.$$
令 $b_n=\lg a_n$，则有
$$\begin{cases} b_1=\lg a, \\ b_{n+1}=kb_n+\lg A. \end{cases}$$
这种类型的问题已在本章第三节里解决了.

例 1 数列
$$a_1,a_2,a_3,\cdots,a_n,\cdots$$
的各项均为正数，且满足
$$2a_n^2=a_{n-1}^3 \quad (n=2,3,4,\cdots).$$
试将 a_n 用 n 与 a_1 的式子表示出来.

解 对所给的式子两边取对数，得
$$2\lg a_n+\lg 2=3\lg a_{n-1}.$$
令 $b_n=\lg a_n$，则
$$b_n=\frac{3}{2}b_{n-1}-\frac{1}{2}\lg 2.$$
因为
$$b_n-\lg 2=\frac{3}{2}(b_{n-1}-\lg 2),$$
由此推得
$$b_n-\lg 2=\left(\frac{3}{2}\right)^{n-1}\cdot(b_1-\lg 2),$$
即
$$\lg a_n=\left(\frac{3}{2}\right)^{n-1}\cdot(\lg a_1-\lg 2)+\lg 2,$$
因此，

$$a_n = 2 \cdot \left(\frac{a_1}{2}\right)^{\left(\frac{3}{2}\right)^{n-1}}.$$

例 2 数列 $\{a_n\}$ 由下式给出：
$$\begin{cases} a_1 = 1, \\ a_n = 2\sqrt{a_{n-1}} \quad (n=2,3,4,\cdots). \end{cases}$$

求 $\{a_n\}$ 的通项公式．

解法一 将递推关系两边取对数，得
$$\lg a_n = \frac{1}{2}\lg a_{n-1} + \lg 2.$$

设 $b_n = \lg a_n$，则有
$$\begin{cases} b_1 = 0, \\ b_n = \frac{1}{2}b_{n-1} + \lg 2. \end{cases}$$

因为
$$b_n - 2\lg 2 = \frac{1}{2}(b_{n-1} - 2\lg 2),$$

因而
$$b_n - 2\lg 2 = (0 - 2\lg 2) \cdot \left(\frac{1}{2}\right)^{n-1}$$
$$= -\frac{1}{2^{n-2}}\lg 2,$$

则
$$b_n = 2\lg 2 - \frac{1}{2^{n-2}}\lg 2 = \left(2 - \frac{1}{2^{n-2}}\right)\lg 2 = \lg 2^{2-\frac{1}{2^{n-2}}},$$

于是，
$$a_n = 2^{2-\frac{1}{2^{n-2}}}.$$

解法二
$$\begin{aligned}
a_n &= 2a_{n-1}^{\frac{1}{2}} \\
&= 2(2a_{n-2}^{\frac{1}{2}})^{\frac{1}{2}} = 2^{1+\frac{1}{2}} \cdot a_{n-2}^{\frac{1}{2^2}} \\
&= 2^{1+\frac{1}{2}} \cdot (2a_{n-3}^{\frac{1}{2}})^{\frac{1}{2^2}} = 2^{1+\frac{1}{2}+\frac{1}{2^2}} \cdot a_{n-3}^{\frac{1}{2^3}} \\
&= \cdots \\
&= 2^{1+\frac{1}{2}+\frac{1}{2^2}+\cdots+\frac{1}{2^{n-2}}} \cdot a_1^{\frac{1}{2^{n-1}}} \\
&= 2^{2-\frac{1}{2^{n-2}}}.
\end{aligned}$$

如果 A、a、b 为正常数，l、m、k 为常数，则由下列式子

$$\begin{cases} a_1 = a, a_2 = b, \\ a_{n+2}^k = A a_{n+1}^l a_n^m \quad (n=1,2,3,\cdots) \end{cases}$$

所确定的数列的通项公式 a_n，也可从递推关系两边取对数之后求得.

事实上，从递推关系可得

$$k \lg a_{n+2} = l \lg a_{n+1} + m \lg a_n + \lg A.$$

令 $b_n = \lg a_n$，则有

$$\begin{cases} b_1 = \lg a, b_2 = \lg b, \\ k b_{n+2} = l b_{n+1} + m b_n + \lg A. \end{cases}$$

这是在本章第九节中所研究过的类型.

例3 数列 $\{a_n\}$ 由下式确定：

$$\begin{cases} a_1 = 1, a_2 = 10, \\ \dfrac{a_n}{a_{n-1}} = \sqrt{\dfrac{a_{n-1}}{a_{n-2}}} \quad (n=3,4,5,\cdots). \end{cases}$$

求 $\{a_n\}$ 的通项公式.

解法一 在递推关系两边取对数，得

$$\lg a_n - \lg a_{n-1} = \frac{1}{2}(\lg a_{n-1} - \lg a_{n-2}).$$

令 $\lg a_n = b_n$，则

$$\begin{cases} b_1 = \lg a_1 = 0, b_2 = \lg a_2 = 1, \\ b_n - b_{n-1} = \dfrac{1}{2}(b_{n-1} - b_{n-2}). \end{cases}$$

显然，数列 $\{b_n - b_{n-1}\}$ 是等比数列，其公比是 $\dfrac{1}{2}$，首项是

$$b_2 - b_1 = 1.$$

所以，

$$b_n - b_{n-1} = \left(\frac{1}{2}\right)^{n-2},$$

从而有

$$b_n = b_1 + \sum_{k=1}^{n-1} \left(\frac{1}{2}\right)^{k-1} = 1 + \frac{1}{2} + \left(\frac{1}{2}\right)^2 + \cdots + \left(\frac{1}{2}\right)^{n-2}$$
$$= 2\left[1 - \left(\frac{1}{2}\right)^{n-1}\right].$$

最后得出

$$a_n = 10^{2-\left(\frac{1}{2}\right)^{n-2}}.$$

解法二 因为

$$\frac{a_n}{a_{n-1}} = \left(\frac{a_{n-1}}{a_{n-2}}\right)^{\frac{1}{2}}$$
$$= \left[\left(\frac{a_{n-2}}{a_{n-3}}\right)^{\frac{1}{2}}\right]^{\frac{1}{2}} = \left(\frac{a_{n-2}}{a_{n-3}}\right)^{\left(\frac{1}{2}\right)^2}$$
$$= \cdots$$
$$= \left(\frac{a_2}{a_1}\right)^{\left(\frac{1}{2}\right)^{n-2}} = 10^{\left(\frac{1}{2}\right)^{n-2}},$$

所以
$$a_n = a_1 \cdot 10^{\left(\frac{1}{2}\right)^0} \cdot 10^{\left(\frac{1}{2}\right)^1} \cdot 10^{\left(\frac{1}{2}\right)^2} \cdot 10^{\left(\frac{1}{2}\right)^3} \cdots \cdot 10^{\left(\frac{1}{2}\right)^{n-2}}$$
$$= 10^{1+\left(\frac{1}{2}\right)^1+\left(\frac{1}{2}\right)^2+\cdots+\left(\frac{1}{2}\right)^{n-2}} = 10^{2\left[1-\left(\frac{1}{2}\right)^{n-1}\right]}.$$

习　题

1. 各项皆正的数列 $\{a_n\}$，其任意项和它后面一项平方的积为定值 k^6（$k>0$），且 $a_1=1$，求 a_n 的表达式.

2. 关于由 $a_1=1, a_2=8, a_n=\sqrt{a_{n-1}a_{n-2}}$（$n=3,4,5,\cdots$）确定的数列，
 (1) 求 a_{n-1} 与 a_n 的关系；(2) 求 a_n 的表达式；(3) 求 $\lim\limits_{n\to\infty}a_n$.

3. 对由
$$a_1=1, a_2=2, \frac{a_{n+2}}{a_{n+1}}=\sqrt{\frac{a_{n+1}}{a_n}}\ (n=1,2,3,\cdots)$$
所确定的数列 $\{a_n\}$，试将其通项公式 a_n 表示为 2^c 的形式，并求 $\lim\limits_{n\to\infty}a_n$.

4. 已知
$$a_1=8, a_{n+1}=a_n^2+2a_n\ (n=1,2,3,\cdots),$$
求 a_n 的表达式.（提示：两边加 1，令 $b_n=a_n+1$.）

参考答案

1. $a_n=k^2\left[1-\left(-\frac{1}{2}\right)^{n-1}\right]$　**2.** (1) $a_n\cdot\sqrt{a_{n-1}}=8$ 或 $a_n=a_{n-1}\cdot 8^{\left(-\frac{1}{2}\right)^{n-2}}$　(2) $a_n=4^{1-\left(-\frac{1}{2}\right)^{n-1}}$　(3) $\lim\limits_{n\to\infty}a_n=4$　**3.** 略解：令 $b_n=\log_2 a_n$, $c=2\left[1-\left(\frac{1}{2}\right)^{n-1}\right]$；$\lim\limits_{n\to\infty}a_n=4$　**4.** $a_n=9^{2^{n-1}}-1$

第十三节　一次联立递推关系

设有两个数列 $\{a_n\}$ 和 $\{b_n\}$，它们的首项都已给定，但是没有给出 a_{n+1} 与 a_n 的关系及 b_{n+1} 与 b_n 的关系，却给出了 a_{n+1} 与 a_n、b_n 的关系，b_{n+1} 与 a_n、b_n 的关系. 这样，由 a_1 和 b_1 可以确定 a_2 和 b_2，由 a_2 和 b_2 可以确定 a_3 和 b_3，两个数列 $\{a_n\}$ 和 $\{b_n\}$ 的各项逐一被相互确定. 这种递推关系就是联立递推关系.

如果数列 $\{a_n\}$ 和 $\{b_n\}$ 由下列初始条件及递推关系

$$\begin{cases} a_1=a, b_1=b, & (1) \\ a_{n+1}=pa_n+qb_n, & (2) \\ b_{n+1}=ra_n+sb_n \quad (n=1,2,3,\cdots) & (3) \end{cases}$$

所确定（其中 a、b、p、q、r、s 都是常数），那么，从(2)式可得

$$qb_n = a_{n+1} - pa_n, \tag{2}'$$

在 (2)′中，用 $n+1$ 代替 n，得

$$qb_{n+1} = a_{n+2} - pa_{n+1}. \tag{2}''$$

将(2)′及(2)″代入(3)式，有

$$a_{n+2} - pa_{n+1} = qra_n + s(a_{n+1} - pa_n),$$

即

$$a_{n+2} - (p+s)a_{n+1} + (ps-qr)a_n = 0. \tag{4}$$

(4)式是数列 $\{a_n\}$ 的涉及了相邻三项的递推关系，同时，因为 $a_1=a$ 是已知的，a_2 可通过(1)(2)式算出：

$$a_2 = pa_1 + qb_1 = pa + qb,$$

数列 $\{a_n\}$ 的类型前面已经有所分析.

同理，数列 $\{b_n\}$ 可归结为下列初始值和递推关系：

$$\begin{cases} b_1=b, b_2=ra+sb, \\ b_{n+2} - (p+s)b_{n+1} + (ps-qr)b_n = 0. \end{cases}$$

例 1　已知

$$\begin{cases} a_1=1, b_1=0, \\ a_{n+1}=3a_n+2b_n, \quad (n=1,2,3,\cdots) & (5) \\ b_{n+1}=2a_n+6b_n, & (6) \end{cases}$$

求 $\{a_n\}$、$\{b_n\}$ 的通项公式.

解法一（代入法）　由(5)式，得

$$2b_n = a_{n+1} - 3a_n,$$

所以

$$2b_{n+1}=a_{n+2}-3a_{n+1}.$$

将以上两式代入(6)式,得
$$a_{n+2}-3a_{n+1}=4a_n+6(a_{n+1}-3a_n),$$
即
$$a_{n+2}-9a_{n+1}+14a_n=0. \tag{7}$$

递推关系(7)的特征方程为
$$k^2-9k+14=0,$$
解之,得
$$k_1=2, k_2=7.$$

将(7)式变形为
$$a_{n+2}-2a_{n+1}=7(a_{n+1}-2a_n).$$

由此可知,数列$\{a_{n+1}-2a_n\}$是以
$$a_2-2a_1=(3a_1+2b_1)-2a_1=a_1+2b_1=1$$
为首项,以 7 为公比的等比数列. 于是
$$a_n-2a_{n-1}=7^{n-2}. \tag{8}$$

(8)式两端除以 2^n,得
$$\frac{a_n}{2^n}-\frac{a_{n-1}}{2^{n-1}}=\frac{1}{4}\left(\frac{7}{2}\right)^{n-2},$$

从而得到
$$\frac{a_n}{2^n}=\frac{a_1}{2}+\frac{1}{4}\left[1+\left(\frac{7}{2}\right)+\left(\frac{7}{2}\right)^2+\cdots+\left(\frac{7}{2}\right)^{n-2}\right]$$
$$=\frac{1}{2}+\frac{1}{4}\cdot\frac{1-\left(\frac{7}{2}\right)^{n-1}}{1-\frac{7}{2}}=\frac{2}{5}+\frac{1}{5}\cdot\frac{7^{n-1}}{2^n},$$
即
$$a_n=\frac{2^{n+1}+7^{n-1}}{5}.$$

现将 a_n 及 a_{n+1} 代入(5)式,可得
$$b_n=\frac{1}{2}(a_{n+1}-3a_n)$$
$$=\frac{1}{2}\left(\frac{2^{n+2}+7^n}{5}-3\cdot\frac{2^{n+1}+7^{n-1}}{5}\right)$$
$$=\frac{2\cdot 7^{n-1}-2^n}{5}.$$

这种解法的主要特征是将递推关系(3)中的 b_n 和 b_{n+1} 用 a_n、a_{n+1}、a_{n+2} 的表示式代换,从而得到关于 a_n、a_{n+1}、a_{n+2} 的关系式,再结合初始值 a_1、a_2,可以求得 a_n. 其实,不寻求 a_n、a_{n+1}、a_{n+2} 的关系式,通过其他路径也可以解出 a_n,进而求出 b_n.

下面介绍这一类型的另一种解法.

设想将(3)式乘以 k 之后与(2)相加,其左端是 $a_{n+1}+kb_{n+1}$,其右端较为复杂,但总是 a_n、b_n 的一次式. 如果右端能变形成 a_n+kb_n 的若干倍,那么,新数列 $\{a_n+kb_n\}$ 就是一个等比数列,问题就将得到简化. 基于这一想法,我们来看 k 应是怎样的数值.

(2)$+k\cdot$(3),得
$$a_{n+1}+kb_{n+1}=(pa_n+qb_n)+k(ra_n+sb_n)$$
$$=(p+kr)\left(a_n+\frac{q+ks}{p+kr}b_n\right).$$

为使 $\{a_n+kb_n\}$ 成为等比数列,应有
$$k=\frac{q+ks}{p+kr},$$
即
$$rk^2+(p-s)k-q=0. \tag{9}$$

如果(9)式有两不等根 α、β,则
$$a_{n+1}+\alpha b_{n+1}=(p+\alpha r)(a_n+\alpha b_n).$$

若令 $c_n=a_n+\alpha b_n$,则 $\{c_n\}$ 是以 $p+\alpha r$ 为公比,以 $a_1+\alpha b_1$ 为首项的等比数列. 所以
$$c_{n+1}=a_{n+1}+\alpha b_{n+1}=(p+\alpha r)^n(a+\alpha b). \tag{10}$$

同理,令 $c'_n=a_n+\beta b_n$,有
$$c'_{n+1}=a_{n+1}+\beta b_{n+1}=(p+\beta r)^n(a+\beta b). \tag{11}$$

由(10)(11)两式,立即可得 a_{n+1} 及 b_{n+1} 的表达式,从而也可求得 a_n、b_n 的表达式.

如果(9)式有等根,则(10)(11)式相同. 此时可将(2)式与(10)式联立,消去 b_n,得
$$\alpha a_{n+1}-(p\alpha-q)a_n=q(a+\alpha b)(p+\alpha r)^{n-1}.$$

这就归结为本章第四节中所叙述过的类型.

根据这一思想可得例1的第二种解法.

解法二(变换法) 由(5)$+k\cdot$(6),得
$$a_{n+1}+kb_{n+1}=(3a_n+2b_n)+k(2a_n+6b_n)$$

$$=(2k+3)\left(a_n+\frac{6k+2}{2k+3}b_n\right). \tag{12}$$

令
$$k=\frac{6k+2}{2k+3},$$

解得
$$k_1=2, k_2=-\frac{1}{2}.$$

$k=2$ 时,(12)式成为
$$\begin{aligned}a_{n+1}+2b_{n+1}&=7(a_n+2b_n)\\&=7^2(a_{n-1}+2b_{n-1})\\&=\cdots\\&=7^n(a_1+2b_1)\\&=7^n.\end{aligned} \tag{13}$$

$k=-\frac{1}{2}$ 时,(12)式成为
$$\begin{aligned}a_{n+1}-\frac{1}{2}b_{n+1}&=2\left(a_n-\frac{1}{2}b_n\right)\\&=\cdots\\&=2^n\left(a_1-\frac{1}{2}b_1\right)\\&=2^n.\end{aligned} \tag{14}$$

作运算:(13)$+4\cdot$(14),得
$$a_{n+1}=\frac{7^n+2^{n+2}}{5},$$

从而得
$$a_n=\frac{7^{n-1}+2^{n+1}}{5}.$$

作运算:(13)$-$(14),得
$$b_{n+1}=\frac{2}{5}\cdot(7^n-2^n),$$

因此,
$$b_n=\frac{2}{5}\cdot(7^{n-1}-2^{n-1}).$$

例2 设数列$\{x_n\}$、$\{y_n\}$满足
$$\begin{cases}x_{n+1}=ax_n+by_n, \\ y_{n+1}=bx_n+ay_n,\end{cases}(n=0,1,2,3,\cdots) \tag{15} \tag{16}$$

试将 x_n、y_n 用 a、b、x_0、y_0 表示出来(其中 a、b、$x_0^2-y_0^2$ 皆不为 0).

本题可采用特殊解法.

解(加减法) $(15)+(16)$,得
$$x_{n+1}+y_{n+1}=(a+b)(x_n+y_n).$$
易见,数列 $\{x_n+y_n\}$ 是以 x_0+y_0 为首项,$a+b$ 为公比的等比数列. 所以
$$x_n+y_n=(a+b)^n\cdot(x_0+y_0). \tag{17}$$
$(15)-(16)$,得 $x_{n+1}-y_{n+1}=(a-b)\cdot(x_n-y_n)$.

由此得
$$\begin{aligned}
x_n-y_n &=(a-b)\cdot(x_{n-1}-y_{n-1}) \\
&=(a-b)^2\cdot(x_{n-2}-y_{n-2}) \\
&=\cdots \\
&=(a-b)^n\cdot(x_0-y_0). \tag{18}
\end{aligned}$$

$(17)+(18)$,得
$$x_n=\frac{1}{2}[(a+b)^n(x_0+y_0)+(a-b)^n(x_0-y_0)].$$

$(17)-(18)$,得
$$y_n=\frac{1}{2}[(a+b)^n(x_0+y_0)-(a-b)^n(x_0-y_0)].$$

对于由下列式子:
$$\begin{cases}
a_1=a, b_1=b, & (19) \\
a_{n+1}=pa_n+qb_n+r, \ (n=1,2,3,\cdots) & (20) \\
b_{n+1}=sa_n+tb_n+u, & (21)
\end{cases}$$
所确定的数列 $\{a_n\}$、$\{b_n\}$,它们的通项公式的求法就要更为复杂些.

首先我们考虑,是否能对常数项 r 及 u 进行拆项,使(20)式、(21)式分别成为
$$a_{n+1}-x=p(a_n-x)+q(b_n-y), \tag{22}$$
$$b_{n+1}-y=s(a_n-x)+t(b_n-y). \tag{23}$$
如果这种想法得以实现,那么,令
$$c_n=a_n-x, d_n=b_n-y,$$
(22)(23)两式可化为
$$c_{n+1}=pc_n+qd_n,$$
$$d_{n+1}=sc_n+td_n,$$
可以看出,这就转化成为本节开始部分讨论过的类型,即把一次非齐性的联

立递推关系转化成了一次齐性的联立递推关系.

现在的关键问题是怎样将 r、u 拆项,或者说怎样求出 x、y.

由(22)(23)式,得
$$a_{n+1}=pa_n+qb_n-px-qy+x,$$
$$b_{n+1}=sa_n+tb_n-sx-ty+y,$$

与(20)(21)式比较,应有
$$\begin{cases} x=px+qy+r, \\ y=sx+ty+u, \end{cases}$$

从中可解得 x、y,问题也就可以解决了.

例3 数列 $\{a_n\}$、$\{b_n\}$ 满足下式:
$$\begin{cases} a_1=2, b_1=2, & (24) \\ a_{n+1}=3a_n+2b_n-6, \quad (n=1,2,3,\cdots). & (25) \\ b_{n+1}=2a_n+6b_n-12, & (26) \end{cases}$$

求 a_n、b_n 的通项公式.

解 设 x、y 满足:
$$\begin{cases} x=3x+2y-6, & (27) \\ y=2x+6y-12, & (28) \end{cases}$$

解之,得
$$x=1, y=2.$$

将(25)式减去(27)式,(26)式减去(28)式,并以 $x=1, y=2$ 代替 x、y,得
$$\begin{cases} a_{n+1}-1=3(a_n-1)+2(b_n-2), \\ b_{n+1}-2=2(a_n-1)+6(b_n-2). \end{cases}$$

令 $a_n-1=x_n, b_n-2=y_n$,则上式成为
$$\begin{cases} x_{n+1}=3x_n+2y_n, \\ y_{n+1}=2x_n+6y_n, \end{cases}$$

且有
$$x_1=a_1-1=1, y_1=b_1-2=0.$$

这样本题就转化为本节的例1,我们略去中间过程,直接写出结果,即
$$x_n=\frac{7^{n-1}+2^{n+1}}{5},$$
$$y_n=\frac{2}{5}(7^{n-1}-2^{n-1}).$$

所以,
$$a_n=\frac{7^{n-1}+2^{n+1}}{5}+1,$$
$$b_n=\frac{2}{5}(7^{n-1}-2^{n-1})+2.$$

习 题

数列 $\{a_n\}$、$\{b_n\}$ 由下式确定,求通项公式 a_n、b_n:

1. $a_1=1, b_1=0, a_{n+1}=2a_n-4b_n, b_{n+1}=a_n+6b_n$ $(n=1,2,3,\cdots)$.

2. $a_0=1, a_n=b_n-a_{n-1}, b_n=ka_{n-1}$ $(n=1,2,3,\cdots)$.

3. $a_1=6, b_1=1, a_n=\frac{1}{2}a_{n-1}+\frac{1}{3}b_{n-1}, b_n=\frac{1}{2}b_{n-1}+\frac{1}{3}a_{n-1}$ $(n=2,3,4,\cdots)$.

4. $a_1=7, b_1=2, a_n=\frac{1}{2}a_{n-1}+\frac{1}{3}b_{n-1}+\frac{1}{6}, b_n=\frac{1}{2}b_{n-1}+\frac{1}{3}a_{n-1}+\frac{1}{6}$ $(n=2,3,4,\cdots)$.

参考答案

1. $a_n=4^{n-1}-2(n-1)4^{n-2}, b_n=(n-1)4^{n-2}$

2. $a_n=(k-1)^n, b_n=k(k-1)^{n-1}$

3. $a_n=\frac{1}{2}\left[7\cdot\left(\frac{5}{6}\right)^{n-1}+5\cdot\left(\frac{1}{6}\right)^{n-1}\right], b_n=\frac{1}{2}\left[7\cdot\left(\frac{5}{6}\right)^{n-1}-5\cdot\left(\frac{1}{6}\right)^{n-1}\right]$

4. $a_n=\frac{1}{2}\left[7\cdot\left(\frac{5}{6}\right)^{n-1}+5\cdot\left(\frac{1}{6}\right)^{n-1}\right]+1, b_n=\frac{1}{2}\left[7\cdot\left(\frac{5}{6}\right)^{n-1}-5\cdot\left(\frac{1}{6}\right)^{n-1}\right]+1$

第三章 从递推关系求通项公式
——解法的进一步研究

在上一章中,我们讨论了怎样由递推关系求通项公式. 在那里,我们讨论的角度是各种类型的递推关系的解法. 然而,对于不同的类型,解法虽有不同,但从思想方法来说,有时还会有共性. 解决数列问题时,数学思想方法的运用是至关重要的. 当数列的递推关系涉及求和或乘积时,可使用累加法或累乘法消去中间项,得到通项公式. 对于有些递推关系式,可利用迭代法,把关系式反复代入,从而找出数列的规律或通项公式. 我们还可以通过观察数列的前几项,猜测其通项公式,并用数学归纳法证明该猜想. 如果数列的通项公式类型已知但含有未知常数,可利用待定系数法,通过代入数列的特殊值来确定这些常数. 对于解决高阶线性齐次递推数列,可以通过建立并解特征方程来求得通项公式. 当直接求解通项公式困难时,可以尝试构造辅助数列,将原数列问题转化为更熟悉的或易解的问题. 有时候可以通过构造一个新的数列或者函数简化问题.

在这一章里,我们仍然研究由递推关系求通项公式的方法,但我们从另一角度——解题的思想方法与技巧——来讨论它.

第一节 数学归纳法

数学归纳法是研究"从递推关系求通项公式"的一个基本方法. 使用时,一般先作些尝试,设法找到项与项数间对应关系的规律,然后利用数学归纳法证明这个规律的正确性.

在上一章第三节中,我们运用过数学归纳法来求递推关系为 $a_{n+1}=pa_n+q$ 型的数列的通项公式. 这里,我们再举一些例子.

例1 试求由下列式子
$$\begin{cases} a_1=1, \\ a_{n+1}a_n=2n^2(a_{n+1}-a_n)-1 \end{cases}$$

确定的数列的通项公式.

解 由 $a_{n+1}a_n = 2n^2(a_{n+1}-a_n)-1$,可得 $a_{n+1} = \dfrac{1+2n^2 a_n}{2n^2 - a_n}$.

由 $a_1=1$,解得 $a_2=3, a_3=5, a_4=7$,看来,第 n 项可能是
$$a_n = 2n-1.$$
下面我们用数学归纳法来证明这个结论.

当 $n=1$ 时,
$$a_1 = 2 \times 1 - 1 = 1,$$
等式成立.

假设当 $n=k$ 时,等式成立,即
$$a_k = 2k-1.$$
那么,当 $n=k+1$ 时,
$$a_{k+1} = \dfrac{1+2k^2 a_k}{2k^2 - a_k} = \dfrac{1+2k^2(2k-1)}{2k^2-(2k-1)} = \dfrac{4k^3 - 2k^2 + 1}{2k^2 - 2k + 1}$$
$$= \dfrac{(4k^3 - 4k^2 + 2k)+(2k^2 - 2k + 1)}{2k^2 - 2k + 1} = \dfrac{(2k+1) \cdot (2k^2 - 2k + 1)}{2k^2 - 2k + 1}$$
$$= 2k+1,$$
等式也成立.

所以,所给数列的通项公式是
$$a_n = 2n - 1.$$

例 2 求由
$$\begin{cases} a_1 = 1, \\ a_{n+1} = \dfrac{4a_n - 9}{a_n - 2} \end{cases} (n=1,2,3,4,\cdots)$$
确定的数列 $\{a_n\}$ 的通项公式.

解 因为
$$a_1 = 1,$$
$$a_2 = \dfrac{4 \times 1 - 9}{1 - 2} = 5,$$
$$a_3 = \dfrac{4 \times 5 - 9}{5 - 2} = \dfrac{11}{3},$$
$$a_4 = \dfrac{4 \times \dfrac{11}{3} - 9}{\dfrac{11}{3} - 2} = \dfrac{17}{5},$$

$$a_5 = \frac{4 \times \frac{17}{5} - 9}{\frac{17}{5} - 2} = \frac{23}{7},$$

...,

可以猜想,第 n 项应是

$$a_n = \frac{6n-7}{2n-3}.$$

事实上,当 $n=1$ 时,

$$a_1 = \frac{6 \times 1 - 7}{2 \times 1 - 3} = 1,$$

等式成立.

设当 $n=k$ 时等式成立,即

$$a_k = \frac{6k-7}{2k-3}.$$

那么,当 $n=k+1$ 时,

$$a_{k+1} = \frac{4a_k - 9}{a_k - 2} = \frac{4 \cdot \frac{6k-7}{2k-3} - 9}{\frac{6k-7}{2k-3} - 2}$$

$$= \frac{6k-1}{2k-1} = \frac{6(k+1)-7}{2(k+1)-3},$$

等式也成立.

所以,

$$a_n = \frac{6n-7}{2n-3}.$$

例3 设有两个数列 $\{a_n\}$ 及 $\{b_n\}$,$\{a_n\}$ 的通项公式为 $a_n = 2n+1$,$\{b_n\}$ 由下式确定

$$\begin{cases} b_1 = 3, \\ b_{n+1} = a_{b_n}, \end{cases}$$

试求 b_n 的表达式.

解 因为

$$b_1 = 3,$$
$$b_2 = a_{b_1} = a_3 = 2 \times 3 + 1 = 7,$$
$$b_3 = a_{b_2} = a_7 = 2 \times 7 + 1 = 15,$$
$$b_4 = a_{b_3} = a_{15} = 2 \times 15 + 1 = 31,$$

因上述各数可分别写成 2^2-1、2^3-1、2^4-1、2^5-1，所以猜测 $\{b_n\}$ 的第 n 项是
$$b_n = 2^{n+1}-1.$$

事实上，当 $n=1$ 时，等式成立．设 $n=k$ 时等式成立，即
$$b_k = 2^{k+1}-1.$$
则当 $n=k+1$ 时，
$$\begin{aligned}b_{k+1}=a_{b_k}&=2b_k+1\\&=2(2^{k+1}-1)+1\\&=2^{k+2}-1,\end{aligned}$$
等式也成立．

所以，
$$b_n = 2^{n+1}-1.$$

习 题

1. 设数列$\{a_n\}$满足下列条件：
$$a_1=1, a_{n+1}=a_n+n \ (n\geq 1).$$
试用数学归纳法求其通项公式.

2. 设数列$\{a_n\}$满足
$$a_1=1, a_{n+1}=\frac{1}{2}a_n+1 \ (n\geq 1).$$
试用数学归纳法求其通项公式.

3. 数列$\{a_n\}$由下式确定：
$$a_1=1, a_{n+1}=\frac{n(n+1)}{2n-a_n} \ (n\geq 1).$$
试用数学归纳法证明 $a_n=n$.

4. 如果 a、b 都是非零实数，且 $a^2\neq b^2$，则由
$$a_1=\frac{a^2+b^2}{2a}, a_n=\frac{a_{n-1}^2+b^2}{2a_{n-1}} \ (n\geq 2)$$
确定的数列的通项公式是
$$a_n=b\cdot\frac{1+\left(\frac{a-b}{a+b}\right)^{2^n}}{1-\left(\frac{a-b}{a+b}\right)^{2^n}}.$$
试用数学归纳法证明之.

5. 数列$\{a_n\}$满足
$$a_{n+1}=\frac{1}{2-a_n} \ (n\geq 1).$$
试用 a_1 及 n 表示 a_n，并用数学归纳法加以证明.

6. 已知数列$\{a_n\}$满足 $a_{n+1}=a_n+\dfrac{8(n+1)}{(2n+1)^2(2n+3)^2}$, $a_1=\dfrac{8}{9}$，求数列$\{a_n\}$的通项公式.

参考答案

1. $a_n=1+\dfrac{n(n-1)}{2}$ **2.** $a_n=2-\dfrac{1}{2^{n-1}}$ **3.** 略 **4.** 略

5. $a_n=\dfrac{(n-1)-(n-2)a_1}{n-(n-1)a_1}$ **6.** $a_n=\dfrac{(2n+1)^2-1}{(2n+1)^2}$

第二节 变 换 法

在上一章里,我们普遍使用了变换的方法.所谓变换法,就是为了研究数列 $\{a_n\}$ 而构造一个新数列 $\{b_n\}$,使两个数列的通项公式间具有一定的联系(如 $b_n=a_n-k$, $b_n=a_{n+1}-a_n$ 等),然后设法求出新数列的通项公式 b_n,从而求得原数列的通项公式 a_n.

变换法比较灵活,但我们还是可以总结出一些带规律性的东西来.下面,我们叙述几种常用的变换法.

首先来研究变换 $b_n=a_n-k$ 及 $b_n=a_n-x(n)$.

以
$$a_{n+1}=2a_n \tag{1}$$
为递推关系的数列是等比数列.那么,以
$$a_{n+1}=2a_n-1 \tag{2}$$
为递推关系的数列是怎样的数列呢?

由于有了前者的启发,容易考虑到将后者转化为前者.由于(2)式仅仅比(1)式多出了一个常数项,所以自然地会想到将该常数项拆开,一部分移到左端,另一部分留在右端,并且使(2)式变为
$$(a_{n+1}-k)=2(a_n-k) \tag{3}$$
的形式.当然,凭尝试得出(3)式是很吃力的.因此,将(3)式整理后,得
$$a_{n+1}=2a_n-k,$$
与(2)式比较,应有
$$k=1.$$
这样,只要令 $b_n=a_n-1$,数列 $\{b_n\}$ 就是个等比数列,求得 b_n 之后,a_n 立即可得.

这一思想方法带有普遍性,对于带有常数项的递推关系,往往可以进行这样的变换.例如,上一章第九节里所研究过的递推关系为
$$a_{n+2}+pa_{n+1}+qa_n=r(\neq 0) \tag{4}$$
的数列,由于递推关系中,带有常数项 r,所以也可以考虑施以拆项变换,使(4)式成为
$$(a_{n+2}-k)+p(a_{n+1}-k)+q(a_n-k)=0,$$
也就是进行 $b_n=a_n-k$ 变换.

再如,在上一章第十三节里研究过的递推关系为
$$\begin{cases} a_{n+1}=pa_n+qb_n+r, \\ b_{n+1}=sa_n+tb_n+u \end{cases} \tag{5}$$

的两个数列$\{a_n\}$及$\{b_n\}$. 考虑将r、u拆开使(5)式成为
$$\begin{cases} a_{n+1}-x=p(a_n-x)+q(b_n-y), \\ b_{n+1}-y=s(a_n-x)+t(b_n-y), \end{cases}$$
接着施以变换
$$\begin{cases} c_n=a_n-x, \\ d_n=b_n-y, \end{cases}$$
这种类型的问题就可迎刃而解了.

递推关系
$$u_{n+k}=a_1 u_{n+k-1}+a_2 u_{n+k-2}+\cdots+a_k u_n$$
(其中a_1、a_2、$\cdots$、a_k为常数)叫做k阶常系数线性齐次递推关系,也可叫做连接$k+1$项的常系数线性齐次递推关系. 而递推关系
$$u_{n+k}=a_1 u_{n+k-1}+a_2 u_{n+k-2}+\cdots+a_k u_n+r$$
(其中a_1、a_2、$\cdots$、a_k是常数,且$r\neq 0$)叫做k阶常系数线性非齐次递推关系,也叫做连接$k+1$项的常系数线性非齐次递推关系. 由以上的讨论,施行适当的$v_n=u_n-x$型变换,常可将r为非零常数时的非齐次的递推关系化为齐次的.

如果上述的r是含n的一个式子,则情况将比较复杂. 有时也可以化为齐次的,而且所利用的变换与$v_n=u_n-x$有某种类似之处. 当然这时不应该是u_n减去一个常数x,而是减去一个n的函数$x(n)$. 在上一章第七节例2的解法三中,我们就是利用了$u_n-x(n)$型的变换:
$$b_n=a_n+3^{n+1}-1,$$
求出了非齐次递推关系
$$a_{n+1}=5a_n+2\cdot 3^{n+1}-4$$
的解.

变换$b_n=a_n-k$及$b_n=a_n-x(n)$往往建立在裂项(分裂不含a_n、a_{n+1}等的项)的基础上.

其次,我们来研究变换$b_n=a_{n+1}-a_n$.

对数列
$$a_1,a_2,\cdots,a_{n-1},a_n,\cdots \tag{6}$$
作出相邻两项的差:
$$a_2-a_1,a_3-a_2,a_4-a_3,\cdots,a_n-a_{n-1},\cdots. \tag{7}$$
作变换$a_{n+1}-a_n=b_n$,就是为了通过对数列$\{a_n\}$的阶差所构成的数列(7)的研究,最终求出数列$\{a_n\}$的通项公式. 这是因为阶差所构成的数列(7)的前$n-1$项之和是
$$(a_2-a_1)+(a_3-a_2)+(a_4-a_3)+\cdots+(a_n-a_{n-1})=a_n-a_1,$$

再加上原数列(6)的首项 a_1，就可以得到原数列的通项公式 a_n，即

$$a_n = a_1 + \sum_{k=1}^{n-1} b_k.$$

这就是在上一章第一节里给出的结论.

在上一章第三节里给出由

$$\begin{cases} a_1 = a, \\ a_{n+1} = pa_n + q \ (n=1,2,3,\cdots) \end{cases}$$

确定的数列，可以用阶差变换 $b_n = a_{n+1} - a_n$ 来解决. 在构造阶差时，是通过下列两个式子：

$$a_n = pa_{n-1} + q$$

与

$$a_{n+1} = pa_n + q$$

相减而得到的.

下列例题中的阶差则可以通过递推关系本身的变形来得到，实质上是通过分裂含 a_n 等的项而得到的.

例 1 数列 $\{a_n\}$ 由下式确定：

$$\begin{cases} a_1 = a_2 = 1, a_3 = 2, \\ 3a_{n+3} + 2a_n = 4a_{n+2} + a_{n+1}, \end{cases}$$

试求其通项公式.

解 从题设的递推关系，可得

$$3(a_{n+3} - a_{n+2}) - (a_{n+2} - a_{n+1}) - 2(a_{n+1} - a_n) = 0.$$

令 $b_n = a_{n+1} - a_n$，上式成为

$$3b_{n+2} - b_{n+1} - 2b_n = 0.$$

此式又可变形为

$$3(b_{n+2} - b_{n+1}) = -2(b_{n+1} - b_n),$$

所以，又可设 $c_n = b_{n+1} - b_n$，上式成为

$$c_{n+1} = -\frac{2}{3} c_n. \tag{8}$$

(8)式说明，数列 $\{c_n\}$ 是等比数列，其公比为 $-\dfrac{2}{3}$，首项为

$$c_1 = b_2 - b_1 = (a_3 - a_2) - (a_2 - a_1) = 1.$$

故有

$$c_n = \left(-\frac{2}{3}\right)^{n-1},$$

即

$$b_{n+1}-b_n=\left(-\frac{2}{3}\right)^{n-1}.$$

根据上一章第一节的结论,有

$$b_n=b_1+\sum_{k=1}^{n-1}\left(-\frac{2}{3}\right)^{k-1}=\frac{3}{5}\left[1-\left(-\frac{2}{3}\right)^{n-1}\right].$$

从而得出

$$a_{n+1}-a_n=\frac{3}{5}\left[1-\left(-\frac{2}{3}\right)^{n-1}\right],$$

因此,

$$\begin{aligned}a_n&=a_1+\sum_{k=1}^{n-1}\frac{3}{5}\left[1-\left(-\frac{2}{3}\right)^{k-1}\right]\\&=1+\frac{3}{5}\left[(n-1)-\sum_{k=1}^{n-1}\left(-\frac{2}{3}\right)^{k-1}\right]\\&=\frac{2}{5}+\frac{3}{5}n-\frac{3}{5}\cdot\frac{1-\left(-\frac{2}{3}\right)^{n-1}}{1-\left(-\frac{2}{3}\right)}\\&=\frac{1}{25}\left[1+15n+9\cdot\left(-\frac{2}{3}\right)^{n-1}\right].\end{aligned}$$

下面例题中的阶差数列 $\{b_n\}$ 则是通过减法得到的.

例 2 设

$$\begin{cases}a_1=-2,a_2=-1,\\a_{n+2}=a_{n+1}+a_n+3.\end{cases}$$

求 a_n 的表达式.

解 因为

$$a_{n+2}=a_{n+1}+a_n+3, \tag{9}$$

因而

$$a_{n+3}=a_{n+2}+a_{n+1}+3, \tag{10}$$

(10)−(9),得

$$(a_{n+3}-a_{n+2})=(a_{n+2}-a_{n+1})+(a_{n+1}-a_n).$$

令

$$a_{n+1}-a_n=b_n,$$

则

$$\begin{cases}b_1=a_2-a_1=1,b_2=a_3-a_2=1,\\b_{n+2}=b_{n+1}+b_n.\end{cases} \tag{11}$$

显然,数列$\{b_n\}$是斐波那契数列.容易算出b_n的表达式,从而a_n表达式也即可求得.

虽然阶差数列$\{b_n\}$的递推关系(11)也是涉及三项,但比起原递推关系(9)来,少了一个常数项,解起来就方便多了.

第三,我们来看一下变换$b_n=a_{n+1}-\alpha a_n$.

有些递推关系,从它本身凑不出$a_{n+1}-a_n$及a_n-a_{n-1}来,但可以凑出$a_{n+1}-\alpha a_n$及$a_n-\alpha a_{n-1}$. 对于简单的式子,α可以尝试得出. 譬如,递推关系
$$a_{n+1}-5a_n+6a_{n-1}=0$$
可以变形为
$$(a_{n+1}-2a_n)-3(a_n-2a_{n-1})=0.$$
对于复杂的式子,可利用特征方程(参见第二章第八节)来求解. 从本质上看,这也是一种裂项法(分裂含a_n、a_{n-1}等的项).

第四,对于形如$a_{n+1}=pa_n^q$的递推关系,可利用对数变换$b_n=\lg a_n$,借助于对数的运算法则,将积、商、幂的形式转化成和、差、倍的形式,从而构造出新的等差或等比数列,再利用等差或等比数列的定义去求解,这是解决带积、商、幂、方根的递推关系的好办法. 关于这一点,读者已在上一章第十二节中了解了.

除了这些变换之外,还常用
$$b_n=\frac{1}{a_n}, b_n=\frac{a_n}{k^n}, b_n=\frac{1}{a_n-\alpha}, b_n=\frac{a_n-\alpha}{a_n-\beta},$$
$$b_n=a_{n+1}+xa_n+y$$
等变换. 下面的例子中,还用了三角变换.

例3 已知
$$\begin{cases} a_1=\sqrt{2}, \\ a_n=\sqrt{2+a_{n-1}}, \end{cases}$$
求a_n的表达式.

解 显然,$a_1=\sqrt{2}<2$. 假设$a_k<2$,则
$$a_{k+1}=\sqrt{2+a_k}<\sqrt{2+2}=2.$$
由数学归纳法证得,对一切n,有$a_n<2$.

所以,可以令
$$a_n=2\cos\theta_n \quad \left(0<\theta_n<\frac{\pi}{2}\right).$$
于是,

$$2\cos\theta_n = \sqrt{2+2\cos\theta_{n-1}}$$
$$= 2\cos\frac{\theta_{n-1}}{2}.$$

由此得
$$\theta_n = \frac{1}{2}\theta_{n-1} = \theta_1 \cdot \left(\frac{1}{2}\right)^{n-1}.$$

又因为
$$a_1 = 2\cos\theta_1 = \sqrt{2},$$

即
$$\theta_1 = \frac{\pi}{4},$$

所以,有
$$\theta_n = \frac{\pi}{4} \cdot \left(\frac{1}{2}\right)^{n-1} = \frac{\pi}{2^{n+1}}.$$

从而得到
$$a_n = 2\cos\frac{\pi}{2^{n+1}}.$$

例 4 已知
$$\begin{cases} a_1 = 1, \\ a_{n+1} = \dfrac{\sqrt{1+a_n^2}-1}{a_n}, \end{cases}$$

求 a_n 的表达式.

解 $a_{n+1} = \dfrac{\sqrt{1+a_n^2}-1}{a_n} = \dfrac{a_n}{\sqrt{1+a_n^2}+1}$,由 $a_1 = 1$,得 $a_n > 0$.

设 $a_n = \tan\theta_n \left(\theta_n \in \left(0, \dfrac{\pi}{2}\right)\right)$,$a_{n+1} = \tan\theta_{n+1} \left(\theta_{n+1} \in \left(0, \dfrac{\pi}{2}\right)\right)$.

又因为 $a_{n+1} = \dfrac{\sqrt{1+a_n^2}-1}{a_n} = \dfrac{\sec\theta_n - 1}{\tan\theta_n} = \dfrac{1-\cos\theta_n}{\sin\theta_n} = \tan\dfrac{\theta_n}{2}$,

所以,$\tan\theta_{n+1} = \tan\dfrac{\theta_n}{2}$.

由 θ_n、$\theta_{n+1} \in \left(0, \dfrac{\pi}{2}\right)$,得 $\theta_{n+1} = \dfrac{\theta_n}{2}$,即 $\dfrac{\theta_{n+1}}{\theta_n} = \dfrac{1}{2}$,

由 $a_1 = \tan\theta_1 = 1 \left(\theta_1 \in \left(0, \dfrac{\pi}{2}\right)\right)$,得 $\theta_1 = \dfrac{\pi}{4}$,

所以 $\theta_n = \dfrac{\pi}{4} \cdot \left(\dfrac{1}{2}\right)^{n-1} = \dfrac{\pi}{2^{n+1}}$,因此 $a_n = \tan\dfrac{\pi}{2^{n+1}}$.

例 5 已知
$$\begin{cases} a_1 = \dfrac{\sqrt{2}}{2}, \\ a_{n+1} = \dfrac{\sqrt{2}}{2}\sqrt{1-\sqrt{1-a_n^2}}, \end{cases}$$
求 a_n 的表达式.

解 由题意可得 $a_n \in (0,1)$.

设 $a_n = \sin\theta_n$, $\theta_n \in \left(0, \dfrac{\pi}{2}\right)$, 则
$$a_{n+1} = \sin\theta_{n+1} = \dfrac{\sqrt{2}}{2} \cdot \sqrt{1-\cos\theta_n} = \sin\dfrac{\theta_n}{2}.$$

由于 $\theta_n, \theta_{n+1} \in \left(0, \dfrac{\pi}{2}\right)$ 且 $\sin\theta_{n+1} = \sin\dfrac{\theta_n}{2}$,

所以 $\theta_{n+1} = \dfrac{\theta_n}{2}$, 即 $\{\theta_n\}$ 是以 θ_1 为首项, 公比为 $\dfrac{1}{2}$ 的等比数列.

由 $a_1 = \sin\theta_1 = \dfrac{\sqrt{2}}{2}$, $\theta_1 \in \left(0, \dfrac{\pi}{2}\right)$, 得
$$\theta_1 = \dfrac{\pi}{4}, \theta_n = \dfrac{\pi}{4} \cdot \left(\dfrac{1}{2}\right)^{n-1} = \dfrac{\pi}{2^{n+1}}.$$

解得
$$a_n = \sin\dfrac{\pi}{2^{n+1}}.$$

习　　题

1. 利用变换 $b_n = a_n - k$，求下列数列的通项公式：

   (1) $a_1 = -\dfrac{17}{2}, a_n = \dfrac{3}{2}a_{n-1} + 5 \ (n=2,3,4,\cdots)$；

   (2) $x_1 = 1, x_2 = 1, x_{n+2} = x_{n+1} + x_n + 1 \ (n=1,2,3,\cdots)$.

2. 利用变换 $b_n = a_{n+1} - a_n$，求下列数列的通项公式：

   (1) $a_1 = -\dfrac{17}{2}, a_n = \dfrac{3}{2}a_{n-1} + 5 \ (n=2,3,4,\cdots)$；

   (2) $a_1 = 0, a_{n+1} = 3a_n + 2n + 1 \ (n=1,2,3,\cdots)$.

3. 求由 $a_1 = 1, a_n = \dfrac{a_{n-1}}{(2n-1)a_{n-1} + 1}$ 确定的数列 $\{a_n\}$ 的通项公式，并求

$$\dfrac{1}{\sqrt{a_1 a_n}} + \dfrac{1}{\sqrt{a_2 a_{n-1}}} + \cdots + \dfrac{1}{\sqrt{a_n a_1}}.$$

   $\left(\text{提示：令 } b_n = \dfrac{1}{a_n}.\right)$

4. $a_1 = 1, a_2 = 2, a_{n+2} = \dfrac{2a_n a_{n+1}}{a_n + a_{n+1}}$，求 a_n 的表达式.（提示：利用倒数代换.）

5. 在数列 $\{a_n\}$ 中，$a_1 = 1, a_{n+1} = ca_n + c^{n+1}(2n+1) \ (n \in \mathbf{N}^*)$，其中实数 $c \neq 0$，求 $\{a_n\}$ 的通项公式.

参考答案

1. (1) $a_n = \left(\dfrac{3}{2}\right)^n - 10$　(2) $x_n = \dfrac{2}{\sqrt{5}}\left[\left(\dfrac{1+\sqrt{5}}{2}\right)^n - \left(\dfrac{1-\sqrt{5}}{2}\right)^n\right] - 1$　**2.** (1) $a_n = \left(\dfrac{3}{2}\right)^n - 10$　(2) $a_n = 2 \cdot 3^{n-1} - n - 1$　**3.** $a_n = \dfrac{1}{n^2}$；$\dfrac{1}{6}n(n+1)(n+2)$　**4.** $a_n = \dfrac{3}{\left(-\dfrac{1}{2}\right)^{n-1} + 2}$　**5.** $a_n = (n^2 - 1)c^n + c^{n-1}$

第三节 累 加 法

在上一章中,我们对
$$a_{n+1}=a_n+f(n)$$
型的递推关系进行过研究.研究的方法就是将下列各式累加.
$$a_n=a_{n-1}+f(n-1),$$
$$a_{n-1}=a_{n-2}+f(n-2),$$
$$\cdots,$$
$$a_3=a_2+f(2),$$
$$a_2=a_1+f(1),$$
相加后得
$$a_n=a_1+\sum_{k=1}^{n-1}f(k).$$
之后,对
$$a_{n+1}=pa_n+q(n)$$
型的递推关系也曾利用累加的方法来求解.不过这时需要对各个递推关系两端分别乘以 $1,p,p^2,\cdots,p^{n-2}$,这样才能将 $a_{n-1},a_{n-2},\cdots,a_2$ 等项抵消,即
$$a_n=pa_{n-1}+q(n-1),$$
$$pa_{n-1}=p^2a_{n-2}+pq(n-2),$$
$$p^2a_{n-2}=p^3a_{n-3}+p^2q(n-3),$$
$$\cdots,$$
$$p^{n-3}a_3=p^{n-2}a_2+p^{n-3}q(2),$$
$$p^{n-2}a_2=p^{n-1}a_1+p^{n-2}q(1),$$
上述各式相加,得
$$a_n=p^{n-1}a_1+\sum_{k=1}^{n-1}p^{n-k-1}q(k).$$
有些复杂的递推关系,也可以用累加法来求解.

例 1 求由下式
$$\begin{cases}a_1=1,a_2=1,\\ a_{n+2}=2a_{n+1}-a_n+3\ (n=1,2,3,\cdots)\end{cases}$$
确定的数列 $\{a_n\}$ 的通项公式.

解 因为
$$a_n=2a_{n-1}-a_{n-2}+3,$$

$$a_{n-1}=2a_{n-2}-a_{n-3}+3,$$
$$a_{n-2}=2a_{n-3}-a_{n-4}+3,$$
$$\cdots,$$
$$a_5=2a_4-a_3+3,$$
$$a_4=2a_3-a_2+3,$$
$$a_3=2a_2-a_1+3,$$

将上述各式相加,得
$$a_n=a_{n-1}+a_2-a_1+3(n-2)=a_{n-1}+3(n-2),$$
即有
$$a_{n+1}=a_n+3(n-1). \tag{1}$$

至此,从题设的连接三项的递推关系已转化为连接两项的递推关系(1),即将复杂的式子转化为简单的式子了.

对(1)式仍可利用累加法,得
$$a_n=a_1+\sum_{k=1}^{n-1}3(k-1)$$
$$=\frac{3}{2}n^2-\frac{9}{2}n+4.$$

例2 已知数列$\{a_n\}$满足$\begin{cases}a_1=1, a_2=2,\\ a_{n+2}=2a_{n+1}-a_n+\dfrac{1}{2}\end{cases}(n\in \mathbf{N}^*)$,求数列$\{a_n\}$的通项公式.

解 由已知$(a_{n+2}-a_{n+1})-(a_{n+1}-a_n)=\dfrac{1}{2}$,可得数列$\{a_{n+1}-a_n\}$是以$a_2-a_1=1$为首项,公差$d=\dfrac{1}{2}$的等差数列,

所以 $a_{n+1}-a_n=(a_2-a_1)+\dfrac{1}{2}(n-1)=\dfrac{n+1}{2}.$

于是
$$a_n-a_{n-1}=\frac{n}{2},$$
$$\cdots,$$
$$a_3-a_2=\frac{3}{2},$$
$$a_2-a_1=\frac{2}{2}.$$

则$(a_n-a_{n-1})+\cdots+(a_3-a_2)+(a_2-a_1)=\dfrac{1}{2}(2+3+\cdots+n).$

故
$$a_n=\frac{n^2+n+2}{4}.$$

习 题

求下列各数列的通项公式：

1. $a_1=1, a_2=2, a_{n+2}=\dfrac{a_{n+1}+a_n}{2}$ $(n=1,2,3,\cdots)$.

2. $a_0=1, a_1=1, (p+q)a_n+r=pa_{n+1}+qa_{n-1}$ $(n=1,2,3,\cdots)$.

3. $a_1=1, a_2=2, a_{n+2}-2a_{n+1}+a_n=\dfrac{1}{2}$.

4. $a_1=1, a_{n+1}=\dfrac{a_n}{na_n+1}$.

········ 参考答案

1. $a_n=\dfrac{5}{3}-\dfrac{2}{3}\left(-\dfrac{1}{2}\right)^{n-1}$ **2.** $a_n=1+\dfrac{rn}{p-q}-\dfrac{pr}{(p-q)^2}\left[1-\left(\dfrac{q}{p}\right)^n\right]$ **3.** $a_n=\dfrac{n^2+n+2}{4}$ **4.** $a_n=\dfrac{2}{n^2-n+2}$

第四节　特征方程法

在上一章的第八节里,我们曾研究过形如
$$a_{n+2}+pa_{n+1}+qa_n=0 \tag{1}$$
的递推关系,这是一个涉及相邻三项的常系数线性齐次递推关系.当时我们是通过变换的方法导出了如下的公式.

若其特征方程
$$x^2+px+q=0 \tag{2}$$
有两相异根 α、β,则
$$a_n=\frac{b-a\beta}{\alpha-\beta}\alpha^{n-1}-\frac{b-a\alpha}{\alpha-\beta}\beta^{n-1}, \tag{3}$$
其中 a、b 为数列的第一、第二项的值.

在公式(3)中, α^{n-1}、β^{n-1} 是含有 n 的变量,而
$$\frac{b-a\beta}{\alpha-\beta}、\frac{b-a\alpha}{\alpha-\beta}$$
只是两个常数.如果暂时不考虑这两个常数的大小,则公式(3)可写成
$$a_n=A\alpha^{n-1}+B\beta^{n-1}, \tag{4}$$
只要利用初始条件
$$a_1=a, a_2=b,$$
就可以求出 A、B.事实上,令 $n=1$,有
$$a=A+B, \tag{5}$$
令 $n=2$,有
$$b=A\alpha+B\beta, \tag{6}$$
将(5)(6)联立,可解得
$$A=\frac{b-a\beta}{\alpha-\beta}, B=\frac{a\alpha-b}{\alpha-\beta}.$$

可见,只要找出如(4)式那样的表示式,就可以用待定系数法来确定式中的系数,从而求得适合初始值的解.这是一种很有希望的好解法,但是还存在一些理论问题有待解决.为此,我们先给出下述定理.

定理　设 α、β 是常系数线性齐次递推关系
$$a_{n+2}+pa_{n+1}+qa_n=0$$
的两个特征根,则
$$\alpha\neq\beta \text{ 时}, a_n=A\alpha^n+B\beta^n, \tag{7}$$
$$\alpha=\beta \text{ 时}, a_n=(A+Bn)\alpha^n \tag{8}$$

必满足该递推关系；反之，满足该递推关系的数列的通项公式必可表示为(7)式或(8)式的形式，其中 A、B 为待定常数.

证明 先证(7)式及(8)式中的 a_n 必满足(1)式.

当 $\alpha \neq \beta$ 时，把 $a_n = A\alpha^n + B\beta^n$ 代入(1)式左端，得

$$a_{n+2} + pa_{n+1} + qa_n$$
$$= (A\alpha^{n+2} + B\beta^{n+2}) + p(A\alpha^{n+1} + B\beta^{n+1}) + q(A\alpha^n + B\beta^n)$$
$$= A\alpha^n(\alpha^2 + p\alpha + q) + B\beta^n(\beta^2 + p\beta + q),$$

因为 α、β 是特征根，所以有

$$\alpha^2 + p\alpha + q = \beta^2 + p\beta + q = 0,$$

于是上式为 0.

当 $\alpha = \beta$ 时，把 $a_n = (A + Bn)\alpha^n$ 代入(1)式左端，得

$$a_{n+2} + pa_{n+1} + qa_n$$
$$= [A + B(n+2)]\alpha^{n+2} + p[A + B(n+1)]\alpha^{n+1} + q(A + Bn)\alpha^n$$
$$= (A + Bn)\alpha^n(\alpha^2 + p\alpha + q) + B\alpha^{n+1}(2\alpha + p),$$

因为 α 是特征方程的重根，所以

$$\alpha^2 + p\alpha + q = 0,$$

且由韦达定理，有

$$2\alpha = -p,$$

于是上式为 0.

这说明，(7)式及(8)式中的 a_n 是满足递推关系(1)的.

至于满足(1)式的数列的通项公式必具(7)或(8)的形式，是很容易证明的. 实际上，在上一章第八节中得出的 $\alpha \neq \beta$ 时的公式

$$a_n = \frac{b - a\beta}{\alpha - \beta} \cdot \alpha^{n-1} - \frac{b - a\alpha}{\alpha - \beta} \cdot \beta^{n-1}$$

已具(7)式的形式（因为 α^{n-1} 可以看作 $\frac{1}{\alpha} \cdot \alpha^n$，$\beta^{n-1}$ 可以看作 $\frac{1}{\beta} \cdot \beta^n$）；而当 $\alpha = \beta$ 时，上一章第八节中得出的解为

$$a_n = a\alpha^{n-1} + (n-1)(b - a\alpha)\alpha^{n-2},$$

它也具有(8)的形式. 事实上，此时

$$a_n = \frac{a}{\alpha} \cdot \alpha^n + \frac{(n-1)(b - a\alpha)}{\alpha^2} \cdot \alpha^n$$
$$= \alpha^n \left[\frac{a}{\alpha} + \frac{n(b - a\alpha)}{\alpha^2} - \frac{b - a\alpha}{\alpha^2} \right]$$
$$= \left[\left(\frac{a}{\alpha} - \frac{b - a\alpha}{\alpha^2} \right) + \frac{b - a\alpha}{\alpha^2} \cdot n \right] \alpha^n$$

$$= (A+Bn)\alpha^n.$$

证毕.

我们把(7)式或(8)式叫做递推关系(1)的通解.

这样一来,我们得到一个由连接三项的常系数线性齐次递推关系求通项公式的新方法:

第一步,求特征根,并根据情况写出通解(7)或(8);

第二步,利用初始值 a_1、a_2,确定(7)或(8)中的待定常数 A、B,即求出满足所给的特定初始条件的数列的通项公式(我们以后把它叫做特解).

例1 求满足

$$\begin{cases} x_1=1, x_2=2, \\ x_{n+2}=2x_{n+1}-x_n \quad (n=1,2,\cdots) \end{cases}$$

的数列的通项公式 x_n.

解 特征方程为

$$k^2-2k+1=0,$$

解之,得

$$k_1=k_2=1.$$

所以,通解为

$$x_n=(A+Bn)\cdot 1^n$$

令 $n=1$,得 $1=A+B$,

令 $n=2$,得 $2=A+2B$,

解以上两个方程的联立方程组,得

$$A=0, B=1.$$

所以,满足题设条件的数列的通项公式为

$$x_n=n.$$

例2(斐波那契数列) 已知

$$\begin{cases} x_0=x_1=1, \\ x_{n+2}=x_{n+1}+x_n \quad (n=0,1,2,\cdots), \end{cases}$$

求 x_n.

解 特征方程为

$$k^2-k-1=0,$$

解之,得

$$k_1=\frac{1+\sqrt{5}}{2}, k_2=\frac{1-\sqrt{5}}{2}.$$

所以,通解为

$$x_n = A \cdot \left(\frac{1+\sqrt{5}}{2}\right)^n + B \cdot \left(\frac{1-\sqrt{5}}{2}\right)^n.$$

令 $n=0, n=1$, 得

$$\begin{cases} 1 = A+B, \\ 1 = \left(\frac{1+\sqrt{5}}{2}\right)A + \left(\frac{1-\sqrt{5}}{2}\right) \cdot B, \end{cases}$$

解之,得

$$A = \frac{1}{\sqrt{5}} \cdot \frac{1+\sqrt{5}}{2}, B = -\frac{1}{\sqrt{5}} \cdot \frac{1-\sqrt{5}}{2}.$$

所以,

$$x_n = \frac{1}{\sqrt{5}} \left(\frac{1+\sqrt{5}}{2}\right)^{n+1} - \frac{1}{\sqrt{5}} \left(\frac{1-\sqrt{5}}{2}\right)^{n+1}.$$

这就是斐波那契数列的通项公式,也叫比内公式. 读者不难看出,这一结果与上一章第八节习题第 5 题的答案实质上是相同的.

这个解法可推广到一般情形:

如果有一个连接 $k+1$ 项的常系数线性齐次递推关系

$$a_{n+k} + p_1 a_{n+k-1} + p_2 a_{n+k-2} + \cdots + p_k a_n = 0,$$

它的特征方程

$$x^k + p_1 x^{k-1} + \cdots + p_k = 0$$

有 m_1 重根 x_1, m_2 重根 $x_2, \cdots, m_i$ 重根 $x_i (m_1 + m_2 + \cdots + m_i = k)$,那么,适合该递推关系的通解为

$$a_n = P_1(n) x_1^n + P_2(n) x_2^n + \cdots + P_i(n) x_i^n,$$

其中,$P_1(n), P_2(n), \cdots, P_i(n)$ 分别是次数不超过 $m_1 - 1, m_2 - 1, \cdots, m_i - 1$ 次的多项式. 用特定系数法可以确定这些多项式的各项的系数,从而可以求得通项公式.

对于非齐次递推关系,我们可以用下述方法来求通解:

设连接三项的常系数线性非齐次递推关系

$$a_{n+2} + p a_{n+1} + q a_n = r(n) \tag{9}$$

(其中 p、q 为常数)有一个解 $f_0(n)$,而与(9)式对应的齐次递推关系

$$a_{n+2} + p a_{n+1} + q a_n = 0$$

的通解是 $q(n)$,那么,(9)式的通解为

$$a_n = q(n) + f_0(n). \tag{10}$$

这个结论我们不予证明.

这一结论也可以推广到一般情形.

根据这一结论,如果一个数列满足某常系数线性非齐次递推关系及适当的初始条件,那么它的通项公式可如下求出:

第一步,求出相应齐次递推关系的通解;

第二步,求出该非齐次递推关系的一个特解(并不一定是满足题设初始条件的特解);

第三步,上述两者相加,就得到所给非齐次递推关系的通解.把初始值代入,确定其中的待定系数,就得到满足所给递推关系及初始条件的数列的通项公式.

可是,在第二步中求所给非齐次递推关系的一个特解是一件困难的事,至今没有找到一个一般方法.但是对几种较为简单的形式,特解还是不难获得的,让我们通过例子来介绍.

例 3 求由 $\begin{cases} a_1=-1, a_2=3, \\ a_{n+2}=6a_{n+1}-9a_n+2n \ (n=1,2,3,\cdots) \end{cases}$ 确定的数列的通项公式.

解 由于该递推关系是非齐次的,含有自由项 $2n$,并且是关于 n 的一次式,可设特解为

$$f_0(n)=an+b \ (a、b \text{ 为常数}),$$

代入递推关系,有

$$a(n+2)+b=6[a(n+1)+b]-9(an+b)+2n.$$

化简,得 $(2a-1)n+2b-2a=0$,则 $a=b=\dfrac{1}{2}$,

所以其特解为 $$f_0(n)=\dfrac{1}{2}n+\dfrac{1}{2}.$$

所给递推关系的相应的齐次递推关系为 $a_{n+2}=6a_{n+1}-9a_n$,其对应的特征方程为 $x^2=6x-9$,解得特征根为 $x_1=x_2=3$.

根据常系数线性齐次递推关系一般情形的通解公式,可知 $a_{n+2}=6a_{n+1}-9a_n$ 的通解为 $g(n)=(c_1+c_2 n)\cdot 3^n$.

所以,所给递推关系的通解为 $a_n=f(n)=(c_1+c_2 n)\cdot 3^n+\dfrac{1}{2}n+\dfrac{1}{2}$.

由初始值 $a_1=-1, a_2=3$,解得 $c_1=-\dfrac{3}{2}, c_2=\dfrac{5}{6}$.

所以 $$a_n=\dfrac{(5n-9)\cdot 3^{n-1}+n+1}{2}.$$

这个例题还可以采用以下的方法来解,但是比较复杂,所以我们只介绍思路.

有些非齐次递推关系可以转化为齐次的,但与此同时,递推关系涉及的项数却增多了. 对于本例所给的递推关系,可以作如下转化.

因为
$$a_{n+2}=6a_{n+1}-9a_n+2n, \quad (11)$$
故
$$a_{n+3}=6a_{n+2}-9a_{n+1}+2(n+1). \quad (12)$$
(12)-(11),得
$$a_{n+3}=7a_{n+2}-15a_{n+1}+9a_n+2, \quad (13)$$
从而
$$a_{n+4}=7a_{n+3}-15a_{n+2}+9a_{n+1}+2. \quad (14)$$
(14)-(13),得
$$a_{n+4}=8a_{n+3}-22a_{n+2}+24a_{n+1}-9a_n, \quad (15)$$
(15)式是涉及五项的齐次递推关系. 这个递推关系的特征方程为
$$x^4=8x^3-22x^2+24x-9,$$
其特征根为 $x_1=x_2=1, x_3=x_4=3$,
所以该递推关系一般式为
$$a_n=(d_1+d_2n)\cdot 1^n+(d_3+d_4n)\cdot 3^n. \quad (16)$$
与此相适应,通过所给的初始值
$$a_1=-1, a_2=3,$$
计算得
$$a_3=29, a_4=151.$$
把 $a_1=-1, a_2=3, a_3=29, a_4=151$ 代入(16)得
$$d_1=d_2=\frac{1}{2}, d_3=-\frac{3}{2}, d_4=\frac{5}{6}.$$
所以
$$a_n=\frac{(5n-9)\cdot 3^{n-1}+n+1}{2}.$$

例 4 求由
$$\begin{cases} a_1=0, \\ a_{n+1}=2a_n+n^2 \end{cases} (n=1,2,3,\cdots)$$
确定的数列的通项公式.

分析 该递推关系是非齐次的,含有自由项 n^2. 考虑到自由项是个二次式,估计它可能会有一个二次多项式的特解.

解 设递推关系有特解
$$f_0(n)=an^2+bn+c.$$
代入递推关系,有

$$a(n+1)^2+b(n+1)+c=2(an^2+bn+c)+n^2,$$

对比系数,可解得
$$a=-1, b=-2, c=-3,$$

即
$$f_0(n)=-n^2-2n-3.$$

所给递推关系的相应的齐次递推关系为
$$a_{n+1}=2a_n.$$

将 a_{n+1} 改为 k,并擦去 a_n,得出它的特征方程
$$k=2.$$

根据常系数线性齐次递推关系一般情形的通解公式,可知它的通解为
$$g(n)=A\cdot 2^n.$$

所以,所给递推关系的通解为
$$f(n)=A\cdot 2^n-n^2-2n-3.$$

将初始值代入,求得
$$A=3.$$

所以
$$a_n=3\cdot 2^n-n^2-2n-3.$$

这个例题还可以采用以下的方法来解,但是比较复杂,所以我们只介绍思路.

对于本例所给的递推关系,可以作如下转化.

因为
$$a_{n+1}=2a_n+n^2, \tag{17}$$

故
$$a_{n+2}=2a_{n+1}+(n+1)^2. \tag{18}$$

(18)-(17),得
$$a_{n+2}=3a_{n+1}-2a_n+2n+1, \tag{19}$$

从而
$$a_{n+3}=3a_{n+2}-2a_{n+1}+2(n+1)+1. \tag{20}$$

(20)-(19),得
$$a_{n+3}=4a_{n+2}-5a_{n+1}+2a_n+2, \tag{21}$$

则
$$a_{n+4}=4a_{n+3}-5a_{n+2}+2a_{n+1}+2. \tag{22}$$

(22)-(21),得
$$a_{n+4}=5a_{n+3}-9a_{n+2}+7a_{n+1}-2a_n. \tag{23}$$

(23)式是涉及五项的齐次递推关系. 与此相适应,须给出四个初始值
$$a_1=0, a_2=2a_1+1^2=1,$$
$$a_3=2\times1+2^2=6, a_4=2\times6+3^2=21.$$
这样就可以用齐次方法加以解决.

例 5 求由 $\begin{cases} a_1=-1, a_2=1, a_3=2, \\ a_{n+3}=2a_{n+2}+a_{n+1}-2a_n+3^n \quad (n=1,2,3,\cdots) \end{cases}$ 所确定的数列的通项公式.

解 其所对应的齐次递推关系为
$$a_{n+3}=2a_{n+2}+a_{n+1}-2a_n,$$
该齐次递推关系所对应的特征方程为
$$x^3=2x^2+x-2,$$
其特征根为 $x_1=1, x_2=-1, x_3=2$.
所以 $a_{n+3}=2a_{n+2}+a_{n+1}-2a_n$ 对应的通解为
$$g(n)=c_1 \cdot 1^n+c_2(-1)^n+c_3 \cdot 2^n.$$

根据题意,由于该递推关系是非齐次的,含有自由项 3^n,是关于 n 的指数形式,可设特解为 $f_0(n)=a \cdot 3^n$(a 为常数),解得 $a=\frac{1}{8}$,所以
$$f_0(n)=\frac{3^n}{8}.$$

由 $f(n)=g(n)+f_0(n)$ 得所给递推关系的通解为
$$a_n=f(n)=c_1 \cdot 1^n+c_2(-1)^n+c_3 \cdot 2^n+\frac{3^n}{8}.$$

与此相适应,通过所给出初始值 $a_1=-1, a_2=1, a_3=2$,计算得 $c_1=-\frac{3}{4}, c_2=\frac{5}{8}, c_3=0$. 所以
$$a_n=-\frac{3}{4}+\frac{5}{8}(-1)^n+\frac{3^n}{8}=\frac{3^n+5(-1)^n-6}{8}.$$

习　　题

1. 求满足
$$\begin{cases} x_1=0, x_2=1, \\ x_{n+2}=2x_{n+1}-x_n \ (n=1,2,3,\cdots) \end{cases}$$
的数列的通项公式.

2. 求由
$$\begin{cases} x_1=x_2=1, \\ x_n=5x_{n-1}-6x_{n-2} \ (n=3,4,\cdots) \end{cases}$$
确定的数列的通项公式.

3. 求由
$$a_n=4a_{n-1}-4a_{n-2} \ (n=3,4,\cdots)$$
所确定的数列的通项公式,其中 a_1、a_2 为已知.

4. 求由
$$\begin{cases} x_1=0, \\ x_n=2x_{n-1}+n \end{cases}$$
所确定的数列的通项公式.

5. 求由
$$\begin{cases} x_0=1, x_1=0, x_2=1, x_3=2, \\ x_n=-x_{n-1}+3x_{n-2}+5x_{n-3}+2x_{n-4} \ (n\geqslant 4) \end{cases}$$
所确定的数列的通项公式.

参考答案

1. $x_n=n-1$　**2.** $x_n=2^n-3^{n-1}$　**3.** $a_n=[4a_1-a_2+(a_2-2a_1)\cdot n]\cdot 2^{n-2}$　**4.** $x_n=3\cdot 2^{n-1}-n-2$　**5.** $x_n=\dfrac{1}{9}[2^{n+1}+(-1)^n(7-3n)]$

第五节　构造母函数法

上节中介绍了一个处理常系数线性递推关系的一般方法——特征方程法. 处理这一类递推关系还有一个一般的方法,那就是构造母函数法. 所谓构造母函数法,就是将母函数转化为形式幂级数形式,通过研究数列得母函数性质,将数列母函数与函数的形式幂级数展开联合在一起,处理一类递推数列求得通项公式的思想方法. 利用构造母函数法可避免运用消元思想求解的复杂性和局限性.

给出数列
$$a_0, a_1, a_2, \cdots, a_n, \cdots, \tag{1}$$
构造如下一个形式幂级数:
$$f(x) = a_0 + a_1 x + \cdots + a_n x^n + \cdots, \tag{2}$$
我们把形式幂级数(2)叫做数列(1)的母函数. 一个数列和它的母函数是一一对应的,给定一个数列,便可求得母函数,反之求得母函数,其数列也随之确定,因此为了满足某种递归关系的数列的通项公式,可将其转换为对应的母函数满足某一代数方程,然后利用幂级数的性质,达到求通项公式的目的.

学习过数学分析的读者都知道,(2)式叫做幂级数. 为什么在其前冠以"形式"两字呢?这是因为数学分析课中的幂级数要考虑收敛和发散问题,而我们这里不研究敛散性,只是从形式上来研究,所以把(2)式称为形式幂级数. 譬如,给出数列
$$1, 2, 3, 4, \cdots, n, \cdots,$$
可以写出它的母函数是形式幂级数
$$1 + 2x + 3x^2 + \cdots + nx^{n-1} + \cdots.$$

我们规定:两个形式幂级数当且仅当其对应项系数相等时,它们是相等的.

两个形式幂级数的和(差)仍是一个形式幂级数,它的各项系数分别是原先两个形式幂级数对应项系数的和(差).

常数与形式幂级数的积仍是形式幂级数,它的各项系数是这个常数和原形式幂级数对应项系数的积.

两个形式幂级数的积仍是形式幂级数,它的第 n 项的系数,等于第一个形式幂级数的常数项与第二个形式幂级数的第 n 项系数的积、第一个形式幂级数的第 1 项系数与第二个形式幂级数的第 $n-1$ 项的系数的积、……、第一个形式幂级数的第 n 项系数与第二个形式幂级数常数项的积的总和. 具体来说,数列 $\{a_n\}$ 和 $\{b_n\}$ 的形式幂级数的积的第 n 项之系数取如下形式:
$$a_0 b_n + a_1 b_{n-1} + a_2 b_{n-2} + \cdots + a_n b_0.$$

显然,这是多项式乘法的推广.

形式幂级数的商被看作乘法的逆运算. 例如,将 1 及 $1-x$ 都看成形式幂级数,可导出公式:

$$\frac{1}{1-x}=1+x+x^2+\cdots+x^n+\cdots, \tag{3}$$

这里的等号是形式幂级数相等,并不意味着左、右两式用 $x=x_0$ 代入的值相等.

我们同时还可导出

$$\frac{1}{(1-x)^n}=C_{n-1}^{n-1}+C_n^{n-1}x+C_{n+1}^{n-1}x^2+\cdots+C_{n+j-1}^{n-1}x^j+\cdots. \tag{4}$$

例如 $n=2$ 时,(4)式成为

$$\begin{aligned}\frac{1}{(1-x)^2}&=C_1^1+C_2^1x+C_3^1x^2+\cdots+C_{j+1}^1x^j+\cdots\\&=1+2x+3x^2+\cdots+(j+1)x^j+\cdots.\end{aligned} \tag{5}$$

下面我们就来举例说明怎样利用母函数来求由递推关系给定的数列的通项公式.

例 1(斐波那契数列) 试求数列

$$\begin{cases}a_0=a_1=1,\\a_{n+2}=a_n+a_{n+1}\end{cases}$$

的通项公式.

分析 对所给数列,可以构成它的母函数

$$f(x)=a_0+a_1x+a_2x^2+\cdots+a_nx^n+a_{n+1}x^{n+1}+a_{n+2}x^{n+2}+\cdots.$$

由于题设的递推关系中所涉及的 a_n、a_{n+1}、a_{n+2} 分别是母函数 $f(x)$ 的展开式中 x^n、x^{n+1}、x^{n+2} 项的系数. 为了使这三项系数产生关系,可以将 $f(x)$ 分别乘以 x 及 x^2,然后与 $f(x)$ 相加(减).

解 题给数列的母函数为

$$f(x)=a_0+a_1x+a_2x^2+\cdots+a_nx^n+a_{n+1}x^{n+1}+a_{n+2}x^{n+2}+\cdots, \tag{6}$$

则

$$xf(x)=a_0x+a_1x^2+\cdots+a_{n-1}x^n+a_nx^{n+1}+a_{n+1}x^{n+2}+\cdots, \tag{7}$$

$$x^2f(x)=a_0x^2+\cdots+a_{n-2}x^n+a_{n-1}x^{n+1}+a_nx^{n+2}+\cdots, \tag{8}$$

(6)-(7)-(8),得

$$(1-x-x^2)f(x)=a_0+(a_1-a_0)x=1,$$

所以,

$$\begin{aligned}f(x)&=\frac{1}{1-x-x^2}\\&=\frac{1}{\left(\frac{\sqrt{5}-1}{2}-x\right)\left(\frac{\sqrt{5}+1}{2}+x\right)}\end{aligned}$$

$$= \frac{\frac{1}{\sqrt{5}}}{\frac{\sqrt{5}-1}{2}-x} + \frac{\frac{1}{\sqrt{5}}}{\frac{\sqrt{5}+1}{2}+x}$$

$$= \frac{2}{5-\sqrt{5}} \cdot \frac{1}{1-\frac{2x}{\sqrt{5}-1}} + \frac{2}{5+\sqrt{5}} \cdot \frac{1}{1+\frac{2x}{\sqrt{5}+1}}.$$

根据公式(3),

$$\frac{1}{1-\frac{2x}{\sqrt{5}-1}} = 1 + \frac{2x}{\sqrt{5}-1} + \left(\frac{2x}{\sqrt{5}-1}\right)^2 + \cdots + \left(\frac{2x}{\sqrt{5}-1}\right)^n + \cdots,$$

$$\frac{1}{1+\frac{2x}{\sqrt{5}+1}} = 1 + \left(-\frac{2x}{\sqrt{5}+1}\right) + \left(-\frac{2x}{\sqrt{5}+1}\right)^2 + \cdots + \left(-\frac{2x}{\sqrt{5}+1}\right)^n + \cdots,$$

代入上式,得

$$f(x) = \left(\frac{2}{5-\sqrt{5}} + \frac{2}{5+\sqrt{5}}\right) + \left[\frac{2}{5-\sqrt{5}} \cdot \frac{2}{\sqrt{5}-1} + \frac{2}{5+\sqrt{5}}\right.$$
$$\left. \cdot \left(-\frac{2}{\sqrt{5}+1}\right)\right]x + \left[\frac{2}{5-\sqrt{5}} \cdot \left(\frac{2}{\sqrt{5}-1}\right)^2\right.$$
$$\left. + \frac{2}{5+\sqrt{5}} \cdot \left(-\frac{2}{\sqrt{5}+1}\right)^2\right]x^2 + \cdots$$
$$+ \left[\frac{2}{5-\sqrt{5}} \cdot \left(\frac{2}{\sqrt{5}-1}\right)^n + \frac{2}{5+\sqrt{5}}\right.$$
$$\left. \cdot \left(-\frac{2}{\sqrt{5}+1}\right)^n\right]x^n + \cdots$$

与(6)式比较,应有

$$a_n = \frac{2}{5-\sqrt{5}} \cdot \left(\frac{2}{\sqrt{5}-1}\right)^n + \frac{2}{5+\sqrt{5}} \cdot \left(\frac{-2}{\sqrt{5}+1}\right)^n$$
$$= \frac{1}{\sqrt{5}}\left[\left(\frac{1+\sqrt{5}}{2}\right)^{n+1} - \left(\frac{1-\sqrt{5}}{2}\right)^{n+1}\right].$$

从这个例子可以看出,利用母函数来求递推关系所确定的数列的通项公式,其主要步骤是这样的:

第一步,设所给数列的母函数为 $f(x)$,并设其展开式形如(6)式. 利用递推关系,将 $f(x)$ 乘以 k_1x 或 k_2x 等,之后相加(减),使大多数项都被抵

消,从而算出 $f(x)$;

第二步,将 $f(x)$ 的表达式展开成形式幂级数;

第三步,此形式幂级数的第 n 项的系数 a_n 就是所给数列的通项公式.

例2 试求满足
$$\begin{cases} a_0 = -1, a_1 = 2, \\ a_n = 6a_{n-1} - 8a_{n-2} \quad (n = 3, 4, 5, \cdots) \end{cases}$$
的数列的通项公式.

解 设所给数列的母函数为
$$f(x) = a_0 + a_1 x + a_2 x^2 + \cdots + a_n x^n + \cdots,$$
则
$$-6x f(x) = -6a_0 x - 6a_1 x^2 - \cdots - 6a_{n-1} x^n - \cdots,$$
$$8x^2 f(x) = 8a_0 x^2 + \cdots + 8a_{n-2} x^n + \cdots,$$

三式相加,得
$$(1 - 6x + 8x^2) f(x) = a_0 + (a_1 - 6a_0) x = 8x - 1,$$
故
$$f(x) = \frac{-1 + 8x}{1 - 6x + 8x^2} = \frac{-3}{1 - 2x} + \frac{2}{1 - 4x}$$
$$= -3 \cdot [1 + (2x) + (2x)^2 + \cdots + (2x)^n + \cdots]$$
$$+ 2 \cdot [1 + (4x) + (4x)^2 + \cdots + (4x)^n + \cdots]$$
$$= -1 + 2x + 20x^2 + \cdots + (-3 \cdot 2^n + 2 \cdot 4^n) x^n + \cdots,$$

因此,
$$a_n = 2 \cdot 4^n - 3 \cdot 2^n.$$

例3 试求满足
$$\begin{cases} a_0 = 1, a_1 = -2, \\ a_n = 5a_{n-1} - 6a_{n-2} \quad (n = 2, 3, 4, 5, \cdots) \end{cases}$$
的数列的通项公式.

解 设所给数列的母函数为
$$f(x) = a_0 + a_1 x + a_2 x^2 + \cdots + a_n x^n + \cdots,$$
则
$$-5x f(x) = -5a_0 x - 5a_1 x^2 - \cdots - 5a_{n-1} x^n - \cdots,$$
$$6x^2 f(x) = 6a_0 x^2 + \cdots + 6a_{n-2} x^n + \cdots,$$

三式相加,得
$$(1 - 5x + 6x^2) f(x) = a_0 + (a_1 - 5a_0) x = 1 - 7x,$$
故

$$f(x)=\frac{1-7x}{1-5x+6x^2}=\frac{5}{1-2x}-\frac{4}{1-3x}$$
$$=5[1+(2x)+(2x)^2+\cdots+(2x)^n+\cdots]$$
$$-4[1+(3x)+(3x)^2+\cdots+(3x)^n+\cdots]$$
$$=1-2x-16x^2+\cdots+(5\cdot 2^n-4\cdot 3^n)x^n+\cdots,$$

因此，
$$a_n=5\cdot 2^n-4\cdot 3^n.$$

例 4 试求由
$$\begin{cases}a_0=1,\\ a_n=5a_{n-1}+2^n\ (n=1,2,\cdots)\end{cases}$$
确定的数列的通项公式.

分析 这个递推关系是非齐次的. 当 $n=0,1,2,\cdots$ 时，自由项 2^n 形成数列：
$$1,2,4,\cdots,2^n,\cdots.$$
为了便于与数列所对应的母函数 $f(x)$ 以及 $-5xf(x)$ 的展开式合并，也应写出该数列对应的母函数
$$1+2x+4x^2+\cdots+2^n x^n+\cdots,$$
根据公式(3)，它等于
$$\frac{1}{1-2x}.$$

解 设所给数列的母函数为
$$f(x)=a_0+a_1 x+a_2 x^2+\cdots+a_n x^n+\cdots,$$
则
$$-5xf(x)=-5a_0 x-5a_1 x^2-\cdots-5a_{n-1}x^n-\cdots,$$
且有
$$-\frac{1}{1-2x}=-1-2x-4x^2-\cdots-2^n x^n-\cdots,$$
上述各式相加得
$$(1-5x)f(x)-\frac{1}{1-2x}=a_0-1=0,$$
故
$$f(x)=\frac{1}{(1-5x)(1-2x)}=\frac{5}{3(1-5x)}-\frac{2}{3(1-2x)}$$
$$=\frac{5}{3}[1+5x+(5x)^2+\cdots+(5x)^n+\cdots]$$

$$-\frac{2}{3}[1+2x+(2x)^2+\cdots+(2x)^n+\cdots]$$
$$=1+7x+39x^2+\cdots+\left(\frac{5}{3}\cdot5^n-\frac{2}{3}\cdot2^n\right)x^n+\cdots,$$

因此,
$$a_n=\frac{1}{3}\cdot5^{n+1}-\frac{1}{3}\cdot2^{n+1}.$$

例 5 试求由
$$\begin{cases}a_0=0, a_1=1, a_2=-1,\\ a_n=-a_{n-1}+16a_{n-2}-20a_{n-3} \quad (n=3,4,\cdots)\end{cases}$$
确定的数列的通项公式.

解 设所给数列的母函数为
$$f(x)=a_0+a_1x+a_2x^2+a_3x^3+\cdots+a_nx^n+\cdots,$$
则
$$xf(x)=a_0x+a_1x^2+a_2x^3+\cdots+a_{n-1}x^n+\cdots,$$
$$-16x^2f(x)=-16a_0x^2-16a_1x^3-\cdots-16a_{n-2}x^n-\cdots,$$
$$20x^3f(x)=20a_0x^3+\cdots+20a_{n-3}x^n+\cdots,$$

四式相加,得
$$(1+x-16x^2+20x^3)f(x)=a_0+(a_1+a_0)x+(a_2+a_1-16a_0)x^2=x,$$

故
$$f(x)=\frac{x}{1+x-16x^2+20x^3}=\frac{x}{(1-2x)^2(1+5x)}$$
$$=\frac{1}{7}\cdot\frac{1}{(1-2x)^2}-\frac{5}{49}\cdot\frac{1}{1+5x}-\frac{2}{49}\cdot\frac{1}{1-2x}$$
$$=\frac{1}{7}[1+2(2x)+3(2x)^2+\cdots+(n+1)(2x)^n+\cdots]$$
$$-\frac{5}{49}[1+(-5x)+(-5x)^2+\cdots+(-5x)^n+\cdots]$$
$$-\frac{2}{49}[1+(2x)+(2x)^2+\cdots+(2x)^n+\cdots]$$
$$=x-x^2+\cdots+\frac{(7n+7)\cdot2^n+(-5)^{n+1}-2^{n+1}}{49}x^n+\cdots,$$

因此,
$$a_n=\frac{(7n+7)\cdot2^n+(-5)^{n+1}-2^{n+1}}{49}.$$

习 题

1. 求由
$$a_0=3, a_1=4, a_n=3a_{n-1}-2a_{n-2}$$
确定的数列的通项公式.

2. 求由
$$a_0=1, a_1=3, a_2=7, a_n=3a_{n-1}-3a_{n-2}+a_{n-3}$$
所确定的数列的通项公式.

3. 求满足下列关系:
$$a_0=0, a_n=a_{n-1}+2^{n-1}$$
的数列的通项公式.

4. 数列 $\{a_n\}$ 满足 $a_{n+1}=5a_n+3\times 5^{n+1}, a_1=6$, 求通项公式.

5. 数列 $\{a_n\}$ 满足:
$$a_0=1, a_1=-2, a_n=5a_{n-1}-6a_{n-2}+2^n,$$
求通项公式.

········ 参考答案

1. $a_n=2^n+2$ **2.** $a_n=n^2+n+1$ **3.** $a_n=2^n-1$

4. $a_n=\left(3n-\dfrac{9}{5}\right)\cdot 5^n$ **5.** $a_n=2^n(1-2n)$

第六节 不动点法

在本章第一节数学归纳法里的例2$\left(\text{求数列}\begin{cases}a_1=1,\\a_{n+1}=\dfrac{4a_n-9}{a_n-2}\end{cases}(n=1,2,3,4,\cdots)\text{的}\right.$

通项公式$\bigg)$,除了可以利用数学归纳法求解以外,还可以借助于不动点法来求解,利用不动点法可以解出形如 $a_{n+1}=\dfrac{pa_n+q}{sa_n+t}$ ($s\neq 0, pt\neq sq$) 或 $a_{n+1}=\dfrac{pa_n^2+q}{sa_n+t}$ ($s\neq 0, p\neq 0$) 的通项公式.

何为不动点法求解数列通项公式,在讲方法之前,我们先做些铺垫. 设函数 $y=f(x)$,把方程 $f(x)=x$ 称为函数 $y=f(x)$ 的不动点方程,其根称为函数 $y=f(x)$ 的不动点. 不动点的几何意义是直线 $y=x$ 与 $y=f(x)$ 图像交点的横坐标;而其代数意义就是:若 x_0 为函数 $y=f(x)$ 的一个不动点,则 $y-x_0=f(x)-x_0$,且 $f(x)-x_0$ 可分解为含因式 $x-x_0$ 的代数式,即 $f(x)-x_0=(x-x_0)\cdot g(x)$.

1. 设函数 $f(x)=\dfrac{px+q}{sx+t}$ ($s\neq 0, pt\neq sq$),数列 $\{a_n\}$ 满足 $a_{n+1}=f(a_n)$,且 $f(a_1)\neq a_1$.

(1) 若 $f(x)=\dfrac{px+q}{sx+t}$ 有两个不同的不动点 x_1、x_2,则数列 $\left\{\dfrac{a_n-x_1}{a_n-x_2}\right\}$ 是以 $\dfrac{p-sx_1}{p-sx_2}$ 为公比的等比数列;

(2) 若 $f(x)=\dfrac{px+q}{sx+t}$ 有唯一的不动点 x_0,则数列 $\left\{\dfrac{1}{a_n-x_0}\right\}$ 是以 $\dfrac{s}{p-sx_0}$ 为公差的等差数列.

证明:(1) 由题意可知 $\dfrac{px_1+q}{sx_1+t}=x_1$,即得 $\dfrac{q-tx_1}{p-sx_1}=-x_1$;

同理 $\dfrac{q-tx_2}{p-sx_2}=-x_2$.

则 $\dfrac{a_{n+1}-x_1}{a_{n+1}-x_2}=\dfrac{\dfrac{pa_n+q}{sa_n+t}-x_1}{\dfrac{pa_n+q}{sa_n+t}-x_2}=\dfrac{(p-sx_1)a_n+q-tx_1}{(p-sx_2)a_n+q-tx_2}=\dfrac{p-sx_1}{p-sx_2}\cdot\dfrac{a_n-x_1}{a_n-x_2}$,

得证:数列 $\left\{\dfrac{a_n-x_1}{a_n-x_2}\right\}$ 是以 $\dfrac{p-sx_1}{p-sx_2}$ 为公比的等比数列.

(2) 因为 x_0 是 $f(x)=\dfrac{px+q}{sx+t}$ 唯一的不动点,所以 $\dfrac{px_0+q}{sx_0+t}=x_0$,

即 $sx_0^2+(t-p)x_0-q=0$ 有唯一解,由此可得:$x_0=\dfrac{p-t}{2s}$ 且 $\dfrac{q-tx_0}{p-sx_0}=-x_0$.

则 $\dfrac{1}{a_{n+1}-x_0}=\dfrac{1}{\dfrac{pa_n+q}{sa_n+t}-x_0}=\dfrac{sa_n+t}{(p-sx_0)a_n+q-tx_0}=\dfrac{sa_n+t}{(p-sx_0)\left(a_n+\dfrac{q-tx_0}{p-sx_0}\right)}$

$=\dfrac{sa_n+t}{(p-sx_0)(a_n-x_0)}=\dfrac{sa_n-sx_0+t+sx_0}{(p-sx_0)(a_n-x_0)}=\dfrac{s}{p-sx_0}+\dfrac{t+sx_0}{p-sx_0}\cdot$

$\dfrac{1}{a_n-x_0}=\dfrac{s}{p-sx_0}+\dfrac{t+s\cdot\dfrac{p-t}{2s}}{p-s\cdot\dfrac{p-t}{2s}}\cdot\dfrac{1}{a_n-x_0}=\dfrac{s}{p-sx_0}+\dfrac{1}{a_n-x_0}.$

所以数列 $\left\{\dfrac{1}{a_n-x_0}\right\}$ 是以 $\dfrac{s}{p-sx_0}$ 为公差的等差数列.

例1 求数列 $\begin{cases}a_1=1,\\ a_{n+1}=\dfrac{4a_n-9}{a_n-2}\end{cases}(n\in\mathbf{N}^*)$ 的通项公式.

解 设 $f(x)=\dfrac{4x-9}{x-2}$,由 $f(x)=x$,得

$$\dfrac{4x-9}{x-2}=x,$$

化简,得 $x^2-6x+9=0$,解得不动点为 $x_0=3$.

令 $\dfrac{1}{a_{n+1}-x_0}=\dfrac{1}{a_n-x_0}+d$,

由 $a_1=1$,得 $a_2=5$,

代入 $\dfrac{1}{a_{n+1}-x_0}=\dfrac{1}{a_n-x_0}+d$,得 $d=1$.

数列 $\left\{\dfrac{1}{a_n-x_0}\right\}$ 是以 $-\dfrac{1}{2}$ 为首项,公差为 1 的等差数列.

所以 $\dfrac{1}{a_n-3}=-\dfrac{1}{2}+(n-1)$,$a_n=\dfrac{6n-7}{2n-3}$.

例2 求数列 $\begin{cases}a_1=2,\\ a_{n+1}=\dfrac{a_n+6}{2a_n-3}\end{cases}(n\in\mathbf{N}^*)$ 的通项公式.

解 设 $f(x)=\dfrac{x+6}{2x-3}$,由 $f(x)=x$,得

$$\dfrac{x+6}{2x-3}=x,$$

化简,得 $x^2-2x-3=0$,解得不动点为 $x_1=3, x_2=-1$.

令 $\dfrac{a_{n+1}-3}{a_{n+1}+1}=q \cdot \dfrac{a_n-3}{a_n+1}$,

由 $a_1=2$,得 $a_2=8$,

代入 $\dfrac{a_{n+1}-3}{a_{n+1}+1}=q \cdot \dfrac{a_n-3}{a_n+1}$,得 $q=-\dfrac{5}{3}$.

数列 $\left\{\dfrac{a_n-3}{a_n+1}\right\}$ 是以 $-\dfrac{1}{3}$ 为首项且公比 $q=-\dfrac{5}{3}$ 的等比数列.

所以 $\dfrac{a_n-3}{a_n+1}=-\dfrac{1}{3} \cdot \left(-\dfrac{5}{3}\right)^{n-1}, a_n=\dfrac{15 \cdot 3^n+(-5)^n}{5 \cdot 3^n-(-5)^n}$.

2. 如果函数 $f(x)=\dfrac{px^2+q}{sx+t}(s\neq 0, p\neq 0)$ 有两个不同的不动点 x_1、x_2,且 $s=2p$,令 $a_{n+1}=f(a_n)$,

则 $\dfrac{a_{n+1}-x_1}{a_{n+1}-x_2}=\dfrac{\dfrac{pa_n^2+q}{sa_n+t}-x_1}{\dfrac{pa_n^2+q}{sa_n+t}-x_2}=\dfrac{pa_n^2+q-x_1(sa_n+t)}{pa_n^2+q-x_2(sa_n+t)}$

$=\dfrac{pa_n^2-sx_1 a_n+(s-p)x_1^2}{pa_n^2-sx_2 a_n+(s-p)x_2^2}$

$=\dfrac{[pa_n-(s-p)x_1]}{[pa_n-(s-p)x_2]} \cdot \dfrac{(a_n-x_1)}{(a_n-x_2)}$

$=\dfrac{(pa_n-px_1)}{(pa_n-px_2)} \cdot \dfrac{(a_n-x_1)}{(a_n-x_2)}=\left(\dfrac{a_n-x_1}{a_n-x_2}\right)^2$.

所以 $\dfrac{a_{n+1}-x_1}{a_{n+1}-x_2}=\left(\dfrac{a_n-x_1}{a_n-x_2}\right)^2=\cdots=\left(\dfrac{a_1-x_1}{a_1-x_2}\right)^{2^n}$,由此可求得 a_n.

例3 求数列 $\begin{cases} a_1=3, \\ a_{n+1}=\dfrac{a_n^2}{2a_n-2} \end{cases}(n\in \mathbf{N}^*)$ 的通项公式.

解 设函数 $f(x)=\dfrac{x^2}{2x-2}$,由 $f(x)=x$ 求得不动点为 $x_1=0, x_2=2$.

$\dfrac{a_{n+1}}{a_{n+1}-2}=\dfrac{\dfrac{a_n^2}{2a_n-2}}{\dfrac{a_n^2}{2a_n-2}-2}=\left(\dfrac{a_n}{a_n-2}\right)^2=\cdots=\left(\dfrac{a_1}{a_1-2}\right)^{2^n}$.

所以 $\dfrac{a_n}{a_n-2}=\left(\dfrac{a_1}{a_1-2}\right)^{2^{n-1}}$.

由 $a_1=3$ 得 $\dfrac{a_n}{a_n-2}=3^{2^{n-1}}$,即 $a_n=\dfrac{2 \cdot 3^{2^{n-1}}}{3^{2^{n-1}}-1}$.

习 题

1. 已知数列 $\{a_n\}$ 满足 $a_{n+1}=\dfrac{4a_n-12}{3a_n-8}$ 且 $a_1=1$,求数列 $\{a_n\}$ 的通项公式.

2. 已知数列 $\{a_n\}$ 中,$a_1=3$,$a_n=\dfrac{4a_{n-1}-2}{a_{n-1}+1}$,求数列 $\{a_n\}$ 的通项公式.

3. 已知数列 $\{a_n\}$ 满足 $8a_{n+1}a_n-16a_{n+1}+2a_n+5=0(n\in\mathbf{N}^*)$ 且 $a_1=1$,求数列 $\{a_n\}$ 的通项公式.

4. 已知数列 $\{a_n\}$ 满足 $a_1=3$,且 $a_{n+1}=\dfrac{a_n^2+4}{2a_n}$,求数列 $\{a_n\}$ 的通项公式.

5. 已知数列 $\{a_n\}$ 满足 $a_1=2$,且 $a_{n+1}=\dfrac{a_n^2+3}{2a_n+2}$,求数列 $\{a_n\}$ 的通项公式.

参考答案

1. $a_n=\dfrac{6n-4}{3n-1}$ 2. $a_n=\dfrac{2^{n-2}-2\cdot 3^{n-1}}{2^{n-2}-3^{n-1}}$ 3. $a_n=\dfrac{5+2^{n-1}}{4+2^n}$ 4. $a_n=\dfrac{2\cdot 5^{2^{n-1}}+2}{5^{2^{n-1}}-1}$ 5. $a_n=\dfrac{5^{2^{n-1}}+3}{5^{2^{n-1}}-1}$

第七节 迭 代 法

反复运用数列的递推关系,由后往前一次又一次地代入直至已知项,这种求数列通项公式的方法就叫迭代法,它是求数列通项公式很有效的方法之一.

例1 已知数列 $\{a_n\}$ 满足 $\begin{cases} a_1=3, \\ a_{n+1}=2a_n+3^{n+1}, \end{cases}$ 求 a_n 的表达式.

解 由 $a_{n+1}=2a_n+3^{n+1}$,得
$a_n=2a_{n-1}+3^n=2\cdot(2a_{n-2}+3^{n-1})+3^n=2^2\cdot a_{n-2}+2\cdot 3^{n-1}+3^n$
$=\cdots=2^k\cdot a_{n-k}+2^{k-1}\cdot 3^{n-k+1}+\cdots+2\cdot 3^{n-1}+3^n=\cdots$
$=2^{n-1}\cdot 3+2^{n-2}\cdot 3^2+\cdots+2\cdot 3^{n-1}+3^n.$

数列 $2^{n-1}\cdot 3, 2^{n-2}\cdot 3^2, \cdots, 2\cdot 3^{n-1}, 3^n$ 可看成是以 $2^{n-1}\cdot 3$ 为首项,$\dfrac{3}{2}$ 为公比的等比数列,

所以 $a_n=\dfrac{3\cdot 2^{n-1}\left[1-\left(\dfrac{3}{2}\right)^n\right]}{1-\dfrac{3}{2}}=3^{n+1}-3\cdot 2^n.$

例2 已知数列 $\{a_n\}$ 满足 $\begin{cases} a_1=2, \\ a_{n+1}=\dfrac{1}{2}a_n(4+a_n), \ a_n>0, \end{cases}$ 求 a_n 的表达式.

解 $a_{n+1}=\dfrac{1}{2}a_n(4+a_n)=\dfrac{1}{2}[(a_n+2)^2-4],$

则 $a_{n+1}+2=\dfrac{1}{2}(a_n+2)^2$,令 $b_n=a_n+2$,

所以
$b_n=\dfrac{1}{2}b_{n-1}^2=\dfrac{1}{2}\cdot\left(\dfrac{1}{2}b_{n-2}^2\right)^2=\dfrac{1}{2}\cdot\left(\dfrac{1}{2}\right)^2 b_{n-2}^{2^2}=\dfrac{1}{2}\left(\dfrac{1}{2}\right)^2\left(\dfrac{1}{2}b_{n-3}^2\right)^{2^2}$
$=\dfrac{1}{2}\left(\dfrac{1}{2}\right)^2\left(\dfrac{1}{2}\right)^{2^2}b_{n-3}^{2^3}=\cdots=\left(\dfrac{1}{2}\right)^{1+2+2^2+\cdots+2^{n-2}}\cdot b_1^{2^{n-1}}.$

$b_1=a_1+2=4,$

则 $b_n=\left(\dfrac{1}{2}\right)^{1+2+2^2+\cdots+2^{n-2}}\cdot 4^{2^{n-1}}=\left(\dfrac{1}{2}\right)^{2^{n-1}-1}\cdot 2^{2^n}=2^{2^{n-1}+1},$

所以 $a_n=b_n-2=2^{2^{n-1}+1}-2.$

例3 已知数列 $\{a_n\}$ 满足 $\begin{cases} a_1=a, a_2=b, \\ 3a_{n+2}=5a_{n+1}-2a_n, \end{cases}$ 求 a_n 的表达式.

解 由 $3a_{n+2}-5a_{n+1}+2a_n=0$,得
$$a_{n+2}-a_{n+1}=\frac{2}{3}(a_{n+1}-a_n),$$
且 $a_2-a_1=b-a$.

则数列 $\{a_{n+1}-a_n\}$ 是以 $b-a$ 为首项,$\frac{2}{3}$ 为公比的等比数列,

于是 $a_{n+1}-a_n=(b-a)\left(\frac{2}{3}\right)^{n-1}$. 则
$$a_2-a_1=b-a,$$
$$a_3-a_2=(b-a)\cdot\left(\frac{2}{3}\right),$$
$$a_4-a_3=(b-a)\cdot\left(\frac{2}{3}\right)^2,$$
$$\cdots,$$
$$a_n-a_{n-1}=(b-a)\left(\frac{2}{3}\right)^{n-2}.$$

把以上各式相加,得
$$a_n-a_1=(b-a)\left[1+\frac{2}{3}+\left(\frac{2}{3}\right)^2+\cdots+\left(\frac{2}{3}\right)^{n-2}\right]$$
$$=\frac{1-\left(\frac{2}{3}\right)^{n-1}}{1-\frac{2}{3}}(b-a).$$

$\therefore a_n=\left[3-3\left(\frac{2}{3}\right)^{n-1}\right](b-a)+a=3(a-b)\left(\frac{2}{3}\right)^{n-1}+3b-2a.$

习　题

1. 已知数列$\{a_n\}$满足$a_1=1, a_{n+1}=2a_n+1$,求数列$\{a_n\}$的通项公式.

2. 已知数列$\{a_n\}$满足$a_1=1, a_n=\frac{1}{2}a_{n-1}-\frac{1}{2^n}$ $(n\geqslant 2)$,求数列$\{a_n\}$的通项公式.

3. 已知数列$\{a_n\}$的前n项和S_n满足$S_n=2a_n+(-1)^n, n\geqslant 1$,求数列$\{a_n\}$的通项公式.

········ 参考答案

1. $a_n = 2^n - 1$　　**2.** $a_n = \dfrac{3-n}{2^n}$　　**3.** $a_n = \dfrac{2^{n-1}+2(-1)^{n-1}}{3}$

第八节 周期分析法

周期数列指的是数列的项在一定间隔后重复出现,即对于数列$\{a_n\}$,若存在一个固定的自然数$T(T\in \mathbf{N}^*)$,使得对一切自然数$n\in \mathbf{N}^*$都有$a_{n+T}=a_n$成立,则称数列$\{a_n\}$是周期为T的周期数列.周期数列也是一种特殊递推关系.周期数列强调的是数列的重复性和规律性,我们在解决一些涉及数列周期性问题时,周期分析法尤其有用.那何为周期分析法?周期分析法就是对于周期性的递推数列,通过分析其周期特性来简化问题,找出一个周期内的所有项,然后利用这个周期的性质来求解整个数列的通项公式.周期分析法可以帮助解题者快速定位问题的关键所在,从而有效地解决问题.

例1 已知数列$\{a_n\}$,$a_1=1$,$a_2=2$,$a_{n+2}=a_{n+1}-a_n$,求数列$\{a_n\}$的通项公式.

解 由
$$a_{n+2}=a_{n+1}-a_n, \quad (1)$$
得
$$a_{n+1}=a_n-a_{n-1}, \quad (2)$$
由(1)+(2)得
$$a_{n+2}=-a_{n-1}(n\geqslant 2),$$
即
$$a_{n+3}=-a_n.$$
所以
$$a_{n+6}=-a_{n+3}=-(-a_n)=a_n,$$
由此可得数列$\{a_n\}$是周期$T=6$的周期数列.

又由题意得
$$a_3=a_2-a_1=2-1=1,$$
$$a_4=a_3-a_2=1-2=-1,$$
$$a_5=a_4-a_3=-1-1=-2,$$
$$a_6=a_5-a_4=-2-(-1)=-1,$$
所以数列$\{a_n\}$的通项公式
$$a_n=\begin{cases} 1, & n=6k-5, \\ 2, & n=6k-4, \\ 1, & n=6k-3, \\ -1, & n=6k-2, \\ -2, & n=6k-1, \\ -1, & n=6k, \end{cases} (k\geqslant 1, k\in \mathbf{N}^*).$$

例2 若数列$\{a_n\}$满足$a_1=2, a_2=3, a_n=\dfrac{a_{n-1}}{a_{n-2}}$ ($n\geqslant 3$ 且 $n\in \mathbf{N}^*$),求a_{2021}.

解 由

$$a_n=\frac{a_{n-1}}{a_{n-2}}, \tag{3}$$

得

$$a_{n+1}=\frac{a_n}{a_{n-1}}, \tag{4}$$

由(3)×(4)得

$$a_{n+1}=\frac{1}{a_{n-2}} \ (n\geqslant 3),$$

即

$$a_{n+3}=\frac{1}{a_n},$$

所以

$$a_{n+6}=\frac{1}{a_{n+3}}=a_n,$$

则数列$\{a_n\}$是周期$T=6$的周期数列.

因为$a_1=2, a_2=3, a_n=\dfrac{a_{n-1}}{a_{n-2}}$ ($n\geqslant 3$ 且 $n\in \mathbf{N}^*$),

所以 $a_3=\dfrac{a_2}{a_1}=\dfrac{3}{2}, a_4=\dfrac{a_3}{a_2}=\dfrac{\frac{3}{2}}{3}=\dfrac{1}{2}, a_5=\dfrac{a_4}{a_3}=\dfrac{\frac{1}{2}}{\frac{3}{2}}=\dfrac{1}{3},$

$$a_6=\frac{a_5}{a_4}=\frac{\frac{1}{3}}{\frac{1}{2}}=\frac{2}{3},$$

故数列$\{a_n\}$的通项公式 $a_n=\begin{cases} 2, & n=6k-5, \\ 3, & n=6k-4, \\ \dfrac{3}{2}, & n=6k-3, \\ \dfrac{1}{2}, & n=6k-2, (k\geqslant 1, k\in \mathbf{N}^*). \\ \dfrac{1}{3}, & n=6k-1, \\ \dfrac{2}{3}, & n=6k, \end{cases}$

例3 已知数列$\{a_n\}$满足$a_1=a_2=1, a_3=2, a_n \cdot a_{n+1} \cdot a_{n+2} \neq 1$且
$$a_n+a_{n+1}+a_{n+2}+a_{n+3}=a_n \cdot a_{n+1} \cdot a_{n+2} \cdot a_{n+3},$$
求数列$\{a_n\}$的通项公式及S_{2023}.

解 由
$$a_n+a_{n+1}+a_{n+2}+a_{n+3}=a_n \cdot a_{n+1} \cdot a_{n+2} \cdot a_{n+3} \tag{5}$$
可得
$$a_{n+1}+a_{n+2}+a_{n+3}+a_{n+4}=a_{n+1} \cdot a_{n+2} \cdot a_{n+3} \cdot a_{n+4}, \tag{6}$$
由(5)-(6)化简得$(a_{n+4}-a_n)(a_{n+1} \cdot a_{n+2} \cdot a_{n+3}-1)=0$,
因为$a_n \cdot a_{n+1} \cdot a_{n+2} \neq 1$,
所以$a_{n+4}-a_n=0$,即$a_{n+4}=a_n$,由此可得数列$\{a_n\}$是以4为周期的周期数列.

所以 $a_n=\begin{cases} 1, & n=4k-3, \\ 1, & n=4k-2, \\ 2, & n=4k-1, \\ 4, & n=4k, \end{cases} (k \geq 1, k \in \mathbf{N}^*).$

$S_{2023}=S_{4\times 505+3}=505 \times S_4+a_{2021}+a_{2022}+a_{2023}=505S_4+a_1+a_2+a_3=4044.$

当一个周期数列问题由于其复杂性不能有效解决时,可以尝试利用周期分析法按一定的标准将问题划分为几个类别,然后分别对每一类进行研究.通过这种方式,可以逐个击破,最终将各类结果进行综合,得到整个问题的答案.

对于周期数列的几种特殊类型,我们利用周期分析法还可以得到以下结论:

1. 若数列$\{a_n\}$满足$a_n=a_{n+1}+a_{n-1}(n \geq 2)$,则$\{a_n\}$是周期$T=6$的数列,且

$a_n=\begin{cases} -a_3, & n=6k, \\ -a_2, & n=6k-1, \\ -a_1, & n=6k-2, \\ a_3, & n=6k-3, \\ a_2, & n=6k-4, \\ a_1, & n=6k-5, \end{cases} (k \geq 1).$

2. 若数列$\{a_n\}$满足$a_{n+m}+a_{n+m-1}+\cdots+a_{n+1}+a_n=M(M$为常数),则$\{a_n\}$是周期$T=m+1$的数列,且 $a_n=\begin{cases} a_m, & n=(m+1)k-1, \\ a_{m-1}, & n=(m+1)k-2, \\ \cdots, & \cdots, \\ a_1, & n=(m+1)k-m, \end{cases} (k \geq 1,$

$m \geq 1, k, m \in \mathbf{N}^*$).

3. 若数列$\{a_n\}$满足$a_{n+m} \cdot a_{n+m-1} \cdot \cdots \cdot a_{n+1} \cdot a_n = M$($M$为常数且不为零，$m \geq 1$)，则$\{a_n\}$是周期为$T = m+1$的数列，且 $a_n = \begin{cases} a_m, & n=(m+1)k-1, \\ a_{m-1}, & n=(m+1)k-2, \\ \cdots, & \cdots, \\ a_1, & n=(m+1)k-m, \end{cases}$

($k \geq 1, m \geq 1, k, m \in \mathbf{N}^*$).

4. 若数列$\{a_n\}$满足$a_n + a_{n+1} + \cdots + a_{n+m} = a_n \cdot a_{n+1} \cdot \cdots \cdot a_{n+m}$且$a_{n+1} \cdot a_{n+2} \cdot \cdots \cdot a_{n+m} \neq 1$($n > m, m, n \in \mathbf{N}^*$)，则$\{a_n\}$是周期为$T = m+1$的数列.

5. 若数列$\{a_n\}$满足$a_n = a_{n+m} + a_{n-m}$($n > m, m, n \in \mathbf{N}^*$)恒成立，则数列$\{a_n\}$是以$T = 6m$为周期的数列.

6. 若数列$\{a_n\}$满足$a_n \neq 0$，且$a_n = a_{n+m} \cdot a_{n-m}$($n > m$)恒成立，则数列$\{a_n\}$是以$T = 6m$为周期的数列.

7. 若数列$\{a_n\}$满足$a_{n+s} = a_{s-n}$，且$a_{n+t} = a_{t-n}$($s > t > n, s, t, n \in \mathbf{N}^*$)恒成立，则数列$\{a_n\}$是以$T = 2(s-t)$为周期的数列.

8. 若数列$\{a_n\}$满足$a_{n+s} + a_{s-n} = M$，且$a_{n+t} + a_{t-n} = M$($s > t > n, s, t, n \in \mathbf{N}^*$)恒成立，则数列$\{a_n\}$是以$T = 2(s-t)$为周期的数列.

9. 若数列$\{a_n\}$满足$a_{n+s} - a_{s-n} = a_{n+t} + a_{t-n} = 0$($s > t > n, s, t, n \in \mathbf{N}^*$)恒成立，则数列$\{a_n\}$是以$T = 4(s-t)$为周期的数列.

10. 若数列$\{a_n\}$满足$a_{n+m} = f(a_n)$，且递推函数$f(x) = f^{-1}(x)$，则数列$\{a_n\}$是以$T = 2m$为周期的数列.

11. (1) 若数列$\{a_n\}$满足$a_{n+1} = \dfrac{pa_n + q}{sa_n + t}$且$p + t = 0$，则数列$\{a_n\}$是周期为$T = 2$的数列.

(2) 若数列$\{a_n\}$满足$a_{n+m} = \dfrac{a_n + 1}{a_n - 1}$，则数列$\{a_n\}$是周期为$T = 2m$的数列.

(3) 若数列$\{a_n\}$满足$a_{n+m} = \dfrac{a_n - 1}{a_n + 1}$，则数列$\{a_n\}$是周期为$T = 4m$的数列.

(4) 若数列$\{a_n\}$满足$a_{n+m} = \dfrac{1}{1 - a_n}$，则数列$\{a_n\}$是周期为$T = 3m$的数列.

(5) 若数列$\{a_n\}$满足$a_{n+m} = \dfrac{a_n + \sqrt{3}}{1 - \sqrt{3}a_n}$，则数列$\{a_n\}$是周期为$T = 3m$的数列.

习 题

1. 已知数列 $\{a_n\}$，$a_1=13$，$a_2=56$，$a_{n+1}=a_{n+2}+a_n$，求 a_{2025}.

2. 已知数列 $\{a_n\}$ 中，$a_1=0$，$a_{n+1}=\dfrac{a_n-\sqrt{3}}{\sqrt{3}a_n+1}$，求 a_{20}.

3. 已知数列 $\{a_n\}$ 满足 $a_{n+2}=a_{n+1}-a_n$，$a_2=1$，$S_{2023}=2024$，求 S_{2024}.

4. 已知数列 $\{a_n\}$ 中，$a_1=2$，$a_{n+1}=\dfrac{a_n-1}{a_n+1}$，求数列 $\{a_n\}$ 的通项公式.

参考答案

1. $a_{2025}=a_{6\times337+3}=a_3=43$ **2.** $a_{20}=a_2=-\sqrt{3}$

3. $S_{2024}=2025$ **4.** $a_n=\begin{cases} 2, & n=4k-3, \\ \dfrac{1}{3}, & n=4k-2, \\ -\dfrac{1}{2}, & n=4k-1, \\ -3, & n=4k \end{cases}$

第四章　从递推关系求前 n 项和

第一节　利用通项公式的方法

对于用归纳方式定义的数列,可以先求出其通项公式,然后根据通项公式的特点求出它的前 n 项和.

例 1　求满足
$$\begin{cases} a_1=0, a_2=1, \\ a_{n+2}=3a_{n+1}-2a_n+1 \ (n=1,2,\cdots) \end{cases}$$
的数列的前 n 项和 S_n.

解　由 $a_{n+2}=3a_{n+1}-2a_n+1$,得
$$a_{n+2}-a_{n+1}=2(a_{n+1}-a_n)+1.$$
令 $b_n=a_{n+1}-a_n$,则 $b_{n+1}=2b_n+1$,所以
$$b_{n+1}+1=2(b_n+1).$$
数列 $\{b_n+1\}$ 是以 $b_1+1=2$ 为首项,公比 $q=2$ 的等比数列,所以 $b_n+1=2 \cdot 2^{n-1}$,即
$$b_n=2^n-1.$$
又
$$a_{n+1}-a_n=2^n-1,$$
$$a_n=a_1+\sum_{k=1}^{n-1}(2^k-1),$$
该数列的通项公式为
$$a_n=2^n-n-1.$$
所以,

$$S_n = (2+4+\cdots+2^n) - (1+2+\cdots+n) - n$$
$$= 2^{n+1} - \frac{n(n+1)}{2} - n - 2.$$

例 2 数列 $\{a_n\}$、$\{b_n\}$ 由下式定义：
$$\begin{cases} a_1=1, b_1=0, \\ a_{n+1}=3a_n+2b_n, \\ b_{n+1}=2a_n+6b_n, \end{cases} (n=1,2,3,\cdots).$$

试分别求出这两个数列的前 n 项和 S_n 与 T_n.

解 由第二章第十三节例 1 知：
$$a_n = \frac{1}{5} \cdot 2^{n+1} + \frac{1}{5} \cdot 7^{n-1},$$
$$b_n = \frac{2}{5} \cdot 7^{n-1} - \frac{1}{5} \cdot 2^n.$$

所以，$\{a_n\}$ 的前 n 项和 S_n 为
$$S_n = \frac{1}{5}(4+8+\cdots+2^{n+1}) + \frac{1}{5}(1+7+49+\cdots+7^{n-1})$$
$$= \frac{4}{5} \cdot 2^n + \frac{1}{30} \cdot 7^n - \frac{5}{6},$$

$\{b_n\}$ 的前 n 项和 T_n 为
$$T_n = \frac{2}{5}(1+7+\cdots+7^{n-1}) - \frac{1}{5}(2+4+\cdots+2^n)$$
$$= \frac{1}{15} \cdot 7^n - \frac{2}{5} \cdot 2^n + \frac{1}{3}.$$

例 3 求满足 $\begin{cases} a_1=0, \\ S_{n+1}=S_n+a_n+2^n-2 \end{cases}$ 的数列 $\{a_n\}$ 的前 n 项和 S_n.

解 由 $a_{n+1}=S_{n+1}-S_n$，且 $S_{n+1}=S_n+a_n+2^n-2$，可得
$$a_{n+1}=a_n+2^n-2,$$
即
$$a_{n+1}-a_n=2^n-2,$$
$$a_n = a_1 + \sum_{k=1}^{n-1}(2^k-2) = 2^n-2n,$$

所以
$$S_n = (2^1-2)+(2^2-2\times 2)+\cdots+(2^n-2n)$$
$$= (2+2^2+2^3+\cdots+2^n)-(2+2\times 2+\cdots+2n)$$
$$= \frac{2(1-2^n)}{1-2} - \frac{(2+2n)n}{2}$$
$$= 2^{n+1}-n(n+1)-2.$$

所以 $S_n = 2^{n+1} - n^2 - n - 2$.

例 4 已知数列 $\{a_n\}$ 的前 n 项和 S_n 满足 $3S_n = 2a_n - n + 2 \ (n \in \mathbf{N}^*)$. 求数列 $\{a_n\}$ 的前 n 项和 S_n.

解 因为
$$3S_n = 2a_n - n + 2 \ (n \in \mathbf{N}^*), \tag{1}$$
当 $n=1$ 时,$3a_1 = 2a_1 - 1 + 2$,得 $a_1 = 1$.
当 $n \geq 2$ 时,$3S_{n-1} = 2a_{n-1} - (n-1) + 2$, \qquad (2)
(1)$-$(2),得
$$3a_n = 2a_n - 2a_{n-1} - 1,$$
即 $$a_n = -2a_{n-1} - 1,$$
所以
$$a_n + \frac{1}{3} = (-2) \times \left(a_{n-1} + \frac{1}{3}\right).$$

所以数列 $\left\{a_n + \frac{1}{3}\right\}$ 是首项为 $a_1 + \frac{1}{3} = \frac{4}{3}$,公比为 -2 的等比数列.

所以 $a_n + \frac{1}{3} = \frac{4}{3} \times (-2)^{n-1} = \frac{1}{3} \times (-2)^{n+1}$,

即 $a_n = \frac{1}{3} \times (-2)^{n+1} - \frac{1}{3} = \frac{1}{3}[(-2)^{n+1} - 1] \ (n \in \mathbf{N}^*)$.

把 a_n 代入 $3S_n = 2a_n - n + 2 \ (n \in \mathbf{N}^*)$,得
$$S_n = -\frac{(-2)^{n+2} + 3n - 4}{9}.$$

习 题

1. 求满足下列条件的数列的前 n 项和：
   (1) $a_1=1, a_{n+1}=2a_n+1$；
   (2) $a_1=1, a_2=2, a_{n+2}=2a_{n+1}-a_n$；
   (3) $a_0=1, a_1=-2, a_n=5a_{n-1}-6a_{n-2}$.

2. 设有一个由
$$a_1=1, a_{n+1}=S_n+(n+1)$$
   确定的数列.
   (1) 试用 a_n 表示 a_{n+1}；
   (2) 用 n 表示 a_n；
   (3) 用 n 表示 S_n.

3. 若 S_n 是数列 $\{a_n\}$ 的前 n 项和，已知 $a_1=2, a_2=10$，且 $S_{n+1}+2S_{n-1}-3S_n = 2\times 3^n (n\geq 2)$，求 S_n.

参考答案

1. (1) $S_n=2^{n+1}-n-2$ (2) $S_n=\dfrac{n(n+1)}{2}$
(3) $S_n=10\cdot 2^n-6\cdot 3^n-3$ **2.** (1) $a_{n+1}=2a_n+1$ (2) $a_n=2^n-1$ (3) $S_n=2^{n+1}-n-2$
3. $S_n=3^{n+1}-2^{n+2}+1$

第二节 错 位 法

在推导等比数列的求和公式时,我们运用过错位法,具体做法如下:
设等比数列为$\{a_1 q^{n-1}\}$,则
$$S_n = a_1 + a_1 q + a_1 q^2 + \cdots + a_1 q^{n-1},$$
$$qS_n = \phantom{a_1 +{}} a_1 q + a_1 q^2 + \cdots + a_1 q^{n-1} + a_1 q^n,$$
两式相减,得
$$(1-q)S_n = a_1 - a_1 q^n.$$
若$q \neq 1$,则有
$$S_n = \frac{a_1(1-q^n)}{1-q}.$$

在研究混合数列的求和问题时,我们也曾用过错位法.所谓混合数列,是指由一个等差数列与一个等比数列的对应项相乘所构成的数列.例如,数列$\{nq^{n-1}\}$就是一个混合数列.它的前n项和可以用如下方法求出:
$$S_n = 1 + 2q + 3q^2 + \cdots + nq^{n-1},$$
$$qS_n = \phantom{1+{}} q + 2q^2 + \cdots + (n-1)q^{n-1} + nq^n,$$
两式相减,得
$$(1-q)S_n = 1 + (q + q^2 + \cdots + q^{n-1}) - nq^n$$
$$= \frac{1-q^n}{1-q} - nq^n,$$
所以,
$$S_n = \frac{1-q^n}{(1-q)^2} - \frac{nq^n}{1-q} \quad (q \neq 1).$$

例 1 已知数列$\{a_n\}$的前n项和为S_n,$S_{n+1} = 4a_n$,$n \in \mathbf{N}^*$,且$a_1 = 4$.
(1) 求数列$\{a_n\}$的通项公式;
(2) 令$b_n = a_{n+1} - a_n$,求数列$\{b_n\}$的前n项和T_n.

解 (1) 当$n \geq 2$时,因为
$$S_{n+1} = 4a_n,$$
所以
$$S_n = 4a_{n-1}.$$
以上两式相减得
$$a_{n+1} = 4a_n - 4a_{n-1},$$
所以

$$a_{n+1}-2a_n=2(a_n-2a_{n-1}).$$

当 $n=1$ 时,因为 $S_{n+1}=4a_n$,所以 $S_2=4a_1$.

又 $a_1=4$,故 $a_2=12$,于是 $a_2-2a_1=4$.

所以 $\{a_{n+1}-2a_n\}$ 是以 4 为首项,2 为公比的等比数列.

所以
$$a_{n+1}-2a_n=2^{n+1}.$$

两边除以 2^{n+1},得
$$\frac{a_{n+1}}{2^{n+1}}-\frac{a_n}{2^n}=1.$$

又 $\frac{a_1}{2}=2$,所以 $\left\{\frac{a_n}{2^n}\right\}$ 是以 2 为首项,1 为公差的等差数列.

所以
$$\frac{a_n}{2^n}=n+1,$$

即
$$a_n=(n+1)\cdot 2^n.$$

(2) $b_n=a_{n+1}-a_n$,即
$$b_n=(n+2)\cdot 2^{n+1}-(n+1)\cdot 2^n=(n+3)\cdot 2^n.$$

因为
$$T_n=4\times 2^1+5\times 2^2+6\times 2^3+\cdots+(n+3)\times 2^n,$$

所以
$$2T_n=4\times 2^2+5\times 2^3+6\times 2^4+\cdots+(n+3)\times 2^{n+1}.$$

两式相减得
$$-T_n=4\times 2^1+(2^2+2^3+\cdots+2^n)-(n+3)\times 2^{n+1}$$
$$=8+\frac{4\times(2^{n-1}-1)}{2-1}-(n+3)\times 2^{n+1}$$
$$=-(n+2)\times 2^{n+1}+4,$$

所以
$$T_n=(n+2)\times 2^{n+1}-4.$$

例2 已知数列 $\{a_n\}$ 的前 n 项和为 S_n,$a_1=-\frac{9}{4}$,且 $4S_{n+1}=3S_n-9$.

(1) 求数列 $\{a_n\}$ 的通项公式;

(2) 设数列 $\{b_n\}$ 满足 $3b_n+(n-4)a_n=0$,求数列 $\{b_n\}$ 的前 n 项和 T_n.

解 (1) 当 $n=1$ 时,$4(a_1+a_2)=3a_1-9$,
$$4a_2=\frac{9}{4}-9=-\frac{27}{4},$$

所以 $a_2 = -\dfrac{27}{16}$.

当 $n \geq 2$ 时，由 $\quad 4S_{n+1} = 3S_n - 9$, $\quad$ (1)

得 $\quad 4S_n = 3S_{n-1} - 9$, $\quad$ (2)

(1)$-$(2)得 $\quad 4a_{n+1} = 3a_n$.

因为 $a_2 = -\dfrac{27}{16} \neq 0$，所以 $a_n \neq 0$，故 $\dfrac{a_{n+1}}{a_n} = \dfrac{3}{4}$.

又 $\dfrac{a_2}{a_1} = \dfrac{3}{4}$，所以 $\{a_n\}$ 是首项为 $-\dfrac{9}{4}$，公比为 $\dfrac{3}{4}$ 的等比数列.

故 $\quad a_n = -\dfrac{9}{4} \cdot \left(\dfrac{3}{4}\right)^{n-1} = -3 \cdot \left(\dfrac{3}{4}\right)^n$.

(2) 由 $3b_n + (n-4)a_n = 0$，得

$$b_n = -\dfrac{n-4}{3}a_n = (n-4)\left(\dfrac{3}{4}\right)^n,$$

所以 $T_n = -3 \times \dfrac{3}{4} - 2 \times \left(\dfrac{3}{4}\right)^2 - 1 \times \left(\dfrac{3}{4}\right)^3 + 0 \times \left(\dfrac{3}{4}\right)^3 +$

$\cdots + (n-4) \cdot \left(\dfrac{3}{4}\right)^n$,

$\dfrac{3}{4}T_n = -3 \times \left(\dfrac{3}{4}\right)^2 - 2 \times \left(\dfrac{3}{4}\right)^3 - 1 \times \left(\dfrac{3}{4}\right)^4 + \cdots + (n-5) \cdot \left(\dfrac{3}{4}\right)^n$

$+ (n-4) \cdot \left(\dfrac{3}{4}\right)^{n+1}$,

两式相减得

$\dfrac{1}{4}T_n = -3 \times \dfrac{3}{4} + \left(\dfrac{3}{4}\right)^2 + \left(\dfrac{3}{4}\right)^3 + \left(\dfrac{3}{4}\right)^4 + \cdots + \left(\dfrac{3}{4}\right)^n - (n-4) \cdot \left(\dfrac{3}{4}\right)^{n+1}$

$= -\dfrac{9}{4} + \dfrac{\dfrac{9}{16}\left[1-\left(\dfrac{3}{4}\right)^{n-1}\right]}{1-\dfrac{3}{4}} - (n-4)\left(\dfrac{3}{4}\right)^{n+1}$

$= -\dfrac{9}{4} + \dfrac{9}{4} - 4\left(\dfrac{3}{4}\right)^{n+1} - (n-4) \cdot \left(\dfrac{3}{4}\right)^{n+1} = -n \cdot \left(\dfrac{3}{4}\right)^{n+1}$,

所以 $\quad T_n = -4n \cdot \left(\dfrac{3}{4}\right)^{n+1}$.

例3 设数列 $\{a_n\}$ 满足 $a_1 = 3, a_{n+1} = 3a_n - 4n$.

(1) 计算 a_2、a_3，猜想 $\{a_n\}$ 的通项公式并加以证明；

(2) 求数列 $\{2^n a_n\}$ 的前 n 项和 S_n.

解 (1) 由题意可得

$$a_2 = 3a_1 - 4 = 9 - 4 = 5,$$
$$a_3 = 3a_2 - 8 = 15 - 8 = 7.$$

由 $a_1 = 3, a_2 = 5$ 得
$$a_2 - a_1 = 2.$$

因 $a_{n+1} = 3a_n - 4n$，则 $a_n = 3a_{n-1} - 4(n-1)$ $(n \geq 2)$，两式相减得
$$a_{n+1} - a_n = 3(a_n - a_{n-1}) - 4.$$

令 $b_n = a_{n+1} - a_n$，且 $b_1 = 2$，所以 $b_n = 3b_{n-1} - 4$。
两边同时减去 2，得
$$b_n - 2 = 3(b_{n-1} - 2),$$

且 $b_1 - 2 = 0$，所以 $b_n - 2 = 0$，即 $a_{n+1} - a_n = 2$。
又 $a_2 - a_1 = 2$，因此 $\{a_n\}$ 是首项为 3，公差为 2 的等差数列，所以 $a_n = 2n + 1$。

(2) 方法一：
$$S_n = 3 \times 2 + 5 \times 2^2 + 7 \times 2^3 + \cdots + (2n-1) \cdot 2^{n-1} + (2n+1) \cdot 2^n, \quad (1)$$
$$2S_n = 3 \times 2^2 + 5 \times 2^3 + 7 \times 2^4 + \cdots + (2n-1) \cdot 2^n + (2n+1) \cdot 2^{n+1}, \quad (2)$$

由 (1) - (2) 得 $-S_n = 6 + 2 \times (2^2 + 2^3 + \cdots + 2^n) - (2n+1) \cdot 2^{n+1}$
$$= 6 + 2 \times \frac{2^2 \times (1 - 2^{n-1})}{1-2} - (2n+1) \cdot 2^{n+1}$$
$$= (1 - 2n) \cdot 2^{n+1} - 2,$$

即
$$S_n = (2n-1) \cdot 2^{n+1} + 2.$$

方法二：因为 $2^n a_n = (2n+1)2^n = 2n \cdot 2^n + 2^n = 4n \cdot 2^{n-1} + 2^n$，令 $b_n = n \cdot 2^{n-1}$，则

$$f(x) = x + x^2 + x^3 + \cdots + x^n = \frac{x(1-x^n)}{1-x} \quad (x \neq 0, 1),$$

$$f'(x) = 1 + 2x + 3x^2 + \cdots + nx^{n-1} = \left[\frac{x(1-x^n)}{1-x}\right]' = \frac{1 + nx^{n+1} - (n+1)x^n}{(1-x)^2},$$

所以 $b_1 + b_2 + \cdots + b_n = 1 + 2 \cdot 2 + 3 \cdot 2^2 + \cdots + n \cdot 2^{n-1}$
$$= f'(2) = 1 + n \cdot 2^{n+1} - (n+1)2^n.$$

故 $S_n = 4f'(2) + 2 + 2^2 + 2^3 + \cdots + 2^n$
$$= 4[1 + n \cdot 2^{n+1} - (n+1)2^n] + \frac{2(1-2^n)}{1-2} = (2n-1)2^{n+1} + 2.$$

我们也可以将错位法运用于求由递推关系给出的数列的前 n 项和。但用这种方法往往还得利用通项公式。

例 4 求斐波那契数列
$$\begin{cases} F_1 = F_2 = 1, \\ F_{n+2} = F_{n+1} + F_n \end{cases}$$
的前 n 项和 S_n.

解
$$S_n = F_1 + F_2 + F_3 + \cdots + F_n,$$
$$-S_n = \quad -F_1 - F_2 - \cdots - F_{n-1} - F_n,$$
$$-S_n = \qquad\quad -F_1 - \cdots - F_{n-2} - F_{n-1} - F_n,$$

三式相加,得
$$-S_n = F_2 - 2F_n - F_{n-1}$$
$$= 1 - F_{n+1} - F_n = 1 - F_{n+2}.$$

因而
$$S_n = F_{n+2} - 1. \tag{1}$$

将比内公式代入,就可得到用 n 来表示 S_n 的式子. 但在实际使用时,公式(1)更为方便些.

例 5 已知数列 $\{a_n\}$ 满足
$$\begin{cases} a_1 = 1, \\ a_2 = 3, \\ a_{n+2} = a_{n+1} + 2a_n \quad (n=1,2,3,\cdots), \end{cases}$$
求它的前 n 项和 S_n.

解
$$S_n = a_1 + a_2 + a_3 + \cdots + a_n,$$
$$-S_n = \quad -a_1 - a_2 - \cdots - a_{n-1} - a_n,$$
$$-2S_n = \qquad\quad -2a_1 - \cdots - 2a_{n-2} - 2a_{n-1} - 2a_n,$$

三式相加,得
$$-2S_n = a_2 - a_n - 2a_{n-1} - 2a_n$$
$$= 3 - a_{n+1} - 2a_n = 3 - a_{n+2},$$

因而
$$S_n = \frac{a_{n+2} - 3}{2}.$$

可以求出 $\{a_n\}$ 的通项公式是
$$a_n = \frac{4}{3} \cdot 2^{n-1} - \frac{1}{3}(-1)^{n-1}.$$

代入 S_n 的表达式,得

$$S_n = \frac{1}{2}\left[\frac{4}{3} \cdot 2^{n+1} - \frac{1}{3}(-1)^{n+1} - 3\right].$$

例 6 求由

$$\begin{cases} a_1 = 0, \\ a_{n+1} = 2a_n + n^2 \ (n=1,2,3,\cdots) \end{cases}$$

确定的数列的前 n 项和 S_n.

解
$$S_n = a_1 + a_2 + a_3 + \cdots + a_n,$$
$$-2S_n = \ -2a_1 - 2a_2 - \cdots - 2a_{n-1} - 2a_n,$$

两式相加,得

$$-S_n = a_1 + 1^2 + 2^2 + \cdots + (n-1)^2 - 2a_n$$
$$= \frac{(n-1) \cdot n \cdot (2n-1)}{6} - 2a_n,$$

因而

$$S_n = 2a_n - \frac{n(n-1)(2n-1)}{6}$$
$$= 6 \cdot 2^n - 2n^2 - 4n - 6 - \frac{n(n-1)(2n-1)}{6}$$
$$= 6 \cdot 2^n - \frac{1}{3}n^3 - \frac{3}{2}n^2 - \frac{25}{6}n - 6$$

(其中 $a_n = 3 \cdot 2^n - n^2 - 2n - 3$ 参见第三章第四节例 4).

习　题

求满足下列条件的数列的前 n 项和 S_n：

1. $x_1=1, x_2=2, x_{n+2}=2x_{n+1}-x_n$.

2. $x_1=0, x_n=2x_{n-1}+n$.

3. 已知数列 $\{a_n\}$ 的首项 $a_1=2, a_n=3a_{n-1}+2(n\geqslant 2, n\in \mathbf{N}^*)$，令 $b_n=a_n\cdot \log_3(a_n+1)$，求数列 $\{b_n\}$ 的前 n 项和 S_n.

4. 已知数列 $\{a_n\}$ 满足 $a_{n+2}=\begin{cases} a_n+2, & n \text{ 为奇数}, \\ 2a_n, & n \text{ 为偶数}, \end{cases}$ 且 $a_1=1, a_2=2$. 求数列 $\{a_{2n-1}\cdot a_{2n}\}$ 的前 n 项之和 S_n.

5. 已知正项数列 $\{a_n\}$ 前 n 项和为 S_n，且满足 $4S_n=(a_n+1)^2$. 令 $b_n=\dfrac{a_n+1}{2^{a_n}}$，求数列 $\{b_n\}$ 前 n 项的和 T_n.

参考答案

1. $S_n=\dfrac{n(n+1)}{2}$　**2.** $S_n=3\cdot 2^n-\dfrac{1}{2}n^2-\dfrac{5}{2}n-3$

3. $S_n=\dfrac{(2n-1)\times 3^{n+1}+3}{4}-\dfrac{n(n+1)}{2}$　**4.** $S_n=(2n-3)\cdot 2^{n+1}+6$　**5.** $T_n=\dfrac{16}{9}-\dfrac{3n+4}{9\cdot 4^{n-1}}$

第三节 累 加 法

求有些由归纳定义给出的数列的前 n 项和时,可用累加法.不过,与上节一样,这时仍要借助于通项公式.

例1 求斐波那契数列
$$\begin{cases} F_1 = F_2 = 1, \\ F_{n+2} = F_{n+1} + F_n \end{cases}$$
的前 n 项和 S_n.

解
$$F_{n+2} = F_{n+1} + F_n,$$
$$F_{n+1} = F_n + F_{n-1},$$
$$F_n = F_{n-1} + F_{n-2},$$
$$\cdots,$$
$$F_4 = F_3 + F_2,$$
$$F_3 = F_2 + F_1,$$

将上述各式相加,得
$$F_{n+2} = F_2 + S_n,$$
故
$$S_n = F_{n+2} - F_2 = F_{n+2} - 1.$$

例2 求由
$$\begin{cases} a_1 = a, \\ a_{n+1} + a_n = n \end{cases}$$
确定的数列的前 n 项和 S_n.

解 因
$$a_{n+1} + a_n = n,$$
$$a_n + a_{n-1} = n-1,$$
$$\cdots,$$
$$a_2 + a_1 = 1,$$

将上面各式相加,得
$$(S_n + a_{n+1} - a_1) + S_n = 1 + 2 + \cdots + n,$$
故有
$$2S_n = a_1 - a_{n+1} + \frac{n(n+1)}{2}$$
$$= a - \frac{2n+1}{4} + \left(a - \frac{1}{4}\right) \cdot (-1)^{n+1} + \frac{n(n+1)}{2}$$

$$= a + \left(a - \frac{1}{4}\right) \cdot (-1)^{n+1} + \frac{1}{2}n^2 - \frac{1}{4},$$

即

$$S_n = \frac{1}{2}a + \frac{1}{2}\left(a - \frac{1}{4}\right) \cdot (-1)^{n+1} + \frac{1}{4}n^2 - \frac{1}{8}.$$

通项公式参见第二章第四节的习题 2.

例 3 求满足下列条件的数列的前 n 项和 S_n：

$$\begin{cases} a_1 = 1, \\ (n+2)a_n + n + 2 = na_{n+1} \quad (n=1,2,3,\cdots). \end{cases}$$

解

$$(n+2)a_n + n + 2 = na_{n+1},$$
$$(n+1)a_{n-1} + n + 1 = (n-1)a_n,$$
$$\cdots,$$
$$4a_2 + 4 = 2a_3,$$
$$3a_1 + 3 = 1 \cdot a_2,$$

将上述各式相加，得

$$3S_n + [3 + 4 + \cdots + (n+2)] = na_{n+1}.$$

因此，

$$S_n = \frac{1}{3}\left[na_{n+1} - \frac{n(n+5)}{2}\right].$$

由 $na_{n+1} = (n+2)a_n + n + 2$ 得 $a_{n+1} = \frac{n+2}{n}a_n + \frac{n+2}{n}$，

变形得 $\dfrac{a_{n+1}}{(n+2)(n+1)} = \dfrac{a_n}{(n+1)n} + \dfrac{1}{(n+1)n}$，则

$$\frac{a_n}{(n+1)n} = \frac{a_1}{2 \times 1} + \left[\frac{1}{n(n-1)} + \frac{1}{(n-1)(n-2)} + \cdots + \frac{1}{2 \times 1}\right]$$

$$= \frac{1}{2} + \left[\left(1 - \frac{1}{2}\right) + \left(\frac{1}{2} - \frac{1}{3}\right) + \cdots + \left(\frac{1}{n-1} - \frac{1}{n}\right)\right] = \frac{3n-2}{2n},$$

即

$$a_n = \frac{3n^2 + n - 2}{2}.$$

$$S_n = \frac{1}{3}\left[na_{n+1} - \frac{n(n+5)}{2}\right]$$

$$= \frac{1}{2}n^3 + n^2 - \frac{1}{2}n.$$

当然，可以直接由 a_n 求其前 n 项和 S_n 更方便，但我们在此探讨的是多种思考方法求 S_n.

例 4 设数列 $\{u_n\}$、$\{v_n\}$ 满足下式：
$$\begin{cases} u_1=v_1=2, \\ u_{n+1}=3u_n+2v_n-6, \\ v_{n+1}=3u_n+6v_n-13. \end{cases}$$
求 $\{u_n\}$ 的前 n 项和 S_n 及 $\{v_n\}$ 的前 n 项和 S'_n.

解 因
$$u_{n+1}=3u_n+2v_n-6,$$
$$u_n=3u_{n-1}+2v_{n-1}-6,$$
$$\cdots,$$
$$u_3=3u_2+2v_2-6,$$
$$u_2=3u_1+2v_1-6,$$

上述各式相加,得
$$S_n-u_1+u_{n+1}=3S_n+2S'_n-6n. \tag{1}$$

又因为
$$v_{n+1}=3u_n+6v_n-13,$$
$$v_n=3u_{n-1}+6v_{n-1}-13,$$
$$\cdots,$$
$$v_3=3u_2+6v_2-13,$$
$$v_2=3u_1+6v_1-13,$$

上述各式相加,得
$$S'_n-v_1+v_{n+1}=3S_n+6S'_n-13n. \tag{2}$$

将(1)(2)式联立,有
$$\begin{cases} 2S_n+2S'_n=u_{n+1}+6n-2, \\ 3S_n+5S'_n=v_{n+1}+13n-2, \end{cases}$$

解之,得
$$\begin{cases} S_n=\dfrac{1}{4}(5u_{n+1}-2v_{n+1}+4n-6), \\ S'_n=\dfrac{1}{4}(-3u_{n+1}+2v_{n+1}+8n+2). \end{cases}$$

利用第二章第十三节中所述的方法可算出数列 $\{u_n\}$ 和 $\{v_n\}$ 的通项公式,从而可以算出 S_n 及 S'_n 的表达式.

例 5 设数列 $\{a_n\}$ 的通项公式为
$$a_n=2n+1,$$
数列 $\{b_n\}$ 由下式确定：

$$\begin{cases} b_1 = 3, \\ b_{n+1} = a_{b_n}. \end{cases}$$

求数列 $\{b_n\}$ 的前 n 项和 S_n.

解
$$b_{n+1} = a_{b_n} = 2b_n + 1,$$
$$b_n = a_{b_{n-1}} = 2b_{n-1} + 1,$$
$$\cdots,$$
$$b_2 = a_{b_1} = 2b_1 + 1,$$

将上述各式相加,得
$$S_n + b_{n+1} - b_1 = 2S_n + n,$$

所以,
$$S_n = b_{n+1} - b_1 - n = b_{n+1} - n - 3.$$

利用第三章第一节例 3 的结果,可以求出 S_n 的表达式.

习　　题

1. 试求由下列式子：
$$a_1=9, na_{n+1}=(n+2)a_n-2$$
所确定的数列的前 n 项和 S_n.

2. 求由
$$a_1=0, a_{n+1}=2a_n+n^2$$
确定的数列的前 n 项和 S_n.

3. 设数列 $\{a_n\}$ 由下式确定：
$$a_1=0, a_2=1, a_n=4a_{n-1}-4a_{n-2}.$$
求 S_n 与 a_{n+1}、a_{n+2} 的关系式.

4. 已知数列 $\{a_n\}$ 满足 $a_{n+2}=a_{n+1}+2a_n$, $a_1=1, a_2=2$. 求数列 $\{a_n\}$ 的前 n 项和 S_n.

········ 参考答案

1. $S_n=\dfrac{4}{3}n^3+4n^2+\dfrac{11}{3}n$　**2.** $S_n=6\cdot 2^n-\dfrac{1}{3}n^3-\dfrac{3}{2}n^2-\dfrac{25}{6}n-6$　**3.** $S_n=3a_{n+1}-a_{n+2}+1$　**4.** $S_n=2^n-1$

第四节　寻找 $\{S_n\}$ 的递推关系

数列 $\{a_n\}$ 的前 n 项和 S_n 本身也构成一个数列. 因为 $n=1$ 时,得到 S_1; $n=2$ 时,得到 S_2,如此等等,随着 n 的变化,得到一串部分和
$$S_1, S_2, S_3, \cdots, S_n, \cdots.$$

因此,$\{S_n\}$ 也是一个数列.

如果原数列 $\{a_n\}$ 满足一个递推关系,那么它的前 n 项和构成的数列 $\{S_n\}$ 是不是满足某个递推关系呢?下面我们就来回答这个问题.

我们知道,
$$S_n = a_1 + a_2 + \cdots + a_n,$$
$$S_{n-1} = a_1 + a_2 + \cdots + a_{n-1},$$
从而
$$S_n - S_{n-1} = a_n \quad (n \geqslant 2). \tag{1}$$

只要将 a_n 所满足的递推关系中的 a_n、a_{n+1} 等用(1)式代入,就可以得到关于 S_n、S_{n+1} 等的式子,这当然就是 $\{S_n\}$ 所满足的递推关系.

找到了 $\{S_n\}$ 所满足的递推关系,就可以利用第二、第三章所述的方法来求它的通项公式 S_n,也就是原数列 $\{a_n\}$ 的前 n 项的和.

例 1　已知数列 $\{a_n\}$ 的前 n 项和为 S_n,$a_1 = 2$,$na_{n+1} + S_{n+1} = 1$ ($n \in \mathbf{N}^*$),求 S_n.

解　因　　　　　　$na_{n+1} + S_{n+1} = 1,$
所以　　　　　　$n(S_{n+1} - S_n) + S_{n+1} = 1,$
于是　　　　　　$(n+1)S_{n+1} - nS_n = 1.$

故数列 $\{nS_n\}$ 为等差数列,公差为 1.

又 $a_1 = 2$,故首项为 2,

所以　　　　　　$nS_n = n + 1,$

故　　　　　　　$S_n = 1 + \dfrac{1}{n}.$

例 2　已知数列 $\{a_n\}$ 为正项数列,且 $\dfrac{4S_1}{a_1+2} + \dfrac{4S_2}{a_2+2} + \cdots + \dfrac{4S_n}{a_n+2} = S_n$,求 S_n.

解　由题知
$$\dfrac{4S_1}{a_1+2} + \dfrac{4S_2}{a_2+2} + \cdots + \dfrac{4S_n}{a_n+2} = S_n, \tag{2}$$

则
$$\frac{4S_1}{a_1+2}+\frac{4S_2}{a_2+2}+\cdots+\frac{4S_{n-1}}{a_{n-1}+2}=S_{n-1}. \tag{3}$$

由(2)-(3)可得
$$\frac{4S_n}{a_n+2}=a_n,$$

即
$$4S_n=a_n^2+2a_n \quad (n\geqslant 2, n\in \mathbf{N}^*). \tag{4}$$

令 $n=1$,由已知得 $\dfrac{4S_1}{a_1+2}=a_1,$

则 $4S_1=a_1^2+2a_1. \tag{5}$

满足(4)式,所以 $4S_n=a_n^2+2a_n, \tag{6}$

则 $4S_{n-1}=a_{n-1}^2+2a_{n-1} \quad (n\geqslant 2, n\in \mathbf{N}^*). \tag{7}$

(6)-(7)可得 $4a_n=a_n^2+2a_n-a_{n-1}^2-2a_{n-1},$

化简得 $(a_n+a_{n-1})(a_n-a_{n-1}-2)=0.$

由 $a_n>0$,则 $a_n-a_{n-1}=2.$

所以 $\{a_n\}$ 为公差是 2 的等差数列,由(5)可解得 $a_1=2$,

所以 $a_n=2+(n-1)\times 2=2n.$

由 $4S_n=a_n^2+2a_n$,得

$$S_n=\frac{a_n^2+2a_n}{4}=n^2+n.$$

本题是借助于递推关系,先求 a_n,再求 S_n.

例3 记 S_n 为数列 $\{a_n\}$ 的前 n 项和,b_n 为数列 $\{S_n\}$ 的前 n 项积,已知 $\dfrac{2}{S_n}+\dfrac{1}{b_n}=2.$ 求 S_n.

解 由已知 $\dfrac{2}{S_n}+\dfrac{1}{b_n}=2$ 得 $S_n=\dfrac{2b_n}{2b_n-1}$,且 $b_n\neq 0, b_n\neq \dfrac{1}{2}.$

取 $n=1$,由 $S_1=b_1$ 得 $b_1=\dfrac{3}{2}.$

由于 b_n 为数列 $\{S_n\}$ 的前 n 项积,

所以 $\dfrac{2b_1}{2b_1-1}\cdot\dfrac{2b_2}{2b_2-1}\cdot\ldots\cdot\dfrac{2b_n}{2b_n-1}=b_n,$

所以 $\dfrac{2b_1}{2b_1-1}\cdot\dfrac{2b_2}{2b_2-1}\cdot\ldots\cdot\dfrac{2b_{n+1}}{2b_{n+1}-1}=b_{n+1},$

所以
$$\frac{2b_{n+1}}{2b_{n+1}-1}=\frac{b_{n+1}}{b_n}.$$

由于 $b_{n+1}\neq 0$,

所以 $\frac{2}{2b_{n+1}-1}=\frac{1}{b_n}$,即 $b_{n+1}-b_n=\frac{1}{2}$,其中 $n\in\mathbf{N}^*$.

所以数列 $\{b_n\}$ 是以 $\frac{3}{2}$ 为首项,$\frac{1}{2}$ 为公差的等差数列.

所以
$$b_n=\frac{3}{2}+(n-1)\times\frac{1}{2}=1+\frac{n}{2},$$
$$S_n=\frac{2b_n}{2b_n-1}=\frac{2+n}{1+n}.$$

例 4 求斐波那契数列
$$\begin{cases}F_1=F_2=1,\\ F_{n+2}=F_{n+1}+F_n\end{cases}$$
的前 n 项和 S_n.

解 因为
$$F_{n+2}=F_{n+1}+F_n,$$
故
$$S_{n+2}-S_{n+1}=S_{n+1}-S_n+S_n-S_{n-1},$$
即
$$S_{n+2}=2S_{n+1}-S_{n-1}, \tag{8}$$
且
$$S_1=F_1=1,$$
$$S_2=F_1+F_2=2,$$
$$S_3=F_1+F_2+F_3=4,$$

(8)式的特征方程是
$$x^3-2x^2+1=0,$$
解之,得
$$x_1=1, x_2=\frac{1+\sqrt{5}}{2}, x_3=\frac{1-\sqrt{5}}{2}.$$

根据第三章第四节里所得出的结论,有
$$S_n=A\cdot 1^n+B\cdot\left(\frac{1+\sqrt{5}}{2}\right)^n+C\cdot\left(\frac{1-\sqrt{5}}{2}\right)^n.$$

令 $n=1,2,3$,得

$$\begin{cases} A+B\cdot\dfrac{1+\sqrt{5}}{2}+C\cdot\dfrac{1-\sqrt{5}}{2}=1, \\ A+B\cdot\left(\dfrac{1+\sqrt{5}}{2}\right)^2+C\cdot\left(\dfrac{1-\sqrt{5}}{2}\right)^2=2, \\ A+B\cdot\left(\dfrac{1+\sqrt{5}}{2}\right)^3+C\cdot\left(\dfrac{1-\sqrt{5}}{2}\right)^3=4, \end{cases}$$

解之,得

$$A=-1, B=\dfrac{5+3\sqrt{5}}{10}, C=\dfrac{5-3\sqrt{5}}{10}.$$

所以,

$$S_n=-1+\dfrac{5+3\sqrt{5}}{10}\cdot\left(\dfrac{1+\sqrt{5}}{2}\right)^n+\dfrac{5-3\sqrt{5}}{10}\cdot\left(\dfrac{1-\sqrt{5}}{2}\right)^n.$$

此结果与前面推出的结果

$$S_n=F_{n+2}-1$$

是一致的.

习 题

1. 设数列 $\{a_n\}$ 满足
$$a_1=1, a_{n+1}=3a_n,$$
求其前 n 项和 S_n.

2. 设数列 $\{a_n\}$ 满足
$$a_1=1, a_2=2, a_{n+1}-3a_n+2a_{n-1}=0(n\geqslant 2, n\in \mathbf{N}^*),$$
试求其前 n 项和 S_n.

3. 记 S_n 为数列 $\{a_n\}$ 的前 n 项和,已知 $4S_n=a_n^2+2a_n-3$,且 $a_n>0$,求数列 $\{a_n\}$ 的前 n 项和 S_n.

4. 设各项非零的数列 $\{a_n\}$ 的前 n 项和为 S_n,记 $T_n=S_1 \cdot S_2 \cdot S_3 \cdots \cdot S_n$,且满足 $2S_nT_n-S_n-2T_n=0$,求数列 $\left\{\dfrac{(-1)^n}{na_n}\right\}$ 的前 n 项和 K_n.

参考答案

1. $S_n=-\dfrac{1}{2}+\dfrac{3}{2}\cdot 3^{n-1}$ 2. $S_n=2^n-1$ 3. $S_n=n^2+2n$ 4. $K_n=\begin{cases}\dfrac{3n-7}{6}, & n\text{ 为奇数},\\[4pt] \dfrac{-3n-16}{6}, & n\text{ 为偶数}\end{cases}$

第五节 母函数法

除了上面各节所介绍的方法之外,利用母函数不仅可以求数列的通项公式,而且也可以求数列的前 n 项和.

如果数列 $\{a_n\}$ 的母函数为
$$f(x)=a_0+a_1x+a_2x^2+\cdots+a_nx^n+\cdots,$$
则由它的前 n 项和组成的数列 $\{S_n\}$ 的母函数为 $\dfrac{f(x)}{1-x}$.

事实上, $f(x)=a_0+a_1x+a_2x^2+\cdots+a_nx^n+\cdots,$
而
$$\frac{1}{1-x}=1+x+x^2+\cdots+x^n+\cdots,$$
所以,
$$\frac{f(x)}{1-x}=(a_0+a_1x+a_2x^2+\cdots+a_nx^n+\cdots)\cdot(1+x+x^2+\cdots+x^n+\cdots)$$
$$=a_0+(a_0+a_1)x+(a_0+a_1+a_2)x^2+\cdots+(a_0+a_1+\cdots+a_n)x^n+\cdots$$
$$=S_0+S_1x+S_2x^2+\cdots+S_nx^n+\cdots.$$

可见 $\dfrac{f(x)}{1-x}$ 是 $\{S_n\}$ 的母函数.

如果我们能够把 $\dfrac{f(x)}{1-x}$ 展开为形式幂级数,那么 S_n 的表达式就可以求得了.

例 1 设数列 $\{a_n\}$ 满足
$$\begin{cases} a_0=1, \\ a_1=-2, \\ a_{n+2}=5a_{n+1}-6a_n \ (n=1,2,3,\cdots). \end{cases}$$
求该数列的前 n 项和 S_n.

解 设所给数列的母函数为
$$f(x)=a_0+a_1x+a_2x^2+\cdots+a_nx^n+\cdots,$$
则
$$-5xf(x)=-5a_0x-5a_1x^2-\cdots-5a_{n-1}x^n-\cdots,$$
$$6x^2f(x)=6a_0x^2+\cdots+6a_{n-2}x^n+\cdots,$$
三式相加,得
$$(1-5x+6x^2)f(x)=a_0+(a_1-5a_0)x=1-7x,$$

故
$$f(x)=\frac{1-7x}{(1-2x)(1-3x)}.$$

所以,数列$\{S_n\}$的母函数为
$$\frac{f(x)}{1-x}=\frac{1-7x}{(1-2x)(1-3x)(1-x)}.$$

设上式可以表示成三个分式之和:
$$\frac{1-7x}{(1-2x)(1-3x)(1-x)}=\frac{A}{1-2x}+\frac{B}{1-3x}+\frac{C}{1-x}.$$

利用待定系数法,可以求得
$$A=10, B=-6, C=-3,$$

即
$$\begin{aligned}\frac{f(x)}{1-x}&=\frac{10}{1-2x}-\frac{6}{1-3x}-\frac{3}{1-x}\\&=10[1+2x+(2x)^2+\cdots+(2x)^n+\cdots]\\&\quad-6[1+3x+(3x)^2+\cdots+(3x)^n+\cdots]\\&\quad-3[1+x+x^2+\cdots+x^n+\cdots]\\&=1-x-17x^2+\cdots+(10\cdot 2^n-6\cdot 3^n-3)x^n+\cdots.\end{aligned}$$

由此可得
$$S_n=10\cdot 2^n-6\cdot 3^n-3.$$

例2 试求由
$$\begin{cases}a_0=1,\\ a_n=5a_{n-1}+2^n\quad (n=1,2,\cdots)\end{cases}$$
确定的数列的前 n 项和 S_n.

解 设所给数列的母函数为
$$f(x)=a_0+a_1x+a_2x^2+\cdots+a_nx^n+\cdots,$$
则
$$-5xf(x)=-5a_0x-5a_1x^2-\cdots-5a_{n-1}x^n-\cdots,$$
且有
$$-\frac{1}{1-2x}=-1-2x-4x^2-\cdots-2^nx^n-\cdots,$$

上述各式相加得
$$(1-5x)f(x)-\frac{1}{1-2x}=a_0-1=0,$$

故

$$f(x)=\frac{1}{(1-5x)(1-2x)}.$$

所以,数列$\{S_n\}$的母函数应是

$$\frac{f(x)}{1-x}=\frac{1}{(1-5x)(1-2x)(1-x)}.$$

设上式等于

$$\frac{A}{1-5x}+\frac{B}{1-2x}+\frac{C}{1-x},$$

可求得

$$A=\frac{25}{12},B=-\frac{4}{3},C=\frac{1}{4},$$

从而有

$$\begin{aligned}\frac{f(x)}{1-x}&=\frac{25}{12}\cdot\frac{1}{1-5x}-\frac{4}{3}\cdot\frac{1}{1-2x}+\frac{1}{4}\cdot\frac{1}{1-x}\\&=\frac{25}{12}[1+(5x)+(5x)^2+\cdots+(5x)^n+\cdots]\\&\quad-\frac{4}{3}[1+(2x)+(2x)^2+\cdots+(2x)^n+\cdots]\\&\quad+\frac{1}{4}[1+x+x^2+\cdots+x^n+\cdots]\\&=1+8x+47x^2+\cdots+\left(\frac{25}{12}\cdot5^n-\frac{4}{3}\cdot2^n+\frac{1}{4}\right)x^n\\&\quad+\cdots,\end{aligned}$$

于是,

$$S_n=\frac{25}{12}\cdot5^n-\frac{4}{3}\cdot2^n+\frac{1}{4}.$$

习 题

1. 求由
$$a_0=3, a_1=4, a_n=3a_{n-1}-2a_{n-2}$$
确定的数列的前 n 项和 S_n.

2. 求满足下列关系：
$$a_0=0, a_n=a_{n-1}+2^{n-1}$$
的数列的前 n 项和 S_n.

3. 已知数列 $\{a_n\}$ 的首项 $a_1=1$，且满足 $a_{n+1}+a_n=3\cdot 2^n$. 求数列 $\{a_n\}$ 的前 n 项和 S_n.

4. 已知数列 $\{a_n\}$ 的前 n 项和为 S_n，且 $a_1=2$，$S_{n+1}=4a_n+2$，求数列 $\{a_n\}$ 的前 n 项和 S_n.

参考答案

1. $S_n=2^{n+1}+2n+1$ **2.** $S_n=2^{n+1}-n-2$ **3.** $S_n=2^{n+1}+\dfrac{(-1)^n}{2}-\dfrac{5}{2}$ **4.** $S_n=(n-1)2^{n+1}+2$

第五章 从通项公式求递推关系

根据数列的递推关系求出其通项公式,这个问题我们已用了很大的篇幅进行了讨论. 在这一章中,我们要讨论与此相反的问题,即根据数列的通项公式求其递推关系的问题. 在大多数的情况下,我们利用直接法进行解题.

例1 已知数列 $\{a_n\}$ 的通项公式是 $a_n = n^2$,求它所满足的递推关系,并指出相应的初始条件.

解 因 $a_{n+1} - a_n = (n+1)^2 - n^2 = 2n+1$,
所以
$$a_{n+1} = a_n + 2n + 1. \tag{1}$$

这就是数列 $\{a_n\}$ 所满足的递推关系. 这是涉及两项的线性非齐次递推关系,其初始条件为
$$a_1 = 1.$$

如果想寻找线性齐次的递推关系,可如下进行:
由(1),有
$$a_{n+2} = a_{n+1} + 2n + 3, \tag{2}$$
(2)−(1),得
$$a_{n+2} - a_{n+1} = a_{n+1} - a_n + 2,$$
即
$$a_{n+2} = 2a_{n+1} - a_n + 2. \tag{3}$$
由(3),有
$$a_{n+3} = 2a_{n+2} - a_{n+1} + 2, \tag{4}$$
(4)−(3),得
$$a_{n+3} - a_{n+2} = 2a_{n+2} - 2a_{n+1} - a_{n+1} + a_n,$$
$$a_{n+3} = 3a_{n+2} - 3a_{n+1} + a_n.$$

这是一个线性齐次的递推关系,但涉及四项. 所以,与之相应的初始条

件为
$$a_1=1, a_2=4, a_3=9.$$

例 2 求数列
$$\frac{1}{1\cdot 2}, \frac{1}{2\cdot 3}, \frac{1}{3\cdot 4}, \cdots, \frac{1}{n(n+1)}, \cdots$$
所满足的递推关系及其相应的初始条件.

解 因
$$a_n=\frac{1}{n(n+1)},$$
故
$$\frac{1}{a_n}=n(n+1)=n^2+n,$$
从而
$$\frac{1}{a_{n+1}}=(n+1)^2+(n+1)=n^2+2n+1+n+1$$
$$=\frac{1}{a_n}+2n+2,$$
由此可得
$$a_n-a_{n+1}=2(n+1)a_n a_{n+1}.$$
因此，
$$a_{n+1}=\frac{a_n}{2(n+1)a_n+1}.$$
相应的初始条件为 $a_1=\frac{1}{2}$.

例 3 设数列 $\{a_n\}$ 的通项公式为
$$a_n=2^{2-\frac{1}{2^{n-2}}}.$$
求数列所满足的递推关系及相应的初始条件.

解 因
$$a_n=2^{2-\frac{1}{2^{n-2}}},$$
故
$$\log_2 a_n=2-\frac{1}{2^{n-2}},$$
$$\log_2 a_{n+1}=2-\frac{1}{2^{n-1}}=2-\frac{1}{2}\cdot\frac{1}{2^{n-2}}$$
$$=2-\frac{1}{2}(2-\log_2 a_n)=\frac{1}{2}\log_2 a_n+1,$$

因而得
$$\log_2 \frac{a_{n+1}}{\sqrt{a_n}} = 1,$$
即
$$a_{n+1} = 2\sqrt{a_n}.$$

相应的初始条件为 $a_1 = 1$.

在有些情况下,我们能够找出一些由通项公式求递推关系的规律. 在第三章里,我们介绍了用待定系数法来求线性齐次递推关系的通项公式. 在那里我们得出了如下结论:

如果一个 k 阶常系数线性齐次递推关系对应的特征方程有 m_1 重根 x_1, m_2 重根 x_2, $\cdots$, m_i 重根 x_i, 那么任何一个适合该递推关系的数列的通项公式必可表示为
$$a_n = P_1 x_1^n + P_2 x_2^n + \cdots + P_i x_i^n, \tag{5}$$
其中, $P_1, P_2, \cdots, P_i$ 是次数不大于 $m_1 - 1, m_2 - 1, \cdots, m_i - 1$ 次的 n 的多项式, 它们的系数可用待定系数法确定.

从这一结论可以知道, 如果一个数列的递推关系是常系数线性齐次的, 那么它的通项公式必定具有(5)式的形式; 反过来, 如果一个数列的通项公式具有(5)式的形式, 那么该数列必定满足一个常系数线性齐次递推关系, 并且它的特征方程也必具有 m_1 重根 x_1, m_2 重根 x_2, $\cdots$, m_i 重根 x_i, 即其特征方程是
$$(x - x_1)^{m_1} \cdot (x - x_2)^{m_2} \cdot \cdots \cdot (x - x_i)^{m_i} = 0.$$

这个结论我们不予证明.

有了这个结论, 我们可以方便地求出具有(5)式之形式的数列的通项公式所对应的常系数线性齐次递推关系.

例 4 若数列 $\{a_n\}$ 的第 n 项是
$$a_n = (n-1)^2 \cdot 2^{n-1} + 3^{n-1},$$
求它所满足的常系数线性齐次递推关系.

解 从通项的表达式可知, 递推关系的特征方程应有三重根 2 及单根 3, 所以特征方程为
$$(x-2)^3(x-3) = 0,$$
即
$$x^4 - 9x^3 + 30x^2 - 44x + 24 = 0.$$
所以其递推关系是
$$a_{n+4} = 9a_{n+3} - 30a_{n+2} + 44a_{n+1} - 24a_n.$$

习　题

1. 求通项表达式是 $x_n = \dfrac{n^n}{n!}$ 的数列 $\{x_n\}$ 所满足的递推关系.

2. 求通项表达式是 $x_n = \left(1+\dfrac{1}{2}\right)\left(1+\dfrac{1}{4}\right)\cdot\cdots\cdot\left(1+\dfrac{1}{2^n}\right)$ 的数列 $\{x_n\}$ 所满足的递推关系.

3. 试求数列

$$\sqrt{2},\ \sqrt{2+\sqrt{2}},\ \sqrt{2+\sqrt{2+\sqrt{2}}},\ \cdots,\ \sqrt{2+\sqrt{2+\cdots+\sqrt{2}}},\ \cdots$$

所满足的递推关系.

4. 设数列的通项公式是

$$x_n = \dfrac{10}{1}\cdot\dfrac{11}{3}\cdot\cdots\cdot\dfrac{n+9}{2n-1}.$$

问：该数列满足怎样的递推关系？

5. 设数列 $\{a_n\}$ 的通项公式是 $a_n = n\cdot 2^{n-1}$. 问：该数列满足怎样的常系数线性齐次递推关系？它的前 n 项和数列 $\{S_n\}$ 又应满足怎样的常系数线性齐次递推关系？

6. 设数列 $\{a_n\}$ 的通项公式是

$$a_n = \dfrac{4}{7} - \dfrac{4}{7}\left(-\dfrac{3}{4}\right)^{n-1},$$

那么该数列满足怎样的常系数线性齐次递推关系？

7. 设数列 $\{a_n\}$ 的首项 $a_1 = 1$，并满足 $S_n = n^2 a_n$.

　（1）试求 a_n 与 a_{n-1} 的关系；

　（2）求 a_n 的表达式.

······　参考答案

1. $x_{n+1} = \left(1+\dfrac{1}{n}\right)^n x_n$　　**2.** $x_{n+1} = \left(1+\dfrac{1}{2^{n+1}}\right)x_n$　　**3.** $a_{n+1} = \sqrt{2+a_n}$　　**4.** $x_{n+1} = \dfrac{n+10}{2n+1}\cdot x_n$　　**5.** $a_{n+2} = 4a_{n+1} - 4a_n$；$S_{n+3} = 5S_{n+2} - 8S_{n+1} + 4S_n$　　**6.** $4a_{n+2} - a_{n+1} - 3a_n = 0$　　**7.**（1）$a_n = \dfrac{n-1}{n+1}\cdot a_{n-1}$　　（2）$a_n = \dfrac{2}{n(n+1)}$

第六章 单调性和有界性问题

单调性和有界性是数列的两种性态. 在研究一些数列的极限及其他问题时,往往首先要研究其单调性和有界性.

在这一章里,我们针对用归纳方式定义的数列来讨论其单调性和有界性.

第一节 单 调 性

数列单调性的证明,主要是利用差值法和比值法,在特殊的场合可以利用数学归纳法.

例 1 试证数列$\{a_n\}$：
$$\begin{cases} a_1=1, \\ a_{n+1}=2a_n+1 \end{cases}$$
是递增的.

证法一 显然数列各项皆正. 因为
$$a_{n+1}=2a_n+1,$$
故有
$$\frac{a_{n+1}}{a_n}=\frac{2a_n+1}{a_n}=2+\frac{1}{a_n}>1,$$
因此,
$$a_{n+1}>a_n,$$
即数列$\{a_n\}$是递增的.

证法二 将递推关系式变形成为
$$a_{n+1}-a_n=a_n+1.$$
显然数列各项为正,所以上式大于 0. 于是数列递增.

证法三 因
$$a_{n+1}=2a_n+1,$$
$$a_n=2a_{n-1}+1,$$
两式相减,有
$$(a_{n+1}-a_n)=2(a_n-a_{n-1}).$$
又因为
$$a_1=1, a_2=2a_1+1=3, a_2-a_1=2>0.$$
根据数学归纳法,可证 a_n-a_{n-1} 只可能为正,即数列 $\{a_n\}$ 是递增的.

例 2 试证:由
$$\begin{cases} x_0=1, \\ x_{n+1}=1+\dfrac{x_n}{1+x_n} \end{cases} (n=0,1,2,\cdots)$$
所确定的数列 $\{x_n\}$ 是递增的.

证法一 因为
$$x_{n+1}=1+\frac{x_n}{1+x_n},$$
$$x_{n+2}=1+\frac{x_{n+1}}{1+x_{n+1}},$$
两式相减,得
$$x_{n+2}-x_{n+1}=\left(1+\frac{x_{n+1}}{1+x_{n+1}}\right)-\left(1+\frac{x_n}{1+x_n}\right)$$
$$=\frac{x_{n+1}-x_n}{(1+x_{n+1})(1+x_n)}.$$
因为
$$1+x_{n+1}>0, 1+x_n>0,$$
所以,$(x_{n+2}-x_{n+1})$ 和 $(x_{n+1}-x_n)$ 同号或同为 0,又因
$$x_1-x_0=\frac{1}{2}>0,$$
所以,$x_{n+1}-x_n$ 只能为正.于是证得 $\{x_n\}$ 是递增的.

证法二(数学归纳法) 显然有
$$x_1>x_0.$$
假设 $x_{k+1}>x_k$,则
$$x_{k+2}-x_{k+1}=\left(1+\frac{x_{k+1}}{1+x_{k+1}}\right)-\left(1+\frac{x_k}{1+x_k}\right)$$
$$=\frac{x_{k+1}-x_k}{(1+x_{k+1})(1+x_k)}>0,$$

即
$$x_{k+2} > x_{k+1}.$$
综上所述，数列 $\{x_n\}$ 是递增的.

例 3 试证数列
$$\sqrt{2}, \sqrt{2+\sqrt{2}}, \sqrt{2+\sqrt{2+\sqrt{2}}}, \cdots,$$
$$\underbrace{\sqrt{2+\sqrt{2+\cdots+\sqrt{2}}}}_{n \text{重根号}}, \cdots$$

是递增的.

证 将该数列用归纳方式给出：
$$\begin{cases} y_1 = \sqrt{2}, \\ y_{n+1} = \sqrt{2+y_n} \end{cases} (n=1,2,3,\cdots),$$

然后用数学归纳法来证明它的递增性.

显然有
$$y_2 = \sqrt{2+y_1} = \sqrt{2+\sqrt{2}} > \sqrt{2} = y_1.$$

假设 $y_k > y_{k-1}$，那么
$$y_{k+1} = \sqrt{2+y_k} > \sqrt{2+y_{k-1}} = y_k.$$

所以，对一切 n，都有
$$y_{n+1} > y_n,$$

即数列是递增的.

例 4 已知数列 $\{a_n\}$ 满足：
$$\begin{cases} a_1 = 2t-2, \\ a_{n+1} = \dfrac{2(t^{n+1}-1)a_n}{a_n + 2t^n - 2}, \end{cases} (t \in \mathbf{R} \text{ 且 } t \neq \pm 1, n \in \mathbf{N}^*)$$

(1) 求数列 $\{a_n\}$ 的通项公式；

(2) 若 $t > 0$，试比较 a_{n+1} 与 a_n 的大小.

解 (1) 依题意，$\dfrac{a_{n+1}}{t^{n+1}-1} = \dfrac{\dfrac{2a_n}{t^n-1}}{\dfrac{a_n}{t^n-1}+2}$.

设 $b_n = \dfrac{a_n}{t^n-1}$，则

$$b_{n+1} = \dfrac{2b_n}{b_n+2} \Rightarrow \dfrac{1}{b_{n+1}} = \dfrac{1}{b_n} + \dfrac{1}{2}.$$

且 $b_1=\dfrac{a_1}{t-1}=2$,于是数列 $\left\{\dfrac{1}{b_n}\right\}$ 是以 $\dfrac{1}{2}$ 为首项,$\dfrac{1}{2}$ 为公差的等差数列.

所以 $\dfrac{1}{b_n}=\dfrac{n}{2}\Rightarrow b_n=\dfrac{a_n}{t^n-1}=\dfrac{2}{n}\Rightarrow a_n=\dfrac{2(t^n-1)}{n}$ $(n\in \mathbf{N}^*)$.

(2) 由于 $a_{n+1}-a_n=\dfrac{2(t^{n+1}-1)}{n+1}-\dfrac{2(t^n-1)}{n}$

$=2(t-1)\left[\dfrac{1}{n+1}(t^n+t^{n-1}+\cdots+t+1)-\dfrac{1}{n}(t^{n-1}+t^{n-2}+\cdots+t+1)\right]$

$=\dfrac{2(t-1)}{n(n+1)}[n(t^n+t^{n-1}+\cdots+t+1)-(n+1)(t^{n-1}+t^{n-2}+\cdots+t+1)]$

$=\dfrac{2(t-1)}{n(n+1)}[nt^n-(t^{n-1}+t^{n-2}+\cdots+t+1)]$

$=\dfrac{2(t-1)}{n(n+1)}[(t^n-t^{n-1})+(t^n-t^{n-2})+\cdots+(t^n-t)+(t^n-1)]$

$=\dfrac{2(t-1)^2}{n(n+1)}[t^{n-1}+t^{n-2}(t+1)+\cdots+t(t^{n-2}+t^{n-3}+\cdots+t+1)$

$\qquad+(t^{n-1}+t^{n-2}+\cdots+t+1)]$,

所以当 $t>0$,且 $t\neq \pm 1$ 时,$a_{n+1}-a_n>0\Rightarrow a_{n+1}>a_n$.

习 题

1. 试研究下列数列的单调性：
   (1) $x_1=1, x_{n+1}=3x_n-1$；
   (2) $x_1=0, x_{n+1}=3x_n-1$；
   (3) $x_0=3, x_{n+1}=1+\dfrac{x_n}{1+x_n}$；
   (4) $a_1=2, a_{n+1}=\sqrt{a_n+1}$；
   (5) $a_1=0, a_{n+1}=\sqrt{a_n+1}$.

2. 已知正项数列 $\{a_n\}$ 满足 $a_n^n+a_n-1=0$ $(n\in \mathbf{N}^*)$，下面给出 5 个判断：
   ① $0<a_n\leqslant \dfrac{n}{n+1}$；　　　　② $\dfrac{n}{n+1}\leqslant a_n<1$；
   ③ $\{a_n\}$ 为递增数列；　　　　④ $\{a_n\}$ 为递减数列；
   ⑤ $\{a_n\}$ 不是单调数列.
   其中，正确的判断是（　　）.
   (A) ①③　　(B) ①④　　(C) ②③　　(D) ②⑤

3. 设 $\triangle A_n B_n C_n$ 的三边长分别为 a_n、b_n、c_n，$\triangle A_n B_n C_n$ 的面积为 S_n，$n=1,2,3,\cdots$. 若 $b_1>c_1, b_1+c_1=2a_1, a_{n+1}=a_n, b_{n+1}=\dfrac{c_n+a_n}{2}, c_{n+1}=\dfrac{b_n+a_n}{2}$，则（　　）.
   (A) $\{S_n\}$ 为递减数列
   (B) $\{S_n\}$ 为递增数列
   (C) $\{S_{2n-1}\}$ 为递增数列，$\{S_{2n}\}$ 为递减数列
   (D) $\{S_{2n-1}\}$ 为递减数列，$\{S_{2n}\}$ 为递增数列

4. 试证数列
$$\left(1-\frac{1}{2}\right), \left(1-\frac{1}{2}\right)\left(1-\frac{1}{4}\right),$$
$$\left(1-\frac{1}{2}\right)\left(1-\frac{1}{4}\right)\left(1-\frac{1}{8}\right), \cdots,$$
$$\left[\left(1-\frac{1}{2}\right)\left(1-\frac{1}{4}\right)\left(1-\frac{1}{8}\right)\cdot \cdots \cdot \left(1-\frac{1}{2^n}\right)\right], \cdots$$
是单调递减的.（提示：先找递推关系.）

参考答案

1. (1) 递增 (2) 递减 (3) 递减 (4) 递减 (5) 递增

2. A 【提示】显然 $0<a_n<1$,当 $n>1$ 时,$\dfrac{\overbrace{1+1+\cdots+1}^{n-1\text{个}}+a_n^n}{n}>$
$a_n \Rightarrow a_n^n>na_n-(n-1) \Rightarrow a_n^n+a_n-1>(n+1)a_n-n$,故 $0<a_n<$
$\dfrac{n}{n+1}$. 又 $a_1=\dfrac{1}{2}$,所以 $0<a_n\leqslant\dfrac{n}{n+1}$ $(n\in \mathbf{N}^*)$.若对某个正整数
n,有 $a_n\geqslant a_{n+1}$,则 $a_{n+1}^{n+1}=a_{n+1}^n a_{n+1}<a_{n+1}^n\leqslant a_n^n$,故 $a_{n+1}^{n+1}+a_{n+1}<$
$a_n^n+a_{n+1}\leqslant a_n^n+a_n$,但 $a_{n+1}^{n+1}+a_{n+1}=1=a_n^n+a_n$,矛盾. 因此,对
任意的 n,都有 $a_n<a_{n+1}$.   **3.** B 【提示】因为 $a_{n+1}=a_n$,b_{n+1}
$=\dfrac{c_n+a_n}{2}$,$c_{n+1}=\dfrac{b_n+a_n}{2}$,所以 $a_n=a_1$,$b_{n+1}+c_{n+1}=\dfrac{c_n+a_n}{2}+$
$\dfrac{b_n+a_n}{2}=\dfrac{1}{2}(b_n+c_n)+a_n=\dfrac{1}{2}(b_n+c_n)+a_1$,$b_{n+1}+c_{n+1}-2a_1=$
$\dfrac{1}{2}(b_n+c_n-2a_1)$,注意到 $b_1+c_1=2a_1$,所以 $b_n+c_n=2a_1$. 于是
$\triangle A_n B_n C_n$ 中,边长 $B_n C_n=a_1$ 为定值,另两边的长度之和为 b_n
$+c_n=2a_1$ 为定值. 因为 $b_{n+1}-c_{n+1}=\dfrac{c_n+a_n}{2}-\dfrac{b_n+a_n}{2}=-\dfrac{1}{2}(b_n$
$-c_n)$,所以 $b_n-c_n=\left(-\dfrac{1}{2}\right)^{n-1}(b_1-c_1)$,当 $n\to+\infty$ 时,有 b_n-
$c_n\to 0$,即 $b_n\to c_n$,于是 $\triangle A_n B_n C_n$ 的边 $B_n C_n$ 的高 h_n 随 n 增大而
增大,于是其面积 $S_n=\dfrac{1}{2}|B_n C_n|h_n=\dfrac{1}{2}a_1 h_n$ 为递增数列

4. 略

第二节 有 界 性

在证明数列的有界性时,往往可以从通项出发,利用放大(缩小)法进行证明. 对于用归纳方式给出的数列,有时也可从递推式出发,利用放大(缩小)法证明,或者利用数学归纳法进行证明.

例 1 试证由下式

$$\begin{cases} x_0 = 1, \\ x_{n+1} = 1 + \dfrac{x_n}{1+x_n} \ (n=0,1,2,\cdots) \end{cases}$$

给出的数列有上界.

证 显然有 x_n 恒正. 所以,

$$x_{n+1} = 1 + \frac{x_n}{1+x_n} < 1 + \frac{x_n}{x_n} = 2.$$

即数列 $\{x_n\}$ 有上界 2.

例 2 数列 $\{a_n\}$ 由下式确定:

$$\begin{cases} a_1 = \dfrac{1}{2}, \\ a_{n+1} = \dfrac{2a_n+3}{5} \ (n=1,2,3,\cdots). \end{cases}$$

试证 $\{a_n\}$ 有上界.

分析 先列出若干项,可观察出该数列有上界.

证(数学归纳法) 显然 a_1 不大于 1.

假设 $a_k \leqslant 1$. 那么,

$$a_{k+1} = \frac{1}{5}(2a_k + 3)$$

$$\leqslant \frac{1}{5}(2 \times 1 + 3) = 1.$$

这说明,对一切 n,有

$$a_n \leqslant 1,$$

即数列 $\{a_n\}$ 有上界 1.

例 3 若数列满足:

$$\begin{cases} x_1 = x_2 = \dfrac{3}{2}, \\ x_n = \dfrac{x_{n-1}x_{n-2}+1}{x_{n-1}+x_{n-2}} \ (n=3,4,5,\cdots), \end{cases}$$

则数列$\{x_n\}$介于 1 与 2 之间.

证（数学归纳法） 显然，x_1、x_2 都大于 1.

假设
$$x_{k-1}>1, x_{k-2}>1 (k=3,4,5,\cdots).$$

那么，
$$x_k-1=\frac{x_{k-1}x_{k-2}+1}{x_{k-1}+x_{k-2}}-1$$
$$=\frac{(x_{k-1}-1)(x_{k-2}-1)}{x_{k-1}+x_{k-2}}>0. \tag{1}$$

所以，对一切 n，都有
$$x_n>1.$$

另一方面，显然 x_1、x_2 都小于 2.

假设
$$x_{k-1}<2, x_{k-2}<2 (k=3,4,5,\cdots).$$

那么，利用(1)式及已证的 $x_n>1$，有
$$x_k-1=\frac{(x_{k-1}-1)(x_{k-2}-1)}{x_{k-1}+x_{k-2}}$$
$$<\frac{(2-1)(2-1)}{1+1}=\frac{1}{2}.$$

即有
$$x_k<\frac{3}{2}<2.$$

所以，对一切 n 有
$$x_n<2.$$

综合以上两方面，有
$$1<x_n<2.$$

例 4 数列 $\{a_n\}$ 满足 $a_1=\frac{1}{3}, a_{n+1}=\frac{a_n^2}{a_n^2-a_n+1}$ $(n=1,2,\cdots)$.

求证：$\frac{1}{2}-\frac{1}{3^{2^{n-1}}}<a_1+a_2+\cdots+a_n<\frac{1}{2}-\frac{1}{3^{2^n}}$.

证

$$a_{n+1}=\frac{a_n^2}{a_n^2-a_n+1} \Rightarrow \frac{1}{a_{n+1}}=\frac{1}{a_n^2}-\frac{1}{a_n}+1 \Rightarrow \frac{1}{a_{n+1}}-1=\frac{1}{a_n}\left(\frac{1}{a_n}-1\right)$$
$$\Rightarrow \frac{1}{\frac{1}{a_{n+1}}-1}=\frac{1}{\frac{1}{a_n}\left(\frac{1}{a_n}-1\right)}=\frac{1}{\frac{1}{a_n}-1}-a_n \Rightarrow a_n=\frac{1}{\frac{1}{a_n}-1}-\frac{1}{\frac{1}{a_{n+1}}-1},$$

于是 $a_1+a_2+\cdots+a_n = \sum_{k=1}^{n}\left[\dfrac{1}{\dfrac{1}{a_k}-1}-\dfrac{1}{\dfrac{1}{a_{k+1}}-1}\right]$

$=\dfrac{1}{\dfrac{1}{a_1}-1}-\dfrac{1}{\dfrac{1}{a_2}-1}+\dfrac{1}{\dfrac{1}{a_2}-1}-\dfrac{1}{\dfrac{1}{a_3}-1}+\cdots+\dfrac{1}{\dfrac{1}{a_n}-1}-\dfrac{1}{\dfrac{1}{a_{n+1}}-1}$

$=\dfrac{1}{\dfrac{1}{a_1}-1}-\dfrac{1}{\dfrac{1}{a_{n+1}}-1}=\dfrac{1}{2}-\dfrac{1}{\dfrac{1}{a_{n+1}}-1}.$

由 $\dfrac{1}{a_{n+1}}-1=\dfrac{1}{a_n}\left(\dfrac{1}{a_n}-1\right)$ 和 $\dfrac{1}{a_1}=3$ 得 $\dfrac{1}{a_2}-1=3\times 2=6,\dfrac{1}{a_2}=7.$

且对任意正整数 $n,\dfrac{1}{a_{n+1}}\in \mathbf{N}^*.$

$\dfrac{1}{2}-\dfrac{1}{3^{2^{n-1}}}<a_1+a_2+\cdots+a_n<\dfrac{1}{2}-\dfrac{1}{3^{2^n}} \Leftrightarrow \dfrac{1}{2}-\dfrac{1}{3^{2^{n-1}}}<\dfrac{1}{2}-\dfrac{1}{\dfrac{1}{a_{n+1}}-1}<\dfrac{1}{2}-\dfrac{1}{3^{2^n}} \Leftrightarrow 3^{2^{n-1}}<\dfrac{1}{a_{n+1}}-1<3^{2^n}.$

下面用数学归纳法证明.

当 $n=1$ 时,$3=3^{2^0}<\dfrac{1}{a_2}-1=6<3^{2^1}=9$,结论成立;

假设 $n=k(k\in \mathbf{N}^*)$ 时结论成立,即 $3^{2^{k-1}}<\dfrac{1}{a_{k+1}}-1<3^{2^k}.$

当 $n=k+1$ 时,$\dfrac{1}{a_{k+2}}-1=\dfrac{1}{a_{k+1}}\left(\dfrac{1}{a_{k+1}}-1\right)>\left(\dfrac{1}{a_{k+1}}-1\right)^2=3^{2\cdot 2^{k-1}}=3^{2^k}$;

而由 $\dfrac{1}{a_{n+1}}\in \mathbf{N}^*$ 得 $\dfrac{1}{a_{k+1}}-1<3^{2^k}\Rightarrow \dfrac{1}{a_{k+1}}-1\leqslant 3^{2^k}-1\Rightarrow \dfrac{1}{a_{k+1}}\leqslant 3^{2^k},$

于是 $\dfrac{1}{a_{k+2}}-1=\dfrac{1}{a_{k+1}}\left(\dfrac{1}{a_{k+1}}-1\right)<3^{2^k}\cdot 3^{2^k}=3^{2^{k+1}}.$

即 $n=k+1$ 时,$3^{2^k}<\dfrac{1}{a_{k+2}}-1<3^{2^{k+1}}$ 也成立.

所以不等式 $3^{2^{n-1}}<\dfrac{1}{a_{n+1}}-1<3^{2^n}$ 对一切正整数 n 都成立.

综上,不等式 $\dfrac{1}{2}-\dfrac{1}{3^{2^{n-1}}}<a_1+a_2+\cdots+a_n<\dfrac{1}{2}-\dfrac{1}{3^{2^n}}$ 成立.

习　　题

1. 已知数列 $\{a_n\}$ 满足 $a_1>0, a_{n+1}a_n-a_n^2=1 (n\in \mathbf{N}, n\geqslant 1)$，如果 $\dfrac{1}{a_1}+\dfrac{1}{a_2}+\cdots +\dfrac{1}{a_{2022}}=2022$，那么（　　）.

   (A) $2022<a_{2023}<2022\dfrac{1}{2}$　　　　(B) $2022\dfrac{1}{2}<a_{2023}<2023$

   (C) $2023<a_{2023}<2023\dfrac{1}{2}$　　　　(D) $2023\dfrac{1}{2}<a_{2023}<2024$

2. 已知数列 $\{a_n\}$ 满足 $a_1=1, a_{n+1}=a_n-\dfrac{1}{3}a_n^2 (n\in \mathbf{N}^*)$，则（　　）.

   (A) $2<100a_{100}<\dfrac{5}{2}$　　　　(B) $\dfrac{5}{2}<100a_{100}<3$

   (C) $3<100a_{100}<\dfrac{7}{2}$　　　　(D) $\dfrac{7}{2}<100a_{100}<4$

3. 求证：由
$$a_1=\dfrac{3}{2}, a_{n+1}=\dfrac{3a_n-2}{a_n}$$
确定的数列有上界.

4. 求证数列 $\{a_n\}$:
$$a_1=2, a_{n+1}=\dfrac{2a_n+3}{5}$$
有下界.

5. 已知数列 $\{a_n\}$ 的前 n 项和为 $S_n, a_1=\dfrac{1}{5}, a_{n+1}=\dfrac{a_n}{2+3^n a_n}$.

   (1) 证明：数列 $\left\{\dfrac{1}{a_n}-3^n\right\}$ 为等比数列；

   (2) 证明：$S_n<\dfrac{1}{2(\sqrt{6}-1)}$.

6. 已知首项为 x_1 的数列 $\{x_n\}$ 满足 $x_{n+1}=\dfrac{ax_n}{x_n+1}$（$a$ 为常数）.

   (1) 若对于任意的 $x_1\neq -1$，有 $x_{n+2}=x_n$ 对于任意的 $n\in \mathbf{N}^*$ 都成立，求 a 的值；

   (2) 当 $a=1$ 时，若 $x_1>0$，数列 $\{x_n\}$ 是递增数列还是递减数列？请说明理由；

   (3) 当 a 确定后，数列 $\{x_n\}$ 由其首项 x_1 确定，当 $a=2$ 时，通过对数列

$\{x_n\}$ 的探究,写出"$\{x_n\}$ 是有穷数列"的一个真命题(不必证明).

参考答案

1. A 【提示】由 $a_{n+1}a_n - a_n^2 = 1(n \in \mathbf{N}, n \geqslant 1)$ 可得 $a_{2023} = a_1 + 2022$,再由题意结合基本不等式与数列的单调性求出 a_1 的范围,即可求解. 具体解法如下:因为 $a_{n+1}a_n - a_n^2 = 1(n \in \mathbf{N}, n \geqslant 1)$,所以 $a_{n+1} - a_n = \dfrac{1}{a_n}(n \in \mathbf{N}, n \geqslant 1) \Rightarrow \dfrac{1}{a_1} + \dfrac{1}{a_2} + \cdots + \dfrac{1}{a_{2022}} = (a_2 - a_1) + (a_3 - a_2) + \cdots + (a_{2023} - a_{2022}) = a_{2023} - a_1 = 2022 \Rightarrow a_{2023} = a_1 + 2022$. 又 $a_1 > 0$,由 $a_{n+1} - a_n = \dfrac{1}{a_n}(n \in \mathbf{N}, n \geqslant 1)$ 可归纳得 $a_n > 0 \Rightarrow a_{n+1} - a_n > 0$ 且 $a_{n+1} = a_n + \dfrac{1}{a_n} \geqslant 2$,得 $2 \leqslant a_2 < a_3 < a_4 < \cdots \Rightarrow \dfrac{1}{2} \geqslant \dfrac{1}{a_2} > \dfrac{1}{a_3} > \dfrac{1}{a_4} > \cdots > 0 \Rightarrow \dfrac{1}{a_1} = 2022 - \left(\dfrac{1}{a_2} + \cdots + \dfrac{1}{a_{2022}}\right) > 2022 - 2021 \times \dfrac{1}{2} = \dfrac{2023}{2} \Rightarrow 0 < a_1 < \dfrac{2}{2023}$,所以 $2022 < a_{2023} = a_1 + 2022 < \dfrac{2}{2023} + 2022 < 2022\dfrac{1}{2}$,故选 A.

2. B 【提示】先通过递推关系确定 $\{a_n\}$ 除去 a_1,其他项都在 $(0,1)$ 范围内,再利用递推公式变形得到 $\dfrac{1}{a_{n+1}} - \dfrac{1}{a_n} = \dfrac{1}{3-a_n} > \dfrac{1}{3}$,累加可求出 $\dfrac{1}{a_n} > \dfrac{1}{3}(n+2)$,得出 $100a_{100} < 3$,再利用 $\dfrac{1}{a_{n+1}} - \dfrac{1}{a_n} = \dfrac{1}{3-a_n} < \dfrac{1}{3 - \dfrac{3}{n+2}} = \dfrac{1}{3}\left(1 + \dfrac{1}{n+1}\right)$,累加可求出 $\dfrac{1}{a_n} - 1 < \dfrac{1}{3}(n-1) + \dfrac{1}{3}\left(\dfrac{1}{2} + \dfrac{1}{3} + \cdots + \dfrac{1}{n}\right)$,再次放缩可得出 $100a_{100} > \dfrac{5}{2}$. 具体解法如下:因 $a_1 = 1$,易得 $a_2 = \dfrac{2}{3} \in (0,1)$,依次类推可得 $a_n \in (0,1)$. 由题意,$a_{n+1} = a_n\left(1 - \dfrac{1}{3}a_n\right)$,即 $\dfrac{1}{a_{n+1}} = \dfrac{3}{a_n(3-a_n)} = \dfrac{1}{a_n} + \dfrac{1}{3-a_n}$,所以 $\dfrac{1}{a_{n+1}} - \dfrac{1}{a_n} = \dfrac{1}{3-a_n} > \dfrac{1}{3}$,即 $\dfrac{1}{a_2} - \dfrac{1}{a_1} > \dfrac{1}{3}$,$\dfrac{1}{a_3} - \dfrac{1}{a_2} >$

$\frac{1}{3}$, $\frac{1}{a_4} - \frac{1}{a_3} > \frac{1}{3}$, ..., $\frac{1}{a_n} - \frac{1}{a_{n-1}} > \frac{1}{3}$, $(n \geq 2)$, 累加可得 $\frac{1}{a_n} - 1 > \frac{1}{3} \cdot (n-1)$, 即 $\frac{1}{a_n} > \frac{1}{3}(n+2)$, $(n \geq 2)$, 所以 $a_n < \frac{3}{n+2}$, $(n \geq 2)$, 即 $a_{100} < \frac{1}{34}$, $100a_{100} < \frac{100}{34} < 3$, 又 $\frac{1}{a_{n+1}} - \frac{1}{a_n} = \frac{1}{3-a_n} < \frac{1}{3 - \frac{3}{n+2}} = \frac{1}{3}\left(1 + \frac{1}{n+1}\right)$, $(n \geq 2)$, 于是 $\frac{1}{a_2} - \frac{1}{a_1} = \frac{1}{3}\left(1 + \frac{1}{2}\right)$, $\frac{1}{a_3} - \frac{1}{a_2} < \frac{1}{3}\left(1 + \frac{1}{3}\right)$, $\frac{1}{a_4} - \frac{1}{a_3} < \frac{1}{3}\left(1 + \frac{1}{4}\right)$, ..., $\frac{1}{a_n} - \frac{1}{a_{n-1}} < \frac{1}{3}\left(1 + \frac{1}{n}\right)$, $(n \geq 3)$, 累加可得 $\frac{1}{a_n} - 1 < \frac{1}{3}(n-1) + \frac{1}{3}\left(\frac{1}{2} + \frac{1}{3} + \cdots + \frac{1}{n}\right)$, $(n \geq 3)$, 则 $\frac{1}{a_{100}} - 1 < 33 + \frac{1}{3}\left(\frac{1}{2} + \frac{1}{3} + \cdots + \frac{1}{99}\right) < 33 + \frac{1}{3}\left(\frac{1}{2} \times 4 + \frac{1}{6} \times 94\right) < 39$, 即 $\frac{1}{a_{100}} < 40$, 故 $a_{100} > \frac{1}{40}$, 即 $100a_{100} > \frac{5}{2}$; 综上, $\frac{5}{2} < 100a_{100} < 3$. 故选 B **3.** 略 **4.** 略 **5.** 【提示】(1) 由 $a_1 = \frac{1}{5}$, $a_{n+1} = \frac{a_n}{2 + 3^n a_n}$, 可得 $\frac{1}{a_{n+1}} = \frac{2}{a_n} + 3^n$, 即有 $\frac{1}{a_{n+1}} - 3^{n+1} = 2\left(\frac{1}{a_n} - 3^n\right)$, 可得数列 $\left\{\frac{1}{a_n} - 3^n\right\}$ 为首项为 2, 公比为 2 的等比数列; (2) 由(1)可得 $\frac{1}{a_n} - 3^n = 2^n$, 即 $a_n = \frac{1}{3^n + 2^n}$, 由基本不等式可得 $3^n + 2^n > 2(\sqrt{6})^n$, $a_n < \frac{1}{2(\sqrt{6})^n}$, 即有 $S_n = a_1 + a_2 + \cdots + a_n < \frac{1}{2} \cdot \frac{\frac{1}{\sqrt{6}}\left[1 - \frac{1}{(\sqrt{6})^n}\right]}{1 - \frac{1}{\sqrt{6}}} < \frac{1}{2} \cdot \frac{\frac{1}{\sqrt{6}}}{1 - \frac{1}{\sqrt{6}}} = \frac{1}{2(\sqrt{6}-1)}$

6. (1) $a = -1$ (2) 数列 $\{x_n\}$ 是递减数列 (3) ① 数列 $\{x_n\}$ 满足 $x_{n+1} = \frac{2x_n}{x_n + 1}$, 若 $x_1 = -\frac{1}{7}$, 则数列 $\{x_n\}$ 是有穷数列; ② 数列 $\{x_n\}$ 满足 $x_{n+1} = \frac{2x_n}{x_n + 1}$, 则数列 $\{x_n\}$ 是有穷数列且项数为 m 的充要条件是 $x_1 = \frac{1}{1 - 2^m}$, $m \in \mathbf{N}^*$

第七章 极限问题

在这一章中,我们来研究求由归纳方式给出的数列的极限的问题.

第一节 利用通项公式求极限

对于求由归纳方式定义的数列之极限的问题,有时可先求出其通项公式,然后再求其极限.

例 1 设数列 $\{a_n\}$ 满足
$$a_n = 4 + \frac{1}{3}a_{n-1} \ (n=2,3,\cdots).$$
试求 $\lim\limits_{n\to\infty} a_n$.

解 由题设递推式可得
$$a_{n-1} = 4 + \frac{1}{3}a_{n-2},$$
故
$$a_n - a_{n-1} = \frac{1}{3}(a_{n-1} - a_{n-2}).$$

所以数列 $\{a_n - a_{n-1}\}$ 是等比数列,其公比为 $\frac{1}{3}$,首项为
$$a_2 - a_1 = \left(4 + \frac{1}{3}a_1\right) - a_1$$
$$= 4 - \frac{2}{3}a_1.$$

于是可算出
$$a_n = a_1 + \left(4 - \frac{2}{3}a_1\right) \cdot \frac{3}{2}\left[1 - \left(\frac{1}{3}\right)^{n-1}\right].$$

因此,

$$\lim_{n\to\infty} a_n = a_1 + \left(4 - \frac{2}{3}a_1\right) \cdot \frac{3}{2} = 6.$$

例2 设有数列 $\{a_n\}$，其各项满足

$$a_n\sin\theta + a_{n+1}\cos\theta = 1 \quad (n=1,2,\cdots).$$

问：θ 为何值时，$\lim\limits_{n\to\infty} a_n$ 存在，并证明此极限与 a_1 无关（其中 $a_1 \neq a_2$）。

解 因

$$a_n\sin\theta + a_{n+1}\cos\theta = 1,$$

则

$$a_{n-1}\sin\theta + a_n\cos\theta = 1,$$

因而有

$$(a_n - a_{n-1})\sin\theta + (a_{n+1} - a_n)\cos\theta = 0.$$

因为 $\cos\theta \neq 0$（若 $\cos\theta = 0$，则 $\sin\theta = \pm 1$，上式中

$$a_n - a_{n-1} = 0,$$

当 $n=2$ 时，就有 $a_1 = a_2$，此与题设矛盾），所以

$$a_{n+1} - a_n = -\tan\theta \cdot (a_n - a_{n-1}).$$

当 $\tan\theta = -1$ 时，$\{a_n\}$ 是公差不为 0 的等差数列，显然不存在极限。在 $\tan\theta \neq -1$ 时，有

$$a_n = a_1 + (a_2 - a_1) \cdot \frac{1 - (-\tan\theta)^{n-1}}{1 + \tan\theta}.$$

易知，当 $|-\tan\theta| < 1$，即

$$n\pi - \frac{\pi}{4} < \theta < n\pi + \frac{\pi}{4}$$

时，$\lim\limits_{n\to\infty} a_n$ 存在。此时，有

$$\lim_{n\to\infty} a_n = a_1 + \frac{a_2 - a_1}{1 + \tan\theta} = \frac{a_1\sin\theta + a_2\cos\theta}{\sin\theta + \cos\theta}$$

$$= \frac{1}{\sin\theta + \cos\theta}.$$

由此可知，$\lim\limits_{n\to\infty} a_n$ 与 a_1 无关。

例3 设点列 $P_1(x_1, y_1), P_2(x_2, y_2), P_3(x_3, y_3), \cdots, P_n(x_n, y_n), \cdots$ 满足

$$\begin{cases} x_1 = 1, y_1 = -2, \\ x_{n+1} = 2x_n - \dfrac{1}{2}y_n, \quad (n=1,2,3,\cdots). \\ y_{n+1} = 3x_n - \dfrac{1}{2}y_n \end{cases}$$

问：$P_1, P_2, P_3, \cdots, P_n, \cdots$ 向哪一点无限接近？

解 因
$$x_{n+1}=2x_n-\frac{1}{2}y_n, \quad y_{n+1}=3x_n-\frac{1}{2}y_n,$$

则
$$x_{n+1}-y_{n+1}=-x_n,$$

即
$$y_{n+1}=x_{n+1}+x_n,$$
$$y_n=x_n+x_{n-1}.$$

代入题设递推式，有
$$x_{n+1}=2x_n-\frac{1}{2}(x_n+x_{n-1})=\frac{3}{2}x_n-\frac{1}{2}x_{n-1}.$$

将此式变形，有
$$x_{n+1}-x_n=\frac{1}{2}(x_n-x_{n-1}).$$

不难求得
$$x_n=1+4\left[1-\left(\frac{1}{2}\right)^{n-1}\right],$$

从而
$$\lim_{n\to\infty}x_n=5.$$

又因为
$$x_{n+1}=2x_n-\frac{1}{2}y_n,$$

故有
$$y_n=4x_n-2x_{n+1},$$

由此得
$$\lim_{n\to\infty}y_n=4\lim_{n\to\infty}x_n-2\lim_{n\to\infty}x_{n+1}$$
$$=20-10=10.$$

所以，$P_1, P_2, \cdots, P_n, \cdots$ 趋向于点 $(5, 10)$。

习 题

1. 求由
$$a_1=0, a_2=1, a_n=\frac{a_{n-1}+a_{n-2}}{2} \ (n\geq 3)$$
确定的数列的极限.

2. 数列$\{a_n\}$满足
$$a_1=0, a_2=2, 3a_{n+1}-a_n-2a_{n-1}=0 \ (n=2,3,\cdots),$$
求$\lim\limits_{n\to\infty}a_n$.

3. 若数列$\{a_n\}$满足
$$a_1=1, a_2=2, a_{n+2}=\sqrt{a_n a_{n+1}},$$
求$\lim\limits_{n\to\infty}a_n$.

4. 若数列$\{a_n\}$满足
$$a_1=1, a_2=2, a_{n+2}=\frac{2a_n a_{n+1}}{a_n+a_{n+1}},$$
求$\lim\limits_{n\to\infty}a_n$.

5. 设两数列$\{a_n\}$、$\{b_n\}$满足
$$\begin{cases} a_0=2, b_0=-1, \\ a_{n+1}=pa_n+(1-p)b_n, \\ b_{n+1}=qa_n+(1-q)b_n \end{cases} (1>p>q>0, n\geq 0).$$
求证两数列有共同的极限.

6. 设点列 $P_0(x_0,y_0), P_1(x_1,y_1),\cdots,P_n(x_n,y_n),\cdots$满足
$$\begin{cases} x_0=1, y_0=0, \\ x_{n+1}=2x_n+3y_n, \\ y_{n+1}=x_n+2y_n \end{cases} (n=0,1,2,\cdots).$$
求当$n\to\infty$时,直线OP_n的斜率所趋近的数值.

参考答案

1. $\dfrac{2}{3}$ 2. $\dfrac{6}{5}$ 3. $\sqrt[3]{4}$ 4. $\dfrac{3}{2}$ 5.【提示】可解得 $a_n=\dfrac{p+2q-1+3(1-p)(p-q)^n}{1-p+q}$, $b_n=\dfrac{p+2q-1+3q(p-q)^n}{1-p+q}$. 故

$$\lim_{n\to\infty}a_n=\lim_{n\to\infty}b_n=\frac{p+2q-1}{1-p+q}$$

6.【提示】可求得 $x_n=\frac{1}{2}[(2+\sqrt{3})^n+(2-\sqrt{3})^n]$,$y_n=\frac{1}{2\sqrt{3}}[(2+\sqrt{3})^n-(2-\sqrt{3})^n]$. 故 $\lim_{n\to\infty}\frac{y_n}{x_n}=\frac{1}{\sqrt{3}}=\frac{\sqrt{3}}{3}$

第二节　利用无穷递缩等比数列求极限

上一节介绍的是利用数列的通项公式来求其极限. 但是通项公式并不都是容易求得的. 为此我们要研究不借助于通项公式而求数列极限的方法.

如果一个等比数列的公比 q 的绝对值小于 1, 那么这个等比数列是递缩的. 无穷递缩等比数列的极限是 0, 即
$$\lim_{n\to\infty} a_n = \lim_{n\to\infty}(a_1 q^{n-1}) = 0 \quad (|q|<1).$$

假如有一个数列 $\{b_n\}$, 它本身不一定是等比数列, 但是它的项 b_n 的绝对值都小于或等于另一个无穷递缩等比数列 $\{a_n\}$ 的对应项 a_n 的绝对值, 即
$$0 \leqslant |b_n| \leqslant |a_n|,$$
由于 $|a_n|\to 0$, 所以 $|b_n|\to 0$. 这个结论是很容易想象的, 在高等数学里, 这可以用迫敛法则加以严格论证.

下面我们就利用这一思想来求用归纳方式定义的数列的极限.

例1　设数列 $\{a_n\}$ 满足
$$\begin{cases} a_1 = 1, \\ a_{n+1} = \dfrac{a_n+3}{a_n+1} \quad (n=1,2,\cdots). \end{cases}$$
求 $\lim\limits_{n\to\infty} a_n$.

解　研究方程
$$x = \frac{x+3}{x+1}.$$
(这个方程是在递推关系中将 a_{n+1}、a_n 换为 x 后得到的. 至于为什么要研究这一方程, 我们将在第四节中有个直观的解释.) 解之, 得
$$x = \pm\sqrt{3}.$$
现研究 a_{n+1} 与其中一个根 $\sqrt{3}$ 的差的绝对值, 即
$$|a_{n+1} - \sqrt{3}| = \left|\frac{a_n+3}{a_n+1} - \sqrt{3}\right|$$
$$= \frac{|(1-\sqrt{3})(a_n - \sqrt{3})|}{|a_n+1|}$$
$$= \frac{\sqrt{3}-1}{a_n+1} \cdot |a_n - \sqrt{3}|.$$
由于 a_n 显然为正, 故有
$$\frac{1}{a_n+1} < \frac{1}{1} = 1,$$

所以，
$$|a_{n+1}-\sqrt{3}|<(\sqrt{3}-1)|a_n-\sqrt{3}|$$
$$<(\sqrt{3}-1)^2|a_{n-1}-\sqrt{3}|$$
$$<(\sqrt{3}-1)^3|a_{n-2}-\sqrt{3}|$$
$$<\cdots$$
$$<(\sqrt{3}-1)^n|a_1-\sqrt{3}|.$$
$$=(\sqrt{3}-1)^{n+1}.$$

由于 $0<\sqrt{3}-1<1$，因此，有
$$(\sqrt{3}-1)^{n+1}\to 0\,(n\to\infty).$$
于是知
$$\lim_{n\to\infty}|a_{n+1}-\sqrt{3}|=0,$$
即
$$\lim_{n\to\infty}a_{n+1}=\sqrt{3},\text{或}\lim_{n\to\infty}a_n=\sqrt{3}.$$

有人会说，为什么不研究 $|a_{n+1}+\sqrt{3}|$ 呢？这个问题我们也将在第四节中作一直观解释.

例 2 数列 $\{a_n\}$ 用下式定义：
$$\begin{cases}a_1=1,\\ a_{n+1}=\sqrt{2a_n+3}\ (n=1,2,3,\cdots).\end{cases}$$
试求 $\lim_{n\to\infty}a_n$.

解 研究方程
$$x=\sqrt{2x+3},$$
得
$$x=3.$$
因为
$$|a_{n+1}-3|=|\sqrt{2a_n+3}-3|$$
$$=\frac{2|a_n-3|}{\sqrt{2a_n+3}+3}$$
$$<\frac{2}{3}\cdot|a_n-3|<\left(\frac{2}{3}\right)^2\cdot|a_{n-1}-3|$$
$$<\cdots$$
$$<\left(\frac{2}{3}\right)^n\cdot|a_1-3|$$
$$=2\cdot\left(\frac{2}{3}\right)^n\to 0\,(n\to\infty),$$

所以，
$$\lim_{n\to\infty}a_n=3.$$

从以上两个例子可以看出，利用无穷递缩等比数列来求用归纳方式定义的数列的极限，一般有以下几个步骤：

（1）将一阶递推式中的 a_{n+1}、a_n 改为 x，求这个方程的根 x；

（2）研究 $|a_{n+1}-x|$（在有若干个根时，要作适当选择），并通过放大法找出它与 $|a_n-x|$ 的大小关系；

（3）连续使用放大法，直到找出 $|a_{n+1}-x|$ 与 $|a_1-x|$ 的关系；

（4）最后检验一下所得的式子的右端是不是某一个"递缩"的等比数列的通项. 如果是的，那么可以得出结论：
$$|a_{n+1}-x|\to 0,$$
即
$$\lim_{n\to\infty}a_n=x.$$

下面我们来看一些更复杂的例子.

例 3 求由
$$\begin{cases} x_1=\dfrac{3}{4}\pi, \\ 2x_{n+1}+\cos x_n-\pi=0 \end{cases}$$
确定的数列 $\{x_n\}$ 的极限.

解 将递推式变形为
$$x_{n+1}-\frac{\pi}{2}=-\frac{1}{2}\cos x_n=\frac{1}{2}\sin\left(x_n-\frac{\pi}{2}\right).$$

对等式两边取绝对值，并利用 $|\sin x|\leqslant|x|$ 进行放大，
$$\left|x_{n+1}-\frac{\pi}{2}\right|=\frac{1}{2}\left|\sin\left(x_n-\frac{\pi}{2}\right)\right|\leqslant\frac{1}{2}\left|x_n-\frac{\pi}{2}\right|$$
$$\leqslant\left(\frac{1}{2}\right)^2\cdot\left|x_{n-1}-\frac{\pi}{2}\right|$$
$$\leqslant\cdots$$
$$\leqslant\left(\frac{1}{2}\right)^n\cdot\left|x_1-\frac{\pi}{2}\right|$$
$$=\frac{\pi}{4}\cdot\left(\frac{1}{2}\right)^n\to 0\ (n\to\infty),$$

所以，
$$\lim_{n\to\infty}x_n=\frac{\pi}{2}.$$

例 4 证明：由下式

$$\begin{cases} x_1 = x_2 = \dfrac{3}{2}, \\ x_n = \dfrac{x_{n-1} x_{n-2} + 1}{x_{n-1} + x_{n-2}} \quad (n = 3, 4, \cdots) \end{cases}$$

确定的数列 $\{x_n\}$ 必以 1 为极限.

证 因

$$\begin{aligned} x_n - 1 &= \frac{x_{n-1} x_{n-2} + 1}{x_{n-1} + x_{n-2}} - 1 \\ &= \frac{x_{n-1} x_{n-2} + 1 - x_{n-1} - x_{n-2}}{x_{n-1} + x_{n-2}} \\ &= \frac{(x_{n-1} - 1)(x_{n-2} - 1)}{x_{n-1} + x_{n-2}}, \end{aligned}$$

由第六章第二节例 3 知,所有 x_n 都满足 $1 < x_n < 2$,所以,

$$\begin{aligned} |x_n - 1| &< \frac{2-1}{1+1} \cdot (x_{n-1} - 1) = \frac{1}{2} \cdot (x_{n-1} - 1) \\ &< \frac{1}{4} \cdot (x_{n-2} - 1) \\ &< \cdots \\ &< \left(\frac{1}{2}\right)^{n-1} \cdot (x_1 - 1) \\ &= \left(\frac{1}{2}\right)^{n-1} \cdot \frac{1}{2} \to 0 \ (n \to \infty), \end{aligned}$$

所以,
$$\lim_{n \to \infty} x_n = 1.$$

例 5(交换抽球问题) 甲袋中有 $m-1$ 个白球和 1 个黑球,乙袋中有 m 个白球,每次从甲、乙两袋中分别取出 1 个球并交换放入另一袋中去,这样经过了 n 次,求

(1) 黑球仍在甲袋中的概率是多少?

(2) 当 $n \to \infty$ 时的情况下,黑球仍在甲袋中的概率是多少?

解 (1) 设事件 A_n 为"经过 n 次交换后,黑球出现在甲袋中",记 $p_n = P(A_n)$,当 $n \geq 1$ 时由全概率公式可得

$$P(A_n) = P(A_{n-1}) P(A_n | A_{n-1}) + P(\overline{A}_{n-1}) P(A_n | \overline{A}_{n-1}).$$

注意到

$$P(A_n | A_{n-1}) = \frac{m-1}{m},$$

$$P(\overline{A}_{n-1}) = 1 - p_{n-1}, \quad P(A_n | \overline{A}_{n-1}) = \frac{1}{m},$$

所以可得递推公式
$$p_n = \frac{m-1}{m}p_{n-1} + \frac{1}{m}(1-p_{n-1}) = \frac{m-2}{m}p_{n-1} + \frac{1}{m}, n \geq 1.$$

又因初始条件 $p_0=1$,由递推关系并利用等比数列求和可得
$$\begin{aligned} p_n &= \frac{1}{m} + \frac{1}{m}\left(\frac{m-2}{m}\right) + \cdots + \frac{1}{m}\left(\frac{m-2}{m}\right)^{n-1} + \left(\frac{m-2}{m}\right)^n \\ &= \frac{1}{m}\left[1-\left(\frac{m-2}{m}\right)^n\right]\left(1-\frac{m-2}{m}\right)^{-1} + \left(\frac{m-2}{m}\right)^n \\ &= \frac{1}{2} + \frac{1}{2}\left(\frac{m-2}{m}\right)^n. \end{aligned}$$

(2) 若 $m=1$,则当 $n=2k+1$ 时,$p_n=0$;当 $n=2k$ 时,$p_n=1$. 若 $m=2$,则对任何 n 有 $p_n=\frac{1}{2}$;若 $m>2$,则有 $\lim\limits_{n\to\infty}p_n=\frac{1}{2}$.

习 题

1. 试求以下列方式定义的数列的极限：

   (1) $a_1=4, a_{n+1}=\dfrac{3a_n+2}{a_n+4}$；

   (2) $a_1=a(>1), a_{n+1}=\dfrac{1}{2}\left(a_n+\dfrac{1}{a_n}\right)$；

   (3) $a_1=0, a_{n+1}=\sqrt{a_n+2}$；

   (4) $a_1=0, a_n=\sqrt{3a_{n+1}-2}$.

2. 设数列 $\{x_n\}$ 满足：
$$x_{n+1}=x_n^3-6x_n^2+12x_n-6 \ (n=0,1,2,\cdots).$$

   (1) 用 x_0 和 n 表示 x_n-2；

   (2) 为使 $\{x_n\}$ 收敛，x_0 应满足什么条件？

   (3) 对能使 $\{x_n\}$ 收敛的 x_0，求 $\lim\limits_{n\to\infty}x_n$.

3. 设数列 $\{a_n\}$ 具有如下形式：
$$1, 1+\dfrac{1}{1}, 1+\dfrac{1}{1+\dfrac{1}{1}}, 1+\dfrac{1}{1+\dfrac{1}{1+\dfrac{1}{1}}}, \cdots,$$

   试求 $\lim\limits_{n\to\infty}a_n$. (提示：先写出递推式.)

4. 设 $a>0$，对用关系式
$$x_1>\sqrt[3]{a}, x_{n+1}=x_n+\dfrac{a-x_n^2}{3x_n^2}$$

   定义的数列，

   (1) 试证：$x_n>\sqrt[3]{a}$；

   (2) 设 $y_n=x_n-\sqrt[3]{a}$，试证：
$$0<\dfrac{y_{n+1}}{y_n}<\dfrac{2}{3};$$

   (3) 求 $\lim\limits_{n\to\infty}y_n$ 及 $\lim\limits_{n\to\infty}x_n$.

5. (轮流掷骰子问题) 甲、乙两人轮流掷骰子，先由甲掷. 每当某人掷出 1 点时，则交给对方掷，否则此人继续掷. 试求第 n 次仍由甲掷的概率.

参考答案

1. (1) $\lim\limits_{n\to\infty}a_n=1$ (2) $\lim\limits_{n\to\infty}a_n=1$ (3) $\lim\limits_{n\to\infty}a_n=2$ (4) $\lim\limits_{n\to\infty}a_n=1$ **2.** (1) $x_n-2=(x_0-2)^{3^n}$ (2) $1\leqslant x_0\leqslant 3$ (3) $x_0=1$ 时,$\lim\limits_{n\to\infty}x_n=1$;$1<x_0<3$ 时,$\lim\limits_{n\to\infty}x_n=2$;$x_0=3$ 时,$\lim\limits_{n\to\infty}x_n=3$

3. $\lim\limits_{n\to\infty}a_n=\dfrac{\sqrt{5}-1}{2}$ **4.** (1) 略 (2) 略 (3) $\lim\limits_{n\to\infty}y_n=0$,$\lim\limits_{n\to\infty}x_n=\sqrt[3]{a}$ **5.** $\dfrac{1}{2}$ 【提示】设事件 A_i 为"第 i 次由甲掷骰子",记 $p_i=P(A_i)$,$i=1,2,\cdots$,由全概率公式可得 $P(A_n)=P(A_{n-1})P(A_n|A_{n-1})+P(\overline{A}_{n-1})P(A_n|\overline{A}_{n-1})$.注意到 $P(A_n|A_{n-1})=\dfrac{5}{6}$,$P(A_n|\overline{A}_{n-1})=\dfrac{1}{6}$,$p_1=P(A_1)=1$,可得 $p_n=\dfrac{5}{6}p_{n-1}+\dfrac{1}{6}(1-p_{n-1})=\dfrac{2}{3}p_{n-1}+\dfrac{1}{6}$,$n\geqslant 2$.由此可得递推公式 $p_n-\dfrac{1}{2}=\dfrac{2}{3}\left(p_{n-1}-\dfrac{1}{2}\right)$,$n\geqslant 2$.将初始条件 $p_1=1$,代入上式可得 $p_n=\dfrac{1}{2}\left[1+\left(\dfrac{2}{3}\right)^{n-1}\right]$,$n=2,3,\cdots$.容易看出,当 $n\to+\infty$ 时,有 $p_n\to\dfrac{1}{2}$,这表明:骰子一直由甲掷的机会只有 $\dfrac{1}{2}$

第三节　利用单调有界定理求极限

如果一个数列 $\{a_n\}$ 是单调递增的,即
$$a_1 < a_2 < a_3 < \cdots < a_n < \cdots,$$
但同时 $\{a_n\}$ 的所有项又不超出某一界限,也就是 $\{a_n\}$ 有上界 C,即有
$$a_n < C,$$
则容易想象,数列 $\{a_n\}$ 必然无限趋近于某一常数 A,即
$$\lim_{n \to \infty} a_n = A.$$
需要指出的是,极限 A 不一定就是上界 C.

同样可以知道,如果一个数列 $\{a_n\}$ 是单调递减的,且同时又有下界,则数列 $\{a_n\}$ 也必有极限.

将上述情况综合起来,就是所谓的单调有界定理:

定理　数列 $\{a_n\}$ 如果是单调且有界的,则 $\{a_n\}$ 必存在极限.

尽管这个定理十分直观,但是论证却有相当的难度,这里我们不予介绍.下面应用该定理来求极限.

例 1　求由
$$\begin{cases} x_0 = 1, \\ x_{n+1} = 1 + \dfrac{x_n}{1 + x_n} \end{cases} (n = 0, 1, 2, \cdots)$$
所确定的数列的极限.

解　根据上一章第一节的例 2 和第二节的例 1,可以知道数列 $\{a_n\}$ 是单调递增且有上界的,所以 $\lim\limits_{n \to \infty} x_n$ 存在.

设 $\lim\limits_{n \to \infty} x_n = A$.对递推式两边求极限,得
$$\lim_{n \to \infty} x_{n+1} = \frac{1 + 2 \lim\limits_{n \to \infty} x_n}{1 + \lim\limits_{n \to \infty} x_n},$$
即
$$A = \frac{1 + 2A}{1 + A},$$
$$A^2 - A - 1 = 0,$$
解之,得
$$A_1 = \frac{1 + \sqrt{5}}{2}, A_2 = \frac{1 - \sqrt{5}}{2}.$$

因为数列 $\{x_n\}$ 的各项显然非负,故 A_2 应舍去.所以,
$$\lim_{n \to \infty} x_n = \frac{1 + \sqrt{5}}{2}.$$

例2 求 $\lim\limits_{n\to\infty}\dfrac{2^n}{n!}$.

解 因 $x_n=\dfrac{2^n}{n!}$, $x_{n+1}=\dfrac{2^{n+1}}{(n+1)!}$,

故有
$$\dfrac{x_{n+1}}{x_n}=\dfrac{2}{n+1},$$

$$x_{n+1}=\dfrac{2}{n+1}\cdot x_n. \tag{1}$$

因此，我们可以对原数列重新给出如下的归纳定义：

$$\begin{cases} x_1=\dfrac{2^1}{1!}=2, \\ x_{n+1}=\dfrac{2}{n+1}\cdot x_n. \end{cases}$$

由于
$$\dfrac{x_{n+1}}{x_n}=\dfrac{2}{n+1}\leqslant 1,$$

所以，
$$x_{n+1}\leqslant x_n,$$

即数列 $\left\{\dfrac{2^n}{n!}\right\}$ 单调递减. 又因为显然有

$$x_n>0,$$

所以数列 $\left\{\dfrac{2^n}{n!}\right\}$ 有下界.

根据单调有界定理，$\lim\limits_{n\to\infty}\dfrac{2^n}{n!}$ 存在，不妨设为 A，对(1)式两边求极限，有

$$\lim\limits_{n\to\infty}x_{n+1}=\lim\limits_{n\to\infty}x_n\cdot\lim\limits_{n\to\infty}\dfrac{2}{n+1},$$

从而得到 $\qquad\qquad\qquad A=A\cdot 0,$
即 $\qquad\qquad\qquad A=0.$
因此， $\qquad\qquad\lim\limits_{n\to\infty}\dfrac{2^n}{n!}=0.$

例3 数列 $\{y_n\}$ 具有如下形式：

$$\sqrt{2},\sqrt{2+\sqrt{2}},\sqrt{2+\sqrt{2+\sqrt{2}}},\cdots,$$

$$\underbrace{\sqrt{2+\sqrt{2+\cdots+\sqrt{2}}}}_{n\text{重根号}},\cdots.$$

(1) 试证 $\lim\limits_{n\to\infty}y_n$ 存在；(2) 求 $\lim\limits_{n\to\infty}y_n$.

解 (1) 数列 $\{y_n\}$ 可用归纳方式定义如下：

$$\begin{cases} y_1 = \sqrt{2}, \\ y_n = \sqrt{2+y_{n-1}} \ (n=2,3,\cdots). \end{cases}$$

从第六章第一节例 3 知,数列 $\{y_n\}$ 是单调递增的.下面用数学归纳法来证明数列 $\{y_n\}$ 有上界 2.

显然,$y_1 = \sqrt{2} < 2$,假设 $y_k < 2$,则
$$y_{k+1} = \sqrt{2+y_k} < \sqrt{2+2} = 2.$$
于是证得,对一切 n,有
$$y_n < 2.$$
根据单调有界定理,得知 $\lim\limits_{n\to\infty} y_n$ 存在.

(2) 设 $\lim\limits_{n\to\infty} y_n = A$. 对递推式两边求极限,得
$$A = \sqrt{2+A},$$
$$A^2 - A - 2 = 0,$$
解之,得
$$A_1 = -1, A_2 = 2.$$
因为 $\{y_n\}$ 的极限显然不为负,所以
$$\lim_{n\to\infty} y_n = 2.$$

应该指出,证明有关数列的极限存在是很重要的.譬如,对于等比数列
$$1, 3, 9, \cdots, 3^{n-1}, \cdots$$
来说,它可以用归纳方式定义:
$$\begin{cases} a_1 = 1, \\ a_{n+1} = 3a_n. \end{cases}$$
若对递推式的两边求极限:
$$\lim_{n\to\infty} a_{n+1} = 3 \lim_{n\to\infty} a_n,$$
设极限值为 A,则有
$$A = 3A, A = 0,$$
这样就得出
$$\lim_{n\to\infty} a_n = 0.$$
但我们知道,此数列单调递增无上界,是不存在极限的.为什么会产生这种错误呢?这是因为我们根本没有论证过 $\lim\limits_{n\to\infty} a_n$ 是否存在,却假设了它等于 A.

习 题

1. 平面螺旋是以一个固定点开始向外逐圈旋绕而形成的曲线,如图 7-3-1 所示. 如图 7-3-2 所示阴影部分也是一个美丽的螺旋线形的图案,它的画法是这样的:正方形 $ABCD$ 的边长为 4,取正方形 $ABCD$ 各边的四等分点 E、F、G、H,作第 2 个正方形 $EFGH$,然后再取正方形 $EFGH$ 各边的四等分点 M、N、P、Q,作第 3 个正方形 $MNPQ$,依此方法一直继续下去,就可以得到阴影部分的图案. 设正方形 $ABCD$ 边长为 a_1,后续各正方形边长依次为 $a_2, a_3, \cdots, a_n, \cdots$;如图 7-3-2 阴影部分,设直角 $\triangle AEH$ 面积为 b_1,后续各直角三角形面积依次为 $b_2, b_3, \cdots, b_n, \cdots$. 下列说法错误的是(   ).

图 7-3-1

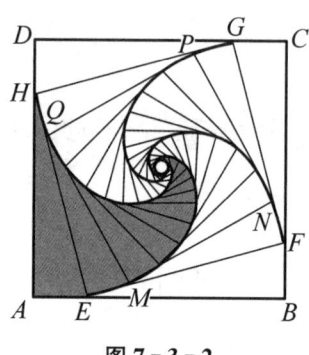

图 7-3-2

(A) 从正方形 $ABCD$ 开始,连续 3 个正方形的面积之和为 $\dfrac{129}{4}$

(B) $a_n = 4 \times \left[\dfrac{\sqrt{10}}{4}\right]^{n-1}$

(C) 使得不等式 $b_n > \dfrac{1}{2}$ 成立的 n 的最大值为 4

(D) 数列 $\{b_n\}$ 的前 n 项和 $S_n < 4$

2. 求由

$$\begin{cases} x_1 = 1, \\ x_{n+1} = \dfrac{3(1+x_n)}{3+x_n} \end{cases}$$

确定的数列的极限.

3. 求数列

$$\sqrt{2}, \sqrt{2\sqrt{2}}, \sqrt{2\sqrt{2\sqrt{2}}}, \cdots,$$

$$\underbrace{\sqrt{2\sqrt{2\cdots\sqrt{2}}}}_{n\text{重根号}},\cdots$$

的极限.

4. 已知数列 $\{a_n\}$ 满足：$a_1=1, a_{n+1}=\frac{1}{8}a_n^2+m(n\in\mathbf{N}^*)$，若对任意正整数 n，都有 $a_n<4$，求实数 m 的最大值.

········ **参考答案**

1. C 【提示】由题意，$a_1=4$，$a_2=\sqrt{\left(\frac{1}{4}a_1\right)^2+\left(\frac{3}{4}a_1\right)^2}=\frac{\sqrt{10}}{4}a_1$，$a_3=\sqrt{\left(\frac{1}{4}a_2\right)^2+\left(\frac{3}{4}a_2\right)^2}=\frac{\sqrt{10}}{4}a_2=\left(\frac{\sqrt{10}}{4}\right)^2a_1$，$\cdots$，$a_n=\sqrt{\left(\frac{1}{4}a_{n-1}\right)^2+\left(\frac{3}{4}a_{n-1}\right)^2}=\frac{\sqrt{10}}{4}a_{n-1}\Rightarrow\frac{a_n}{a_{n-1}}=\frac{\sqrt{10}}{4}$，于是数列 $\{a_n\}$ 是以 4 为首项，$\frac{\sqrt{10}}{4}$ 为公比的等比数列，则 $a_n=4\cdot\left(\frac{\sqrt{10}}{4}\right)^{n-1}$. 由题意可得：$S_{\triangle AHE}=\frac{S_{正方形ABCD}-S_{正方形EFGH}}{4}$，即 $b_1=\frac{a_1^2-a_2^2}{4}$，$b_2=\frac{a_2^2-a_3^2}{4}$，$\cdots$，$b_n=\frac{a_n^2-a_{n+1}^2}{4}$，于是 $b_n=\frac{16\left(\frac{\sqrt{10}}{4}\right)^{2n-2}-16\left(\frac{\sqrt{10}}{4}\right)^{2n}}{4}$ $=\frac{3}{2}\left(\frac{5}{8}\right)^{n-1}$. 对于选项 A，连续三个正方形面积之和为：$a_n=a_1+a_2+a_3=4^2+(\sqrt{10})^2+\left(\frac{5}{2}\right)^2=\frac{129}{4}$，正确；易知选项 B 正确；对于选项 C，令 $b_n=\frac{3}{2}\left(\frac{5}{8}\right)^{n-1}>\frac{1}{2}\Rightarrow\left(\frac{5}{8}\right)^{n-1}>\frac{1}{3}$，而 $\left(\frac{5}{8}\right)^{4-1}=\frac{125}{512}<\frac{1}{3}$，错误；对于选项 D，$S_n=\frac{3}{2}\cdot\frac{1-\left(\frac{5}{8}\right)^n}{1-\frac{5}{8}}=4\left[1-\left(\frac{5}{8}\right)^n\right]<4$，正确. 故选 C **2.** $\lim\limits_{n\to\infty}x_n=\sqrt{3}$ **3.** 2 **4.** m 的

最大值为 2　【提示】因为 $a_{n+1}-a_n=\frac{1}{8}a_n^2-a_n+m=\frac{1}{8}(a_n-4)^2+m-2\geqslant m-2$,故 $a_n=a_1+\sum_{k=1}^{n-1}(a_{k+1}-a_k)\geqslant 1+(m-2)\cdot(n-1)$.若 $m>2$,注意到 $n\to+\infty$ 时,$(m-2)(n-1)\to+\infty$.因此,存在充分大的 n,使得 $1+(m-2)(n-1)>4$,即 $a_n>4$,矛盾!所以,$m\leqslant 2$.又当 $m=2$ 时,可证:对任意的正整数 n,都有 $0<a_n<4$.当 $n=1$,$a_1=1<4$,结论成立.假设 $n=k(k\geqslant 1)$ 时,结论成立,即 $0<a_k<4$,则 $0<a_{k+1}=2+\frac{1}{8}a_k^2<2+\frac{1}{8}\times 4^2=4$,即结论对 $n=k+1$ 也成立.由数学归纳法知,对任意的正整数 n,都有 $0<a_n<4$.综上可知,所求实数 m 的最大值为 2

第四节 直观解释

在前两节里,我们看到了将连接相邻两项的递推式
$$a_{n+1}=f(a_n)$$
中的 a_{n+1}、a_n 换为 x 之后所得的方程 $x=f(x)$ 在研究数列极限时的作用. 在第二节中,利用无穷递缩等比数列求极限时,需要研究 $|a_{n+1}-\alpha|$ 的极限,其中的 α 就是上述方程 $x=f(x)$ 的根. 在第三节里,在证得数列的极限存在之后,对递推式两边取极限,得到的式子实质上也就是上述的方程,最后求得的 $\lim\limits_{n\to\infty}a_n$ 就是这个方程的根.

为什么极限与这种方程的根有如此密切的关系呢? 在本节里,我们将利用图像并通过举例进行直观的解释.

为了研究数列的极限,我们设想把数列的各项用数轴上的点来表示. 以数列
$$\begin{cases} a_1=1, \\ a_{n+1}=\dfrac{1}{2}a_n+3 \quad (n=1,2,3,\cdots) \end{cases}$$
为例. 假如 a_n 已确定,a_{n+1} 也可以确定下来. 因此,在递推式中,用变量 x、y 分别代替 a_n、a_{n+1},就得到函数
$$y=\frac{1}{2}x+3. \tag{1}$$

由(1)式可知,

$$x \quad a_1=1 \quad a_2=\frac{7}{2} \quad a_3=\frac{19}{4} \quad a_4=\frac{43}{8} \quad \cdots$$
$$\downarrow \quad \nearrow \quad \downarrow \quad \nearrow \quad \downarrow \quad \nearrow$$
$$y \quad a_2=\frac{7}{2} \quad a_3=\frac{19}{4} \quad a_4=\frac{43}{8} \quad a_5=\frac{91}{16} \quad \cdots$$

若在坐标平面里取点 $P_1(a_1,a_2)$,$P_2(a_2,a_3)$,$\cdots$,$P_n(a_n,a_{n+1})$,$\cdots$,这些点如图 7-4-1 那样,排在直线
$$y=\frac{1}{2}x+3$$
上. 从 $P_1,P_2,\cdots,P_n,\cdots$ 引 x 轴的垂线,与 x 轴的交点分别是 $A_1,A_2,\cdots,A_n,\cdots$. 这些点的横坐标分别是 $a_1,a_2,\cdots,a_n,\cdots$,即为数列 $\{a_n\}$ 的各项.

上述做法是容易理解的. 但是为了将数列的各项排列在横轴上,必须计算各点 P_i 的坐标. 这种计算并不令人感到愉快. 为此,我们要作一些改进.

经过仔细研究,可以知道:

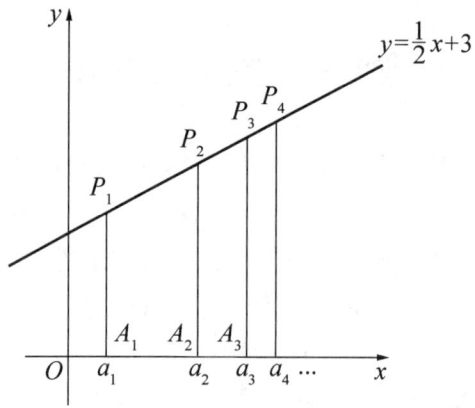

图 7-4-1

P_1 的纵坐标等于 P_2 的横坐标,

P_2 的纵坐标等于 P_3 的横坐标,

……,

P_{n-1} 的纵坐标等于 P_n 的横坐标,

…….

过点 $P_1, P_2, \cdots, P_n, \cdots$ 引 x 轴的平行线,与 y 轴交于点 $B_2, B_3, \cdots, B_{n+1}, \cdots$,与 $P_2A_2, P_3A_3, \cdots, P_nA_n, \cdots$ 交于点 $Q_2, Q_3, \cdots, Q_n, \cdots$. 请读者注意,这里的四边形 $OA_2Q_2B_2, OA_3Q_3B_3, \cdots, OA_nQ_nB_n, \cdots$ 都是正方形,所以点 $Q_2, Q_3, \cdots, Q_n, \cdots$ 在直线 $y=x$ 上(图 7-4-2).

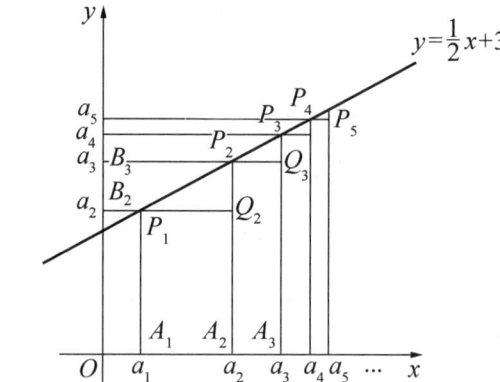

图 7-4-2

经过这样的分析后,我们可以得到一个不必通过计算而能把数列各项排列在横轴上的方法:

首先画直线 $y=\dfrac{1}{2}x+3$ 及直线

$$y=x.$$

(2)

然后,在 x 轴上取点 $A_1(a_1,0)$,通过点 A_1 引 y 轴的平行线与直线(1)交于点 P_1.

通过点 P_1,引 x 轴的平行线与直线(2)交于点 Q_2.

通过点 Q_2,引 y 轴的平行线与直线(1)及 x 轴分别交于点 P_2、A_2.

接着,利用同样的方法,可从点 $A_2(a_2,0)$ 得到点 $A_3(a_3,0)$,从点 A_3 得到点 $A_4(a_4,0)$,如此等等(图 7-4-3).

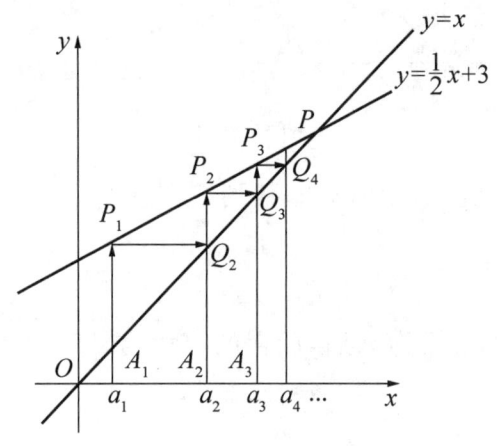

图 7-4-3

通过这个例子的分析,已经可以看出前面所述的那种方程的根在研究极限时的作用了.事实上,直线(1)和(2)的交点可通过解方程组

$$\begin{cases} y = \dfrac{1}{2}x + 3, & (1) \\ y = x & (2) \end{cases}$$

来得到.但是将(2)式代入(1)式,就有

$$x = \dfrac{1}{2}x + 3. \qquad (3)$$

(3)式就是在递推式中将 a_{n+1}、a_n 换为 x 之后所得到的方程.直线(1)和(2)的交点 P 的横坐标就是方程(3)的根.

显然点 $P_1,P_2,\cdots,P_n,\cdots$ 无限趋近于直线(1)和(2)的交点 P,当然点 $A_1,A_2,\cdots,A_n,\cdots$ 的横坐标 $a_1,a_2,\cdots,a_n,\cdots$ 无限趋近于点 P 的横坐标.

在这个例子里,如果首项 $a_1=10$,情况又怎样呢?我们知道,交点 P 的横坐标是 6,可现在 $a_1>6$ 了.事实上,这时的极限并没有变化.所不同的是,原来的数列是递增的,从图中看,点列 $P_1,Q_2,P_2,Q_3,\cdots$ 是"上升阶梯"状地趋向于 P 点的,而现在的数列是递减的,点列 $P_1,Q_2,P_2,Q_3,\cdots$ 是"下降阶梯"状地趋向于交点 P 的(图 7-4-4).

尽管如同(3)式这种方程的根与极限的关系颇为密切,我们并不能说这

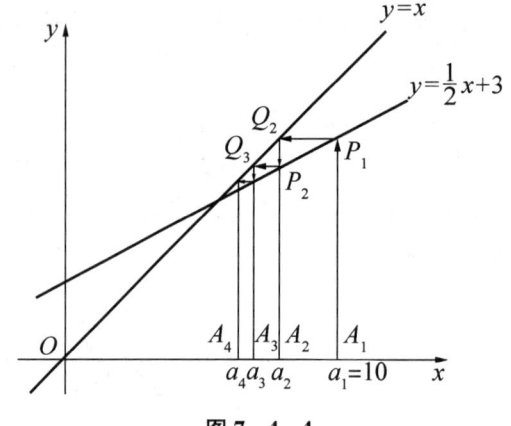

图 7-4-4

种方程的根就是数列的极限. 例如, 数列
$$\begin{cases} a_1 = 1, \\ a_{n+1} = 2a_n + 1 \end{cases}$$
的递推式中的 a_{n+1}、a_n 换为 x 后, 所得的方程为
$$x = 2x + 1,$$
其根是
$$x = -1.$$
但是该数列是不是收敛于 -1 呢? 答案是否定的. 事实上, 这个数列的通项可根据第二章讲授的方法求出:
$$a_n = 2^n - 1.$$
显然, 当 $n \to \infty$ 时, $a_n \to \infty$, 所以不存在极限.

在图像上, 这个现象也可以得到直观解释. 在图 7-4-5 中可以看出, 点列 $P_1, Q_2, P_2, \cdots$ 是呈"上升阶梯"状的, 但是它是发散的.

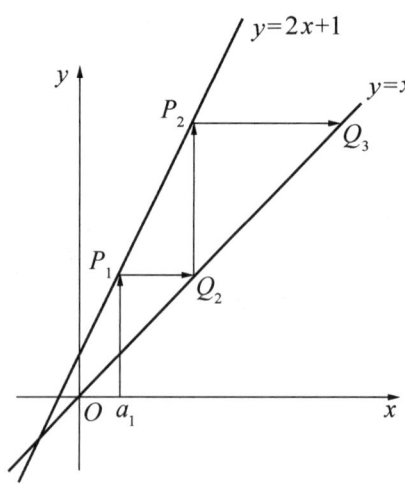

图 7-4-5

即使是 $a_1=-2$（小于方程 $x=2x+1$ 的根 -1），易知所述点列也并不趋于交点，而是呈"下降阶梯"状发散的.

在上一节中提及的反例
$$\begin{cases} a_1=1, \\ a_{n+1}=3a_n \end{cases}$$
与此例是类似的.

进一步研究一下，我们可以知道，递推式是
$$a_{n+1}=pa_n+q$$
的数列，只要 $|p|>1$，总是发散的；$0<p<1$ 或 $-1<p<0$ 时总是收敛的. 当 $0<p<1$ 时，数列呈"阶梯"状收敛，而当 $-1<p<0$ 时呈"螺旋"状收敛（图 7-4-6）；当 $p>1$ 时，数列呈"阶梯"状发散，而当 $p<-1$ 时呈"螺旋"状发散.

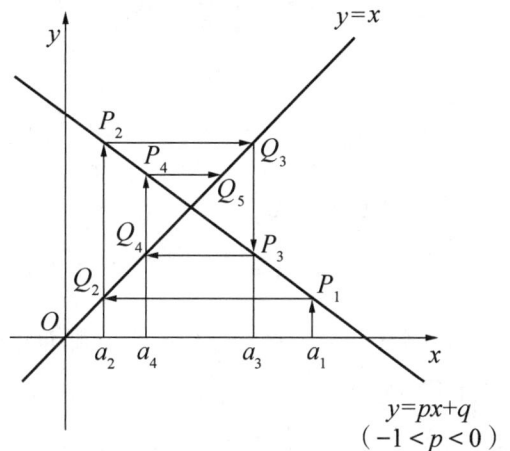

图 7-4-6

当 $p=1$ 时，数列要么是常数列（$q=0$ 时），要么是等差数列（$q\neq 0$ 时），前者是收敛的，后者是发散的.

当 $p=-1$ 时，数列是摆动数列. 在第二章第三节习题 4 里，我们已经遇到过这种数列，为什么 $p=-1$ 时，得到的是摆动数列呢？这是因为这时的通项
$$a_n=\left(a_1-\frac{q}{1-p}\right)\cdot p^{n-1}+\frac{q}{1-p}$$
$$=\left(a_1-\frac{q}{2}\right)\cdot(-1)^{n-1}+\frac{q}{2}$$

（参见第二章第三节）. 当 n 为奇数时，各项都等于 a_1；当 n 为偶数时，各项都等于 a_1+q.

摆动数列
$$\begin{cases} a_{2m+1}=a_1, \\ a_{2m}=a_1+q \end{cases}$$

当然没有极限,但直线
$$y=-x+q$$
与 $y=x$ 却相交. 所以, 这时候递推式中 a_{n+1}、a_n 换为 x 之后所得方程的根不是数列的极限.

从上面的讨论中可以更清楚地看出,论证极限的存在是极为必要的.

有时递推式中 a_{n+1}、a_n 换为 x 之后所得的方程有两个根,而极限如果存在的话应是唯一的,所以绝不可能两个根都是数列的极限. 先举一个两个根都不是数列的极限的例子.

数列
$$\begin{cases} a_1=10, \\ a_{n+1}=\dfrac{1}{a_n} \end{cases}$$
的各项分别是
$$10,\dfrac{1}{10},10,\dfrac{1}{10},\cdots.$$
该数列当然是没有极限的. 但是曲线
$$y=\dfrac{1}{x}$$
与直线 $y=x$ 有两个交点 $P(1,1)$、$P'(-1,-1)$. 即递推式中的 a_{n+1}、a_n 换为 x 之后所得方程有两个实根
$$x_1=1,x_2=-1.$$
然而,事实上它们都不是极限(图 7-4-7).

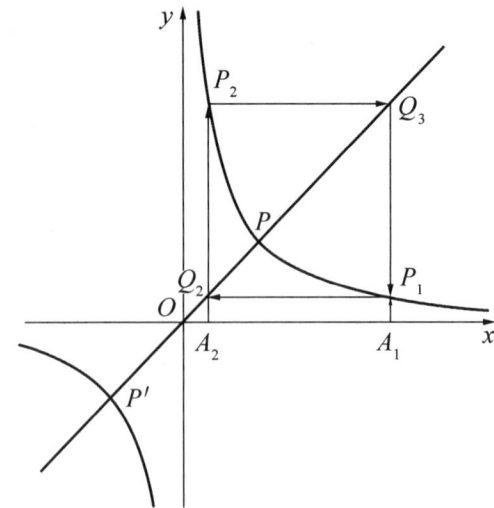

图 7-4-7

再看一个只有其中一个根是数列的极限的例子.

在本章第二节中,我们研究过数列$\{a_n\}$:
$$\begin{cases} a_1=1, \\ a_{n+1}=\dfrac{a_n+3}{a_n+1}. \end{cases}$$

递推式中 a_{n+1}、a_n 换为 x 后所得的方程有两个实根
$$x=\pm\sqrt{3}.$$

研究了 $|a_{n+1}-\sqrt{3}|$ 之后,我们知道,$\sqrt{3}$ 是数列$\{a_n\}$的极限. 如果研究 a_{n+1} 与另一个根 $-\sqrt{3}$ 的差的绝对值,尝试结果必定失败.

我们可以通过图像把其中的奥妙看得更为清楚些. 在图 7-4-8 中,曲线
$$y=\frac{x+3}{x+1}$$

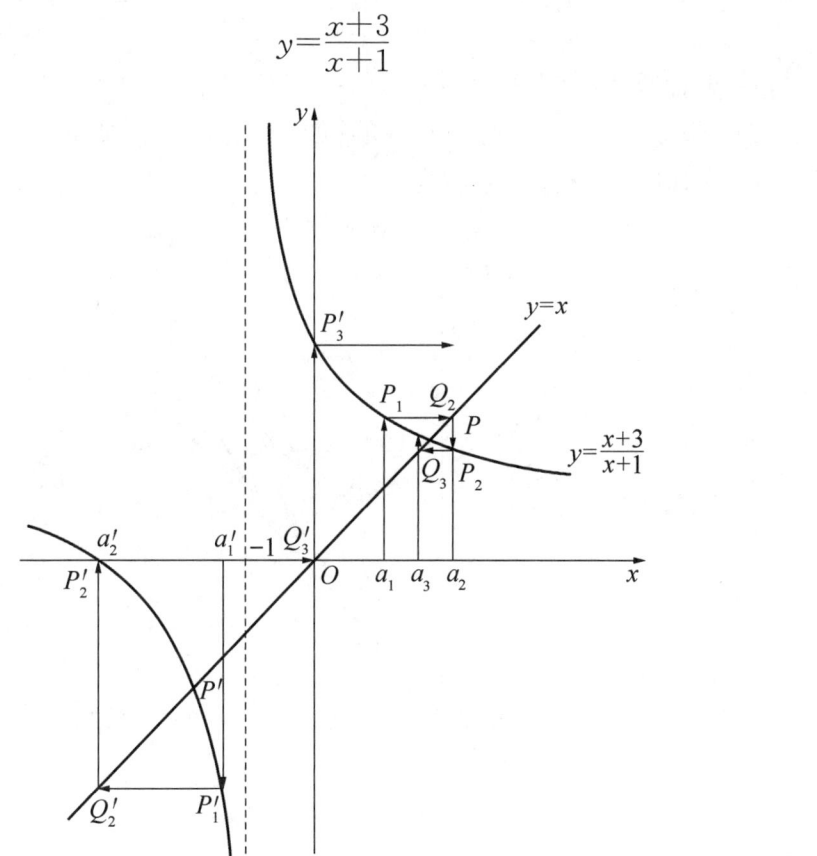

图 7-4-8

与直线 $y=x$ 有两个交点:$P(\sqrt{3},\sqrt{3})$、$P'(-\sqrt{3},-\sqrt{3})$. 因为 a_1 等于 1,可以看出我们感兴趣的那个点列呈螺旋状趋于点 P. 即使 a_1 不是 1,而是大于 -1 的任一值,点列也是呈螺旋状趋于点 P 的,而且点列将不涉及双曲线的

左支.

如果 a_1' 是小于 -1 的数,譬如是 $-\frac{3}{2}$,那么

$$a_2'=-3, a_3'=0, a_4'=3, a_5'=\frac{3}{2}, \cdots.$$

从图 7-4-8 可以看出,点 P_1'、P_2' 在双曲线左支,而从 P_3' 开始就跳到右支上去了. 一旦到了右支上,点列就陷入"旋涡",最后越来越趋近于点 P.

下面的例子更能说明问题.

数列 $\{a_n\}$ 由下式:

$$\begin{cases} a_1>0, \\ a_{n+1}=a_n^2-a_n+1 \end{cases}$$

确定. 画出曲线

$$y=x^2-x+1,$$

它与直线 $y=x$ 切于点 $P(1,1)$.

如果 $a_1>1$,显然级数是发散的;如果 $0<a_1<1$,则我们所关心的点列 $P_1,Q_2,P_2,Q_3,\cdots\cdots$ 趋于抛物线

$$y=x^2-x+1$$

与直线 $y=x$ 的切点 P(图 7-4-9).

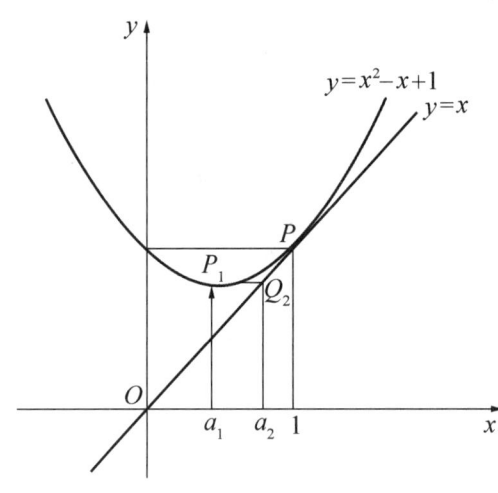

图 7-4-9

这说明,所给数列当 $a_1>1$ 时不存在极限;当 $0<a_1<1$ 时有极限 1,而这个极限 1 就是递推式中 a_{n+1}、a_n 换为 x 之后所得方程的根.

上面我们利用图像讨论了数列的极限与将递推式中的 a_{n+1}、a_n 改写为 x 之后所得的方程 $x=f(x)$ 的根的关系. 在实际工作中,我们常常为了求一个方程

$$x = f(x)$$
的近似根而利用上述的这种关系,即设计出一个递推式
$$a_{n+1} = f(a_n),$$
然后利用迭代方法,求出该递推式所决定的数列之极限的近似值,也就是方程 $x = f(x)$ 的根的近似值. 由于电子计算机特别适合做迭代运算,所以递推式在计算中的作用越来越重要.

例如,为了求方程
$$f(x) = x^2 - 2 = 0$$
的正根的近似值,即 $\sqrt{2}$ 的近似值,可以利用切线法. 切线法求近似根的递推公式是
$$x_{n+1} = x_n - \frac{f(x_n)}{f'(x_n)}.$$
对本例来说,就可得出下列式子:
$$x_{n+1} = x_n - \frac{x_n^2 - 2}{2x_n} = \frac{1}{2}\left(x_n + \frac{2}{x_n}\right).$$

再如,为了求方程
$$f(x) = x^2 - 2x = 0$$
的正根(虽然我们知道它有两个根是 0 和 2),也可利用切线法,所得的递推式是
$$x_{n+1} = x_n - \frac{x_n^2 - 2x_n}{2(x_n - 1)}.$$

如果取 $x_1 > 2$,可知 $\{x_n\}$ 是递减的,又是具有下界 2 的. 根据这一思想,就可以编出 1984 年的一道全国高考题(参见下章).

我们再次审视一下"斐波那契数列",即:1,1,2,3,5,8,13,21,34,55,89,….

有趣的是,这样一个完全是自然数的数列,通项公式却是用无理数来表达的. 而且当数列趋向于无穷大时,后一项与前一项的比值越来越逼近黄金分割率(约等于 1.618). 比如:$5 \div 3 \approx 1.666, 21 \div 13 \approx 1.615, 34 \div 21 \approx 1.619$……. 越到后面,所得的结果与黄金分割率($\varphi$)越来越接近.

下面,我们从另一个角度来证明一下斐波那契数列的通项公式是如何得到的.

由黄金分割率的定义可以推出:
$$\varphi^2 = \varphi + 1.$$
这个方程有两个解,其中一个是正解,即:$\varphi = \dfrac{1 + \sqrt{5}}{2} \approx 1.618.$

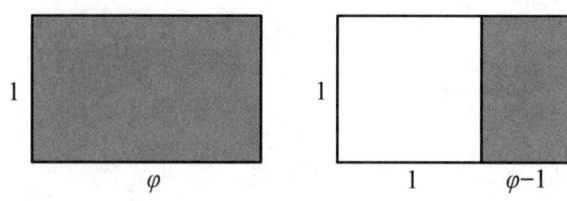

图 7-4-10

对这个方程两边同时乘上 φ,我们可以得到以下式子:
$$\varphi^2=\varphi+1,$$
$$\varphi^3=\varphi^2+\varphi=2\varphi+1,$$
$$\varphi^4=\varphi^3+\varphi^2=3\varphi+2,$$
$$\varphi^5=\varphi^4+\varphi^3=5\varphi+3,$$
$$\varphi^6=\varphi^5+\varphi^4=8\varphi+5,$$
$$\varphi^7=\varphi^6+\varphi^5=13\varphi+8,$$
$$\cdots\cdots$$

假如用 F_n 表示斐波那契数列的第 n 项,则我们可以把上面的式子进一步变为:
$$\varphi^2=1\varphi+1=F_2\varphi+F_1,$$
$$\varphi^3=2\varphi+1=F_3\varphi+F_2,$$
$$\varphi^4=3\varphi+2=F_4\varphi+F_3,$$
$$\varphi^5=5\varphi+3=F_5\varphi+F_4,$$
$$\varphi^6=8\varphi+5=F_6\varphi+F_5,$$
$$\varphi^7=13\varphi+8=F_7\varphi+F_6,$$
$$\cdots\cdots$$

于是,我们可以用数学归纳法证明推出:
$$\varphi^n=F_n\varphi+F_{n-1}.$$

然后,我们把前面第一个方程的两个根分别代入这个式子,得到:
$$\begin{cases}\left(\dfrac{1+\sqrt{5}}{2}\right)^n=F_n\left(\dfrac{1+\sqrt{5}}{2}\right)+F_{n-1},\\ \left(\dfrac{1-\sqrt{5}}{2}\right)^n=F_n\left(\dfrac{1-\sqrt{5}}{2}\right)+F_{n-1}.\end{cases}$$

两式相减可以得到
$$\left(\dfrac{1+\sqrt{5}}{2}\right)^n-\left(\dfrac{1-\sqrt{5}}{2}\right)^n=\sqrt{5}F_n.$$

因此,我们可以得到斐波那契数列的通项公式:

$$F_n = \frac{1}{\sqrt{5}}\left[\left(\frac{1+\sqrt{5}}{2}\right)^n - \left(\frac{1-\sqrt{5}}{2}\right)^n\right].$$

当 n 趋向于 ∞ 时,有

$$\lim_{n \to \infty} \frac{F_{n+1}}{F_n} = \lim_{n \to \infty}\left(\varphi + \frac{(-1)^n}{\varphi^n F_n}\right) = \varphi + 0 = \varphi.$$

这就证明了前文所提到的"当数列趋向于无穷大时,后一项与前一项的比值越来越逼近黄金分割率".

我们还可以通过构建长方形的方法推出黄金分割率. 如图 7-4-11 所示:

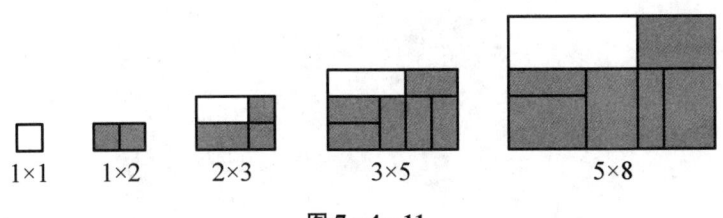

图 7-4-11

根据斐波那契数列的特性,我们可以得到:

$$\frac{F_{n+1}}{F_n} = 1 + \frac{1}{\frac{F_n}{F_{n-1}}}$$

$$\frac{F_3}{F_2} = 1 + \frac{1}{1},\ \frac{F_4}{F_3} = 1 + \frac{1}{1+\frac{1}{1}},\ \frac{F_5}{F_4} = 1 + \frac{1}{1+\frac{1}{1+\frac{1}{1}}}.$$

于是推出:

$$\frac{F_{n+1}}{F_n} = 1 + \cfrac{1}{1 + \cfrac{1}{\cdots \cfrac{}{1 + \cfrac{1}{1}}}},$$

即

$$\varphi = 1 + \cfrac{1}{1 + \cfrac{1}{1 + \cfrac{1}{1+\cdots}}}.$$

最后,我们可以通过技巧得到下面的结果(证明过程略过):

$$\varphi = \sqrt{1+\sqrt{1+\sqrt{1+\sqrt{1+\cdots}}}}.$$

这个式子还可以通过图形来表示：

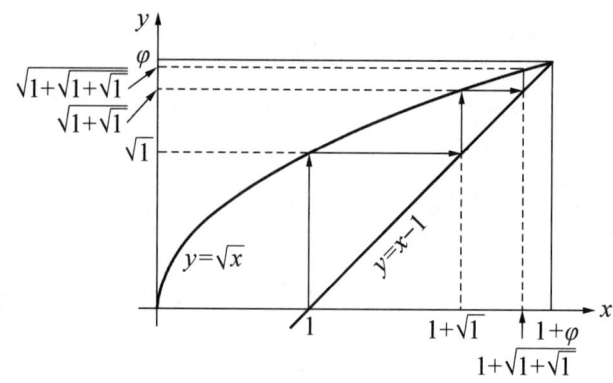

图 7 - 4 - 12

第八章 我国高考中有关递推关系的试题

例 1 已知以 AB 为直径的半圆,有一个内接正方形 $CDEF$,其边长为 1(如图 8-1-1). 设 $AC=a, BC=b$. 作数列

$$u_1 = a-b,$$
$$u_2 = a^2-ab+b^2,$$
$$u_3 = a^3-a^2b+ab^2-b^3,$$
$$\cdots,$$
$$u_k = a^k-a^{k-1}b+a^{k-2}b^2 -\cdots+(-1)^k b^k.$$

求证:$u_n = u_{n-1} + u_{n-2} (n \geq 3)$. (1981 年全国高考附加题)

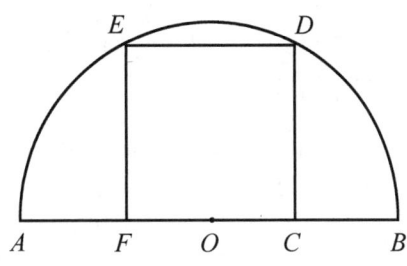

图 8-1-1

证法一 因为

$$u_n = a^n - a^{n-1}b + a^{n-2}b^2 - \cdots + (-1)^n b^n$$
$$= \frac{a^{n+1}-(-1)^{n+1}b^{n+1}}{a+b},$$

又因为

$$a-b = AC - BC = 1,$$
$$ab = AC \cdot BC = CD^2 = 1,$$

故得

$$u_{n-2} = \frac{a^{n-1}-(-1)^{n-1}b^{n-1}}{a+b} = ab \cdot \frac{a^{n-1}-(-1)^{n-1}b^{n-1}}{a+b}$$
$$= \frac{a^n b - (-1)^{n-1}ab^n}{a+b},$$

$$u_{n-1} = \frac{a^n-(-1)^n b^n}{a+b} = (a-b) \cdot \frac{a^n-(-1)^n b^n}{a+b}$$
$$= \frac{a^{n+1}-a^n b-(-1)^n a b^n - (-1)^{n+1}b^{n+1}}{a+b}.$$

于是,有
$$u_{n-1}+u_{n-2}=\frac{a^{n+1}-(-1)^{n+1}b^{n+1}}{a+b}=u_n.$$

证法二 通过计算可知
$$a=\frac{\sqrt{5}+1}{2}, b=\frac{\sqrt{5}-1}{2}.$$

因
$$u_n=a^n-a^{n-1}b+a^{n-2}b^2-\cdots+(-1)^n b^n$$
$$=\frac{a^{n+1}-(-1)^{n+1}b^{n+1}}{a+b},$$

故 $u_n-(u_{n-1}+u_{n-2})$
$$=\frac{1}{a+b}[a^{n+1}-(-1)^{n+1}b^{n+1}-a^n+(-1)^n b^n-a^{n-1}$$
$$+(-1)^{n-1}b^{n-1}]=\frac{1}{a+b}\left[a^{n-1}\left(\frac{\sqrt{5}+1}{2}\right)^2\right.$$
$$-(-1)^{n-1}b^{n-1}\left(\frac{\sqrt{5}-1}{2}\right)^2-a^{n-1}\left(\frac{\sqrt{5}+1}{2}\right)$$
$$\left.-(-1)^{n-1}b^{n-1}\left(\frac{\sqrt{5}-1}{2}\right)-a^{n-1}+(-1)^{n-1}b^{n-1}\right]$$
$$=0,$$

即
$$u_n=u_{n-1}+u_{n-2}.$$

例2 已知两无穷数列 $\{a_n\}$、$\{b_n\}$,其中
$$\begin{cases} a_1=p, b_1=q, \\ a_n=pa_{n-1}, b_n=qa_{n-1}+rb_{n-1}, \\ q\neq 0, p>r>0, n\geq 2. \end{cases}$$

(1) 求 b_n 用 p,q,r,n 表示的式子,并用数学归纳法证明;

(2) 求 $\lim\limits_{n\to\infty}\dfrac{b_n}{\sqrt{a_n^2+b_n^2}}$. (1982 年全国高考附加题)

解法一 (1) 因 $a_1=p, a_n=pa_{n-1},$
故 $a_n=p^n.$
对数列 $\{b_n\}$,可算出
$$b_1=q,$$
$$b_2=qa_1+rb_1=pq+rq=q(p+r),$$
$$b_3=qp^2+r(qp+rq)=q(p^2+rp+r^2),$$
$$\cdots\cdots$$

由此推测,应有
$$b_n = q(p^{n-1} + rp^{n-2} + \cdots + r^{n-1}) = \frac{q(p^n - r^n)}{p-r}. \tag{1}$$

下面用数学归纳法进行证明.

$n=1$ 时,命题显然成立. 设 $n=k$ 时命题成立,即有
$$b_k = \frac{q(p^k - r^k)}{p - r}.$$

则
$$b_{k+1} = qa_k + rb_k = q \cdot p^k + rq \cdot \frac{p^k - r^k}{p - r}$$
$$= q\left[p^k + r \cdot \frac{p^k - r^k}{p - r}\right] = q \cdot \frac{p^{k+1} - r^{k+1}}{p - r}.$$

所以 $n=k+1$ 时命题也成立.

由此得出,(1)式是 $\{b_n\}$ 的通项公式.

(2) 因为 $p > r > 0$, 故有 $0 < \frac{r}{p} < 1$. 此时,有

$$\lim_{n \to \infty} \frac{b_n}{\sqrt{a_n^2 + b_n^2}} = \lim_{n \to \infty} \frac{q \cdot \frac{p^n - r^n}{p - r}}{\sqrt{p^{2n} + \left(q \cdot \frac{p^n - r^n}{p - r}\right)^2}}$$

$$= \lim_{n \to \infty} \frac{q}{\sqrt{\left[\frac{p-r}{1 - \left(\frac{r}{p}\right)^n}\right]^2 + q^2}}$$

$$= \frac{q}{\sqrt{(p-r)^2 + q^2}}.$$

解法二 (1) 因为 $a_{n-1} = p^{n-1}$, 故有
$$b_n = qa_{n-1} + rb_{n-1} = q \cdot p^{n-1} + rb_{n-1},$$
$$\frac{b_n}{r^n} = \frac{b_{n-1}}{r^{n-1}} + \frac{q}{r} \cdot \left(\frac{p}{r}\right)^{n-1}.$$

由此可得出
$$\frac{b_n}{r^n} = \frac{b_1}{r} + \frac{q}{r} \cdot \left(\frac{p}{r} + \frac{p^2}{r^2} + \cdots + \frac{p^{n-1}}{r^{n-1}}\right)$$
$$= \frac{q}{r}\left(1 + \frac{p}{r} + \frac{p^2}{r^2} + \cdots + \frac{p^{n-1}}{r^{n-1}}\right)$$
$$= \frac{q}{r} \cdot \frac{1 - \left(\frac{p}{r}\right)^n}{1 - \frac{p}{r}} = q \cdot \frac{r^n - p^n}{(r-p)r^n}.$$

因此
$$b_n = \frac{q(r^n - p^n)}{r - p}.$$

(2) 略.

例 3 已知数列 $a_1, a_2, \cdots, a_n, \cdots$ 的相邻两项 a_n、a_{n+1} 是方程
$$x^2 - c_n x + \left(\frac{1}{3}\right)^n = 0$$
的两个根,且 $a_1 = 2$,求无穷数列 $c_1, c_2, \cdots, c_n, \cdots$ 的和.(1982 年全国理科高考试题附加题)

解 因为 a_n、a_{n+1} 是方程
$$x^2 - c_n x + \left(\frac{1}{3}\right)^n = 0$$
的两根,所以
$$a_n \cdot a_{n+1} = \left(\frac{1}{3}\right)^n, \quad a_n + a_{n+1} = c_n.$$

因为
$$a_n \cdot a_{n+1} = \left(\frac{1}{3}\right)^n,$$

所以,有
$$a_{n+1} \cdot a_{n+2} = \left(\frac{1}{3}\right)^{n+1}.$$

两式相除,得
$$\frac{a_{n+2}}{a_n} = \frac{1}{3}.$$

所以,数列 $a_1, a_3, \cdots, a_{2n-1}, \cdots$ 及数列 $a_2, a_4, \cdots, a_{2n}, \cdots$ 都是公比为 $\frac{1}{3}$ 的无穷递缩等比数列. 考虑到
$$a_1 \cdot a_2 = \frac{1}{3}, \quad a_1 = 2,$$

由此得出
$$a_2 = \frac{1}{6}.$$

所以,
$$a_{2n-1} = 2 \cdot \left(\frac{1}{3}\right)^{n-1}, \quad a_{2n} = \frac{1}{6} \cdot \left(\frac{1}{3}\right)^{n-1} = \frac{1}{2} \cdot \left(\frac{1}{3}\right)^n.$$

由于 $c_n = a_n + a_{n+1}$,故可知
$$c_{2n-1} = a_{2n-1} + a_{2n} = 2 \cdot \left(\frac{1}{3}\right)^{n-1} + \frac{1}{2} \cdot \left(\frac{1}{3}\right)^n$$

$$=\frac{13}{6}\cdot\left(\frac{1}{3}\right)^{n-1},$$

$$c_{2n}=a_{2n}+a_{2n+1}=\frac{1}{2}\cdot\left(\frac{1}{3}\right)^n+2\cdot\left(\frac{1}{3}\right)^n=\frac{5}{2}\cdot\left(\frac{1}{3}\right)^n.$$

所以，$c_1, c_3, \cdots, c_{2n-1}, \cdots$ 是首项为 $\frac{13}{6}$，公比为 $\frac{1}{3}$ 的无穷递缩等比数列，$c_2, c_4, \cdots, c_{2n}, \cdots$ 是首项为 $\frac{5}{6}$，公比为 $\frac{1}{3}$ 的无穷递缩等比数列，所以

$$c_1+c_2+c_3+c_4+\cdots+c_{2n-1}+c_{2n}+\cdots$$
$$=(c_1+c_3+\cdots+c_{2n-1}+\cdots)+(c_2+c_4+\cdots+c_{2n}+\cdots)$$
$$=\frac{\frac{13}{6}}{1-\frac{1}{3}}+\frac{\frac{5}{6}}{1-\frac{1}{3}}=\frac{9}{2}.$$

例4 已知数列 $\{a_n\}$ 的第一项 $a_1=\frac{3}{5}$，第二项 $a_2=\frac{31}{100}$，并且

$$a_2-\frac{1}{10}a_1, a_3-\frac{1}{10}a_2, \cdots, a_{n+1}-\frac{1}{10}a_n, \cdots$$

是公比为 $\frac{1}{2}$ 的等比数列；而数列

$$\lg\left(a_2-\frac{1}{2}a_1\right), \lg\left(a_3-\frac{1}{2}a_2\right), \cdots, \lg\left(a_{n+1}-\frac{1}{2}a_n\right), \cdots$$

是公差为 -1 的等差数列．(1) 求数列 $\{a_n\}$ 的通项公式，(2) 设 $S_n=a_1+a_2+\cdots+a_n(n\geqslant 1)$，求 $\lim\limits_{n\to\infty}S_n$．(1983年理科高考副卷试题)

解法一 (1) 因为 $\left\{a_{n+1}-\frac{1}{10}a_n\right\}$ 是以 $\frac{1}{2}$ 为公比的等比数列，所以

$$a_{n+1}-\frac{1}{10}a_n=\left(a_2-\frac{1}{10}a_1\right)\cdot\left(\frac{1}{2}\right)^{n-1}=\left(\frac{1}{2}\right)^{n+1}. \tag{2}$$

又因为 $\left\{\lg\left(a_{n+1}-\frac{1}{2}a_n\right)\right\}$ 是以 -1 为公差的等差数列，所以

$$\lg\left(a_{n+1}-\frac{1}{2}a_n\right)=\lg\left(a_2-\frac{1}{2}a_1\right)-(n-1)=-n-1,$$

即

$$a_{n+1}-\frac{1}{2}a_n=10^{-n-1}=\left(\frac{1}{10}\right)^{n+1}. \tag{3}$$

(2)−(3)，得

$$\frac{2}{5}a_n=\left(\frac{1}{2}\right)^{n+1}-\left(\frac{1}{10}\right)^{n+1},$$

即 $$a_n = \frac{5}{2}\left[\left(\frac{1}{2}\right)^{n+1} - \left(\frac{1}{10}\right)^{n+1}\right].$$

(2) $$S_n = \frac{5}{2}\left[\sum_{k=1}^{n}\left(\frac{1}{2}\right)^{k+1} - \sum_{k=1}^{n}\left(\frac{1}{10}\right)^{k+1}\right]$$

$$= \frac{5}{2}\left[\frac{\frac{1}{4}\left(1-\left(\frac{1}{2}\right)^n\right)}{1-\frac{1}{2}} - \frac{\frac{1}{100}\left(1-\left(\frac{1}{10}\right)^n\right)}{1-\frac{1}{10}}\right]$$

$$= \frac{5}{2}\left[\frac{1}{2}\left(1-\left(\frac{1}{2}\right)^n\right) - \frac{1}{90}\left(1-\left(\frac{1}{10}\right)^n\right)\right],$$

因此, $$\lim_{n\to\infty} S_n = \frac{5}{2}\left[\frac{1}{2} - \frac{1}{90}\right] = \frac{11}{9}.$$

解法二 (1) 由解法一中的(2)式得

$$\frac{a_{n+1}}{\left(\frac{1}{10}\right)^{n+1}} - \frac{a_n}{\left(\frac{1}{10}\right)^n} = \frac{\left(\frac{1}{2}\right)^{n+1}}{\left(\frac{1}{10}\right)^{n+1}},$$

$$10^{n+1}a_{n+1} - 10^n a_n = 5^{n+1},$$

则 $$10^n a_n = 10a_1 + (5^2 + 5^3 + \cdots + 5^n)$$

$$= 6 + \frac{25(5^{n-1}-1)}{5-1}.$$

因此, $$a_n = \frac{5}{2}\left[\left(\frac{1}{2}\right)^{n+1} - \left(\frac{1}{10}\right)^{n+1}\right].$$

这一解法说明题设条件有多余. 同样地, 利用解法一中的(3)式也可求出 a_n. 第(2)小题的解法略.

例5 已知数列 $\{a_n\}$ 满足

$$\begin{cases} a_1 = \frac{5}{6}, \\ a_{n+1} = \frac{1}{3}a_n + \left(\frac{1}{2}\right)^{n+1} \ (n \geq 1), \end{cases} \tag{4}$$

并且数列

$$a_2 - \frac{1}{2}a_1, a_3 - \frac{1}{2}a_2, \cdots, a_{n+1} - \frac{1}{2}a_n, \cdots$$

是公比为 $\frac{1}{3}$ 的等比数列. (1)求数列 $\{a_n\}$ 的通项公式; (2)设 $S_n = a_1 + a_2 + \cdots + a_n (n \geq 1)$, 求 $\lim_{n\to\infty} S_n$. (1983年全国文科高考副卷试题)

解法一 (1) 因为

$$a_2 = \frac{1}{3}a_1 + \left(\frac{1}{2}\right)^2 = \frac{19}{36},$$

又因为 $\left\{a_{n+1}-\frac{1}{2}a_n\right\}$ 是公比为 $\frac{1}{3}$ 的等比数列,所以

$$a_{n+1}-\frac{1}{2}a_n=\left(a_2-\frac{1}{2}a_1\right)\cdot\left(\frac{1}{3}\right)^{n-1}=\left(\frac{1}{3}\right)^{n+1}. \tag{5}$$

(4)(5)两式联立,得

$$a_n=6\left[\left(\frac{1}{2}\right)^{n+1}-\left(\frac{1}{3}\right)^{n+1}\right].$$

(2) 因为 $S_n=6\left[\sum_{k=1}^n\left(\frac{1}{2}\right)^{k+1}-\sum_{k=1}^n\left(\frac{1}{3}\right)^{k+1}\right]$

$$=6\left[\frac{1}{2}\left(1-\left(\frac{1}{2}\right)^n\right)-\frac{1}{6}\left(1-\left(\frac{1}{3}\right)^n\right)\right],$$

故

$$\lim_{n\to\infty}S_n=6\left[\frac{1}{2}-\frac{1}{6}\right]=2.$$

解法二 (1)由(4)式,得

$$\frac{a_{n+1}}{\left(\frac{1}{3}\right)^{n+1}}=\frac{a_n}{\left(\frac{1}{3}\right)^n}+\left(\frac{3}{2}\right)^{n+1},$$

则有

$$\frac{a_n}{\left(\frac{1}{3}\right)^n}=\frac{a_1}{\left(\frac{1}{3}\right)^1}+\left[\left(\frac{3}{2}\right)^2+\left(\frac{3}{2}\right)^3+\cdots+\left(\frac{3}{2}\right)^n\right]$$

$$=\frac{5}{2}+\frac{\left(\frac{3}{2}\right)^2\left[\left(\frac{3}{2}\right)^{n-1}-1\right]}{\frac{3}{2}-1}$$

$$=3\cdot\left(\frac{3}{2}\right)^n-2,$$

因此,

$$a_n=6\left[\left(\frac{1}{2}\right)^{n+1}-\left(\frac{1}{3}\right)^{n+1}\right].$$

这个解法说明题设条件也是有多余的.同样地,利用解法一中的(5)式也可将本题独立解出.第(2)小题的解法略.

例 6 设 $\alpha>2$,给定数列 $\{x_n\}$,其中

$$x_1=\alpha,\quad x_{n+1}=\frac{x_n^2}{2(x_n-1)}\ (n=1,2,\cdots).$$

求证:(1) $x_n>2$,且 $\frac{x_{n+1}}{x_n}<1\ (n=1,2,\cdots)$;(2) 如果 $\alpha\leqslant 3$,那么 $x_n\leqslant 2+\frac{1}{2^{n-1}}\ (n=1,2,\cdots)$;(3) 如果 $\alpha>3$,那么当 $n>\frac{\lg\frac{\alpha}{3}}{\lg\frac{4}{3}}$ 时,必有 $x_{n+1}<3$.

(1984年全国理科高考试题)

证法一 (1) 先证 $x_n > 2$.

显然,当 $n=1$ 时不等式成立. 假设当 $n=k$ 时不等式成立,即 $x_k > 2$,则有
$$(x_k-2)^2 > 0,$$
$$x_k^2 - 4x_k + 4 > 0,$$
$$x_k^2 > 4(x_k-1),$$

从而得
$$\frac{x_k^2}{2(x_k-1)} > 2,$$

即
$$x_{k+1} > 2,$$

就是说,当 $n=k+1$ 时不等式也成立.

由此得证 $x_n > 2$.

再证 $\frac{x_{n+1}}{x_n} < 1$.

$$\frac{x_{n+1}}{x_n} = \frac{x_n}{2(x_n-1)} = \frac{(x_n-1)+1}{2(x_n-1)}$$
$$= \frac{1}{2}\left(1 + \frac{1}{x_n-1}\right) < \frac{1}{2}\left(1 + \frac{1}{2-1}\right) = 1.$$

即
$$\frac{x_{n+1}}{x_n} < 1.$$

(2) 当 $n=1$ 时,不等式显然成立. 假设 $n=k$ 时不等式成立,即
$$x_k \leq 2 + \frac{1}{2^{k-1}}.$$

那么,
$$x_{k+1} = \frac{(x_k^2-1)+1}{2(x_k-1)} = \frac{1}{2}\left(x_k + 1 + \frac{1}{x_k-1}\right)$$
$$\leq \frac{1}{2}\left[\left(2 + \frac{1}{2^{k-1}}\right) + 1 + \frac{1}{x_k-1}\right]$$
$$\leq \frac{1}{2}\left[\left(2 + \frac{1}{2^{k-1}}\right) + 1 + 1\right] = 2 + \frac{1}{2^k},$$

即 $n=k+1$ 时不等式也成立.

由此得证,对一切 n,有
$$x_n \leq 2 + \frac{1}{2^{n-1}}.$$

(3) 由第(1)题知
$$x_1 > x_2 > \cdots > x_n > x_{n+1}.$$

此外,当 $x_n > 3$ 时,有
$$\frac{x_{n+1}}{x_n} = \frac{1}{2}\left(1 + \frac{1}{x_n - 1}\right) < \frac{1}{2}\left(1 + \frac{1}{3-1}\right) = \frac{3}{4}.$$

假设当 $n > \dfrac{\lg \dfrac{\alpha}{3}}{\lg \dfrac{4}{3}}$ 时,仍有 $x_{n+1} \geq 3$. 则

$$3 \leq x_{n+1} = x_1 \cdot \frac{x_2}{x_1} \cdot \frac{x_3}{x_2} \cdot \cdots \cdot \frac{x_{n+1}}{x_n} < \alpha \cdot \left(\frac{3}{4}\right)^n,$$

即有
$$\left(\frac{3}{4}\right)^n > \frac{3}{\alpha},$$

由此得出
$$n \lg \frac{3}{4} > \lg \frac{3}{\alpha},$$

$$n < \frac{\lg \dfrac{3}{\alpha}}{\lg \dfrac{3}{4}} = \frac{\lg \dfrac{\alpha}{3}}{\lg \dfrac{4}{3}},$$

这与题设矛盾. 所以, 当 $n > \dfrac{\lg \dfrac{\alpha}{3}}{\lg \dfrac{4}{3}}$ 时, 有 $x_{n+1} < 3$. 证毕.

事实上,对题给初始值和递推式可以用如下方法求出通项:

解法一
$$x_{n+1} = \frac{1}{\dfrac{2}{x_n} - \dfrac{2}{x_n^2}},$$

$$\frac{1}{x_{n+1}} = \frac{2}{x_n} - \frac{2}{x_n^2}.$$

令 $b_n = \dfrac{1}{x_n}$,有
$$b_{n+1} = 2b_n - 2b_n^2,$$
$$2b_{n+1} = 4b_n - 4b_n^2 = 1 - (1 - 2b_n)^2,$$

故有
$$1 - 2b_{n+1} = (1 - 2b_n)^2,$$
$$\lg(1 - 2b_{n+1}) = 2\lg(1 - 2b_n),$$

可见新数列 $\{\lg(1 - 2b_n)\}$ 是以 2 为公比,以
$$\lg(1 - 2b_1) = \lg\left(1 - \frac{2}{x_1}\right) = \lg\left(1 - \frac{2}{\alpha}\right)$$

为首项的等比数列. 所以, 可得
$$\lg(1 - 2b_n) = 2^{n-1} \lg\left(1 - \frac{2}{\alpha}\right) = \lg\left(1 - \frac{2}{\alpha}\right)^{2^{n-1}}.$$

于是，
$$1-2b_n=\left(1-\frac{2}{\alpha}\right)^{2^{n-1}},$$
$$b_n=\frac{1-\left(1-\frac{2}{\alpha}\right)^{2^{n-1}}}{2},$$

从而
$$x_n=\frac{2}{1-\left(1-\frac{2}{\alpha}\right)^{2^{n-1}}}.$$

解法二 令 $y_n=x_n-1$，得
$$y_{n+1}+1=\frac{(y_n+1)^2}{2y_n}.$$

等式两边各减 2，得
$$y_{n+1}-1=\frac{(y_n-1)^2}{2y_n}.$$

上述两式相除，有
$$\frac{y_{n+1}+1}{y_{n+1}-1}=\left(\frac{y_n+1}{y_n-1}\right)^2=\left(\frac{y_{n-1}+1}{y_{n-1}-1}\right)^{2^2}$$
$$=\cdots$$
$$=\left(\frac{y_1+1}{y_1-1}\right)^{2^n}=\left(\frac{\alpha}{\alpha-2}\right)^{2^n},$$

因而有
$$\frac{y_n+1}{y_n-1}=\left(\frac{\alpha}{\alpha-2}\right)^{2^{n-1}},$$

即
$$\frac{x_n}{x_n-2}=\left(\frac{\alpha}{\alpha-2}\right)^{2^{n-1}},$$

因此，
$$x_n=\frac{2}{1-\left(1-\frac{2}{\alpha}\right)^{2^{n-1}}}.$$

解法三 因为 $x_{n+1}=\frac{x_n^2}{2(x_n-1)}$，故有
$$x_{n+1}-2=\frac{x_n^2-4x_n+4}{2(x_n-1)}=\frac{(x_n-2)^2}{2(x_n-1)}.$$

于是，可得
$$\frac{x_{n+1}-2}{x_{n+1}}=\left(\frac{x_n-2}{x_n}\right)^2,$$

从而
$$\frac{x_n-2}{x_n}=\left(\frac{x_{n-1}-2}{x_{n-1}}\right)^2=\left(\frac{x_{n-2}-2}{x_{n-2}}\right)^{2^2}.$$

$$= \cdots$$
$$= \left(\frac{x_1-2}{x_1}\right)^{2^{n-1}} = \left(\frac{\alpha-2}{\alpha}\right)^{2^{n-1}},$$

因此,
$$x_n = \frac{2}{1-\left(1-\frac{2}{\alpha}\right)^{2^{n-1}}},$$

或
$$x_n = 2 + \frac{2}{\left(\frac{\alpha}{\alpha-2}\right)^{2^{n-1}}-1}.$$

解法二、三的思考方法也可根据第二章第十一节例6所给的方法得到.

利用上面求得的通项公式,我们也可以证明原题的结论,这里仅证(1)(2)两小题.

证法二 (1) 因为 $\alpha>2$,故 $0<\frac{\alpha-2}{\alpha}<1$,从而有
$$x_n > 2.$$

又因当 n 增大时,$\left(\frac{\alpha-2}{\alpha}\right)^{2^{n-1}}$ 反而减少,故知数列 $\{x_n\}$ 递减,所以
$$\frac{x_{n+1}}{x_n} < 1.$$

(2) 因为 $2<\alpha\leqslant 3$,故 $\frac{1}{\alpha-2}\geqslant 1$. 利用不等式
$$(1+x)^n \geqslant 1+nx \quad (x>0),$$
可得
$$\left(\frac{\alpha}{\alpha-2}\right)^{2^{n-1}} = \left(1+\frac{2}{\alpha-2}\right)^{2^{n-1}}$$
$$\geqslant 1+2^{n-1}\cdot\frac{2}{\alpha-2} \geqslant 1+2^n,$$

故有
$$x_n \leqslant 2+\frac{2}{1+2^n-1} = 2+\frac{1}{2^{n-1}}.$$

例7 已知 $x_1>0, x_1\neq 1$,且
$$x_{n+1} = \frac{x_n(x_n^2+3)}{3x_n^2+1} \quad (n=1,2,3,\cdots).$$

试证:数列 $\{x_n\}$ 或者对任意自然数 n 都满足 $x_n<x_{n+1}$,或者对任意自然数 n 都满足 $x_n>x_{n+1}$. (1986年全国理科高考试题)

证法一 先用数学归纳法证明:当 $0<x_1<1$ 时,$0<x_n<1$;当 $x_1>1$

时,$x_n > 1$ ($n=1,2,3,\cdots$).

先证 $0 < x_1 < 1$ 的情形. 设 $n=k$ 时,命题成立,即 $0 < x_k < 1$. 则显然有 $x_{k+1} > 0$,且有

$$x_{k+1} = \frac{x_k(x_k^2+3)}{3x_k^2+1} = \frac{(x_k^3+3x_k-3x_k^2-1)+3x_k^2+1}{3x_k^2+1}$$

$$= \frac{(x_k-1)^3}{3x_k^2+1}+1 < 1,$$

即 $n=k+1$ 时命题也成立. 由此证得,当 $0 < x_1 < 1$ 时,$0 < x_n < 1$.

同理可证当 $x_1 > 1$ 时,$x_n > 1$.

因为 $$x_{n+1}-x_n = \frac{x_n(x_n^2+3)}{3x_n^2+1}-x_n$$

$$= \frac{-2x_n(x_n-1)(x_n+1)}{3x_n^2+1},$$

式中 $x_n, x_n+1, 3x_n^2+1$ 皆正,所以,

当 $0 < x_1 < 1$ 时,$x_n < 1$,则 $x_{n+1}-x_n > 0$,即 $x_{n+1} > x_n$;

当 $x_1 > 1$ 时,$x_n > 1$,则 $x_{n+1}-x_n < 0$,即 $x_{n+1} < x_n$.

证法二 用数学归纳法证得:当 $0 < x_1 < 1$ 时,$0 < x_n < 1$;当 $x_1 > 1$ 时,$x_n > 1$. 然后作商

$$\frac{x_{n+1}}{x_n} = \frac{x_n^2+3}{3x_n^2+1} = 1 - \frac{2(x_n+1)(x_n-1)}{3x_n^2+1},$$

式中 $x_n+1, 3x_n^2+1$ 皆正. 所以,

当 $0 < x_1 < 1$ 时,$x_n < 1$,则 $\frac{x_{n+1}}{x_n} > 1$,即 $x_{n+1} > x_n$;

当 $x_1 > 1$ 时,$x_n > 1$,则 $\frac{x_{n+1}}{x_n} < 1$,即 $x_{n+1} < x_n$.

证法三 $$x_{n+1}-x_n = \frac{x_n(x_n^2+3)}{3x_n^2+1} - \frac{x_{n-1}(x_{n-1}^2+3)}{3x_{n-1}^2+1}$$

$$= \frac{[(3x_n^3 x_{n-1}^2 + x_n^3 + 9x_n x_{n-1}^2 + 3x_n) - (3x_{n-1}^3 x_n^2 + x_{n-1}^3 + 9x_{n-1} x_n^2 + 3x_{n-1})]}{(3x_n^2+1)(3x_{n-1}^2+1)}$$

$$= \frac{(x_n-x_{n-1})[3(x_n x_{n-1}-1)^2 + (x_n-x_{n-1})^2]}{(3x_n^2+1)(3x_{n-1}^2+1)}.$$

因为分母及分子中方括号内的部分皆正,所以 $(x_{n+1}-x_n)$ 与 (x_n-x_{n-1}) 或者同号,或者都等于 0,而后者是不可能的. 事实上,倘若 x_n-x_{n-1} 等于 0,则数列 $\{x_n\}$ 是常数列,当然有 $x_2=x_1$,即,

$$x_1 = \frac{x_1(x_1^2+3)}{3x_1^2+1},$$

解之,得
$$x_1^{(1)}=0, x_1^{(2)}=1, x_1^{(3)}=-1,$$
都与已知条件相矛盾. 所以,$(x_{n+1}-x_n)$ 与 (x_n-x_{n-1}) 必同号,即对任意自然数 n,或者都满足 $x_n<x_{n+1}$,或者都满足 $x_n>x_{n+1}$.

下面两个证法,都是先求通项,再证单调性的.

证法四 利用合分比定理,由
$$\frac{x_{n+1}}{1}=\frac{x_n^3+3x_n}{3x_n^2+1}$$

可得
$$\frac{x_{n+1}+1}{x_{n+1}-1}=\frac{x_n^3+3x_n+3x_n^2+1}{x_n^3+3x_n-3x_n^2-1}=\left(\frac{x_n+1}{x_n-1}\right)^3=\left(\frac{x_{n-1}+1}{x_{n-1}-1}\right)^{3^2}$$
$$=\cdots$$
$$=\left(\frac{x_1+1}{x_1-1}\right)^{3^n},$$

从而有
$$x_{n+1}+1=x_{n+1}\left(\frac{x_1+1}{x_1-1}\right)^{3^n}-\left(\frac{x_1+1}{x_1-1}\right)^{3^n},$$

$$x_{n+1}=\frac{\left(\frac{x_1+1}{x_1-1}\right)^{3^n}+1}{\left(\frac{x_1+1}{x_1-1}\right)^{3^n}-1}=1+\frac{2}{\left(\frac{x_1+1}{x_1-1}\right)^{3^n}-1}.$$

因此,
$$x_n=1+\frac{2}{\left(\frac{x_1+1}{x_1-1}\right)^{3^{n-1}}-1}.$$

当 $x_1>1$ 时,有
$$\frac{x_1+1}{x_1-1}=1+\frac{2}{x_1-1}>1,$$

故
$$\left(\frac{x_1+1}{x_1-1}\right)^{3^{n-1}}<\left(\frac{x_1+1}{x_1-1}\right)^{3^n},$$

从而 $x_n>x_{n+1}$.

当 $0<x_1<1$ 时,有 $\frac{x_1+1}{x_1-1}<-1$,故有
$$-1>\left(\frac{x_1+1}{x_1-1}\right)^{3^{n-1}}>\left(\frac{x_1+1}{x_1-1}\right)^{3^n},$$

从而 $x_n<x_{n+1}$.

上述证明过程中用到的式子 $\dfrac{x_{n+1}+1}{x_{n+1}-1}$，也可根据第二章第十一节例 6 的方法得出.

证法五
$$x_{n+1}=\dfrac{x_n^3+3x_n}{3x_n^2+1}=\dfrac{(x_n+1)^3+(x_n-1)^3}{(x_n+1)^3-(x_n-1)^3}$$
$$=\dfrac{1+\left(\dfrac{x_n-1}{x_n+1}\right)^3}{1-\left(\dfrac{x_n-1}{x_n+1}\right)^3}.$$

设 $t=\dfrac{x_1-1}{x_1+1}$，则 $x_1=\dfrac{1+t}{1-t}$. 于是有

$$x_2=\dfrac{1+t^3}{1-t^3},$$
$$x_3=\dfrac{1+t^{3^2}}{1-t^{3^2}},$$
$$\cdots,$$
$$x_n=\dfrac{1+t^{3^{n-1}}}{1-t^{3^{n-1}}}$$
$$=\dfrac{1+\left(\dfrac{x_1-1}{x_1+1}\right)^{3^{n-1}}}{1-\left(\dfrac{x_1-1}{x_1+1}\right)^{3^{n-1}}}=\dfrac{(x_1+1)^{3^{n-1}}+(x_1-1)^{3^{n-1}}}{(x_1+1)^{3^{n-1}}-(x_1-1)^{3^{n-1}}}$$
$$=1+\dfrac{2}{\left(\dfrac{x_1+1}{x_1-1}\right)^{3^{n-1}}-1}.$$

以下证法同证法四.

例 8 已知数列 $\{a_n\}$，其中 $a_1=\dfrac{4}{3}$，$a_2=\dfrac{13}{9}$，且当 $n\geqslant 3$ 时，有下列递推式：

$$a_n-a_{n-1}=\dfrac{1}{3}(a_{n-1}-a_{n-2}).$$

试求数列 $\{a_n\}$ 的通项公式.（1986 年全国文科高考试题）

解 因为 $a_n-a_{n-1}=\dfrac{1}{3}(a_{n-1}-a_{n-2})$，所以，数列 $\{a_{n+1}-a_n\}$ 是以 $\dfrac{1}{3}$ 为公比，以

$$a_2-a_1=\dfrac{13}{9}-\dfrac{4}{3}=\dfrac{1}{9}$$

为首项的等比数列. 所以，

$$a_{n+1}-a_n=\frac{1}{9}\cdot\left(\frac{1}{3}\right)^{n-1}=\left(\frac{1}{3}\right)^{n+1}.$$

因此，
$$a_n=\frac{4}{3}+\sum_{k=1}^{n-1}\left(\frac{1}{3}\right)^{k+1}=\frac{3}{2}-\frac{1}{2}\left(\frac{1}{3}\right)^n.$$

例9 已知数列 $\{a_n\}$ 的通项公式为
$$a_n=\cos n\alpha\ (0<\alpha<\pi).$$

试用 a_{n-1}、a_{n-2} 表示 a_n。(1986 年广东省理科高考试题)

解法一 $a_n+a_{n-2}=\cos n\alpha+\cos(n-2)\alpha$
$$=2\cos(n-1)\alpha\cdot\cos\alpha=2a_{n-1}\cos\alpha,$$

因此， $a_n=2a_{n-1}\cos\alpha-a_{n-2}.$

解法二 $a_n=\cos n\alpha=\cos[(n-1)+1]\alpha$
$$=\cos(n-1)\alpha\cos\alpha-\sin(n-1)\alpha\sin\alpha$$
$$=a_{n-1}\cos\alpha+\frac{1}{2}[\cos n\alpha-\cos(n-2)\alpha]$$
$$=a_{n-1}\cos\alpha+\frac{1}{2}a_n-\frac{1}{2}\cdot a_{n-2},$$

因此， $a_n=2a_{n-1}\cos\alpha-a_{n-2}.$

例10 设数列 $a_1,a_2,\cdots,a_n,\cdots$ 的前 n 项的和 S_n 与 a_n 的关系是
$$S_n=-ba_n+1-\frac{1}{(1+b)^n},$$

其中 b 是与 n 无关的常数，且 $b\neq 1$. (1) 求 a_n 与 a_{n-1} 的关系式；(2) 写出用 n 和 b 表示 a_n 的表达式；(3) 当 $0<b<1$ 时，求极限 $\lim\limits_{n\to\infty}S_n$. (1987 年全国理科高考试题)

解法一 (1) $a_n=S_n-S_{n-1}$
$$=-b(a_n-a_{n-1})-\frac{1}{(1+b)^n}+\frac{1}{(1+b)^{n-1}}$$
$$=-b(a_n-a_{n-1})+\frac{b}{(1+b)^n}\ (n\geqslant 2),$$

因此，
$$a_n=\frac{b}{1+b}a_{n-1}+\frac{b}{(1+b)^{n+1}}\ (n\geqslant 2). \tag{6}$$

(2) 由 $a_1=S_1=-ba_1+1-\frac{1}{1+b}$，得
$$a_1=\frac{b}{(1+b)^2}. \tag{7}$$

由(6)有
$$a_n = \frac{b}{1+b}\left[\frac{b}{1+b}a_{n-2} + \frac{b}{(1+b)^n}\right] + \frac{b}{(1+b)^{n+1}}$$
$$= \left(\frac{b}{1+b}\right)^2 a_{n-2} + \frac{b+b^2}{(1+b)^{n+1}}$$
$$= \left(\frac{b}{1+b}\right)^2 \left[\frac{b}{1+b}a_{n-3} + \frac{b}{(1+b)^{n-1}}\right] + \frac{b+b^2}{(1+b)^{n+1}}$$
$$= \left(\frac{b}{1+b}\right)^3 a_{n-3} + \frac{b+b^2+b^3}{(1+b)^{n+1}}$$
$$\cdots$$

由此可推得
$$a_n = \left(\frac{b}{1+b}\right)^{n-1} a_1 + \frac{b+b^2+\cdots+b^{n-1}}{(1+b)^{n+1}}.$$

把(7)代入上式,得
$$a_n = \frac{b+b^2+\cdots+b^n}{(1+b)^{n+1}}.$$

所以,有
$$a_n = \begin{cases} \dfrac{b-b^{n+1}}{(1-b)(1+b)^{n+1}}, & b \neq 1, \\ \dfrac{n}{2^{n+1}}, & b = 1. \end{cases}$$

(3) $S_n = \dfrac{-b(b-b^{n+1})}{1-b} \cdot \left(\dfrac{1}{1+b}\right)^{n+1}$
$+ 1 - \left(\dfrac{1}{1+b}\right)^n \quad (b \neq 1).$

因为当 $0 < b < 1$ 时,$\lim\limits_{n\to\infty} b^n = 0$,$\lim\limits_{n\to\infty}\left(\dfrac{1}{1+b}\right)^n = 0$,所以,当 $0 < b < 1$ 时,$\lim\limits_{n\to\infty} S_n = 1$.

解法二 (2)同解法一,可得
$$a_1 = \frac{b}{(1+b)^2}, \quad a_n = \frac{b}{1+b}a_{n-1} + \frac{b}{(1+b)^{n+1}}.$$

由此得到
$$a_2 = \frac{b^2}{(1+b)^3} + \frac{b}{(1+b)^3} = \frac{b+b^2}{(1+b)^3},$$
$$a_3 = \frac{b}{1+b} \cdot \frac{b+b^2}{(1+b)^3} + \frac{b}{(1+b)^4} = \frac{b+b^2+b^3}{(1+b)^4}.$$

我们用归纳法来证明:
$$a_n = \frac{b+b^2+\cdots+b^n}{(1+b)^{n+1}}. \tag{8}$$

当 $n=1$ 时,此式显然成立.假设 $n=k$ 时,(8)式成立.则当 $n=k+1$ 时,有

$$a_{k+1} = \frac{b}{1+b}a_k + \frac{b}{(1+b)^{k+2}}$$
$$= \frac{b}{1+b} \cdot \frac{b+b^2+\cdots+b^k}{(1+b)^{k+1}} + \frac{b}{(1+b)^{k+2}}$$
$$= \frac{b+b^2+\cdots+b^{k+1}}{(1+b)^{k+2}},$$

即当 $n=k+1$ 时,(8)式亦成立.

由此得证,对任何 n,(8)式都成立.

解法三 (2)同解法一,可得知 $\{a_n\}$ 满足:

$$a_1 = \frac{b}{(1+b)^2}, \quad a_n = \frac{b}{1+b}a_{n-1} + \frac{b}{(1+b)^{n+1}} \quad (n \geq 2).$$

由 $\{a_n\}$ 的递推式,我们可得以下各式:

$$a_n = \frac{b}{1+b}a_{n-1} + \frac{b}{(1+b)^{n+1}},$$
$$\frac{b}{1+b}a_{n-1} = \left(\frac{b}{1+b}\right)^2 a_{n-2} + \frac{b^2}{(1+b)^{n+1}},$$
$$\left(\frac{b}{1+b}\right)^2 a_{n-2} = \left(\frac{b}{1+b}\right)^3 a_{n-3} + \frac{b^3}{(1+b)^{n+1}},$$
$$\cdots,$$
$$\left(\frac{b}{1+b}\right)^{n-2} a_2 = \left(\frac{b}{1+b}\right)^{n-1} a_1 + \frac{b^{n-1}}{(1+b)^{n+1}},$$

将上述各式相加,得

$$a_n = \left(\frac{b}{1+b}\right)^{n-1} a_1 + \frac{b+b^2+\cdots+b^{n-1}}{(1+b)^{n+1}}$$
$$= \frac{b+b^2+\cdots+b^{n-1}+b^n}{(1+b)^{n+1}}$$
$$= \begin{cases} \dfrac{b-b^{n+1}}{(1-b)(1+b)^{n+1}}, & b \neq 1; \\ \dfrac{n}{2^{n+1}}, & b=1. \end{cases}$$

解法四 (2)同解法一,可得

$$a_1 = \frac{b}{(1+b)^2}, \quad a_n = \frac{b}{1+b}a_{n-1} + \frac{b}{(1+b)^{n+1}} \quad (n \geq 2).$$

由递推式可得下式:

$$\left(\frac{1+b}{b}\right)^n a_n = \left(\frac{1+b}{b}\right)^{n-1} a_{n-1} + \frac{1}{(1+b)b^{n-1}}.$$

令 $x_n = \left(\dfrac{1+b}{b}\right)^n a_n$,则数列 $\{x_n\}$ 满足:

$$\begin{cases} x_1 = \dfrac{1+b}{b} \cdot a_1 = \dfrac{1}{1+b}, \\ x_n = x_{n-1} + \dfrac{1}{(1+b)b^{n-1}}, \end{cases}$$

由此可得下列各式:

$$x_n = x_{n-1} + \dfrac{1}{(1+b)b^{n-1}},$$

$$x_{n-1} = x_{n-2} + \dfrac{1}{(1+b)b^{n-2}},$$

$$x_{n-2} = x_{n-3} + \dfrac{1}{(1+b)b^{n-3}},$$

$$\cdots,$$

$$x_2 = x_1 + \dfrac{1}{(1+b)b}.$$

将上述各式相加,得

$$x_n = x_1 + \dfrac{1}{1+b}\left[\dfrac{1}{b} + \dfrac{1}{b^2} + \cdots + \dfrac{1}{b^{n-1}}\right]$$

$$= \dfrac{1}{1+b}\left[1 + \dfrac{1}{b} + \cdots + \dfrac{1}{b^{n-1}}\right],$$

从而得

$$a_n = \left(\dfrac{b}{1+b}\right)^n x_n = \dfrac{b + b^2 + \cdots + b^n}{(1+b)^{n+1}}.$$

解法五 (2)同解法一,得

$$a_1 = \dfrac{b}{(1+b)^2},\ a_n = \dfrac{b}{1+b}a_{n-1} + \dfrac{b}{(1+b)^{n+1}}\ (n \geqslant 2).$$

由此得到

$$(1+b)^n a_n = b(1+b)^{n-1} a_{n-1} + \dfrac{b}{1+b}.$$

令 $y_n = (1+b)^n a_n$,则

$$y_1 = (1+b)a_1 = \dfrac{b}{1+b},\ y_n = by_{n-1} + \dfrac{b}{1+b}. \tag{9}$$

设想存在一个数 k,满足

$$y_n - k = b(y_{n-1} - k),$$

则

$$y_n = by_{n-1} + k - bk,$$

与(9)式比较,应有
$$k - bk = \frac{b}{1+b}.$$

当 $b \neq 1$ 时,有
$$k = \frac{b}{1-b^2},$$

即有
$$y_n - \frac{b}{1-b^2} = b\left(y_{n-1} - \frac{b}{1-b^2}\right).$$

可见,数列 $\left\{y_n - \frac{b}{1-b^2}\right\}$ 是以 $y_1 - \frac{b}{1-b^2}$ 为首项、以 b 为公比的等比数列.

所以,
$$y_n - \frac{b}{1-b^2} = \left(y_1 - \frac{b}{1-b^2}\right) \cdot b^{n-1} = \frac{-b^{n+1}}{1-b^2},$$

从而
$$y_n = \frac{b}{1-b^2} - \frac{b^{n+1}}{1-b^2} = \frac{b - b^{n+1}}{1-b^2}.$$

由此可得
$$a_n = \frac{y_n}{(1+b)^n} = \frac{b - b^{n+1}}{(1-b)(1+b)^{n+1}}.$$

如果 $b=1$,则由(9)式,有
$$y_n = y_{n-1} + \frac{1}{2}.$$

不难得出
$$y_n = y_1 + (n-1) \cdot \frac{1}{2} = \frac{n}{2},$$

从而得到
$$a_n = \frac{n}{2^{n+1}}.$$

例 11 设数列 $a_1, a_2, \cdots, a_n, \cdots$ 前 n 项的和 S_n 与 a_n 的关系是 $S_n = ka_n + 1$(其中 k 是与 n 无关的实数,且 $k \neq 1$). 试写出用 n、k 表示的 a_n 的表达式. (1987 年全国文科高考试题)

解 $a_n = S_n - S_{n-1} = (ka_n + 1) - (ka_{n-1} + 1) = ka_n - ka_{n-1}$,
整理后得
$$a_n = \frac{k}{k-1} a_{n-1}.$$

可见 $\{a_n\}$ 是等比数列,其公比为 $\frac{k}{k-1}$,其首项 a_1(即 S_1)满足

$$a_1 = S_1 = ka_1 + 1,$$

整理后得

$$a_1 = \frac{1}{1-k}.$$

因此，

$$a_n = \frac{1}{1-k} \cdot \left(\frac{k}{k-1}\right)^{n-1} = -\frac{k^{n-1}}{(k-1)^n}.$$

例 12 数列 $\{a_n\}$ 由下列条件确定：$x_1 = a > 0$，$x_{n+1} = \frac{1}{2}\left(x_n + \frac{a}{x_n}\right)$，$n \in \mathbf{N}^*$.

(1) 证明：对 $n \geq 2$，总有 $x_n \geq \sqrt{a}$；

(2) 证明：对 $n \geq 2$，总有 $x_n \geq x_{n+1}$；

(3) 若数列 $\{a_n\}$ 的极限存在，且大于零，求 $\lim\limits_{n \to \infty} x_n$ 的值.（2002 年北京市理科高考试题）

解 (1) 由 $x_1 = a > 0$ 及 $x_{n+1} = \frac{1}{2}\left(x_n + \frac{a}{x_n}\right)$ 可归纳证明 $x_n > 0$，

从而有 $x_{n+1} = \frac{1}{2}\left(x_n + \frac{a}{x_n}\right) \geq \sqrt{x_n \cdot \frac{a}{x_n}} = \sqrt{a}$ $(n \in \mathbf{N}^*)$，

所以，当 $n \geq 2$ 时，$x_n \geq \sqrt{a}$ 成立.

(2) 方法一：当 $n \geq 2$ 时，因为 $x_n \geq \sqrt{a} > 0$，$x_{n+1} = \frac{1}{2}\left(x_n + \frac{a}{x_n}\right)$，

所以 $x_{n+1} - x_n = \frac{1}{2}\left(x_n + \frac{a}{x_n}\right) - x_n = \frac{1}{2} \times \frac{a - x_n^2}{x_n} \leq 0.$

故当 $n \geq 2$ 时，$x_n \geq x_{n-1}$ 成立.

方法二：当 $n \geq 2$ 时，因为 $x_n \geq \sqrt{a} > 0$，$x_{n+1} = \frac{1}{2}\left(x_n + \frac{a}{x_n}\right)$，

所以 $\dfrac{x_{n+1}}{x_n} = \dfrac{\frac{1}{2}\left(x_n + \frac{a}{x_n}\right)}{x_n} = \dfrac{x_n^2 + a}{2x_n^2} \leq \dfrac{x_n^2 + x_n^2}{2x_n^2} = 1.$

故当 $n \geq 2$ 时，$x_n \geq x_{n+1}$ 成立.

(3) 记 $\lim\limits_{n \to \infty} x_n = A$，则 $\lim\limits_{n \to \infty} x_{n+1} = A$，且 $A > 0$.

由 $x_{n+1} = \frac{1}{2}\left(x_n + \frac{a}{x_n}\right),$

得 $\lim\limits_{n \to \infty} x_{n+1} = \frac{1}{2}\left(\lim\limits_{n \to \infty} x_n + \frac{a}{\lim\limits_{n \to \infty} x_n}\right),$

即 $A = \frac{1}{2}\left(A + \frac{a}{A}\right).$

由 $A>0$,解得 $A=\sqrt{a}$.

故 $\lim\limits_{n\to\infty}x_n=\sqrt{a}$.

例 13 设 a_0 为常数,且 $a_n=3^{n-1}-2a_{n-1}(n\in\mathbf{N}^*)$.

(1) 证明:对任意 $n\geqslant 1$,$a_n=\dfrac{1}{5}[3^n+(-1)^{n-1}\cdot 2^n]+(-1)^n\cdot 2^n a_0$;

(2) 假设对任意 $n\geqslant 1$ 有 $a_n>a_{n-1}$,求 a_0 的取值范围. (2003 年辽宁省高考试题)

解 (1) 方法一:(i) 当 $n=1$ 时,由已知得 $a_1=1-2a_0$,等式成立;

(ii) 假设当 $n=k(k\geqslant 1)$ 时等式成立,则

$$a_k=\dfrac{1}{5}[3^k+(-1)^{k-1}\cdot 2^k]+(-1)^k\cdot 2^k a_0,$$

那么 $a_{k+1}=3^k-2a_k=3^k-\dfrac{2}{5}[3^k+(-1)^{k-1}\cdot 2^k]-(-1)^k\cdot 2^{k+1}a_0$

$$=\dfrac{1}{5}[3^{k+1}+(-1)^k\cdot 2^{k+1}]+(-1)^{k+1}\cdot 2^{k+1}a_0.$$

也就是说,当 $n=k+1$ 时,等式也成立.

根据(i)和(ii),可知对任何 $n\in\mathbf{N}^*$ 等式成立.

方法二:如果设 $a_n-\alpha 3^n=-2(a_{n-1}-\alpha 3^{n-1})$,用 $a_n=3^{n-1}-2a_{n-1}$ 代入,可解出 $\alpha=\dfrac{1}{5}$.

所以 $\left\{a_n-\dfrac{3^n}{5}\right\}$ 是公比为 -2,首项为 $a_1-\dfrac{3}{5}$ 的等比数列.

所以 $a_n-\dfrac{3^n}{5}=\left(1-2a_0-\dfrac{3}{5}\right)(-2)^{n-1}(n\in\mathbf{N}^*)$,

即 $a_n=\dfrac{3^n+(-1)^{n-1}2^n}{5}+(-1)^n 2^n a_0$.

(2) 方法一:由 a_n 通项公式得 $a_n-a_{n-1}=\dfrac{2\times 3^{n-1}+(-1)^{n-1}3\times 2^{n-1}}{5}+(-1)^n 3\times 2^{n-1}a_0$.

所以 $a_n>a_{n-1}(n\in\mathbf{N}^*)$ 等价于

$$(-1)^{n-1}(5a_0-1)<\left(\dfrac{3}{2}\right)^{n-2}(n\in\mathbf{N}^*). \tag{10}$$

(i) 当 $n=2k-1,k=1,2,\cdots$ 时,(10)式即为

$$(-1)^{2k-2}(5a_0-1)<\left(\dfrac{3}{2}\right)^{2k-3},$$

$$a_0<\dfrac{1}{5}\left(\dfrac{3}{2}\right)^{2k-3}+\dfrac{1}{5}. \tag{11}$$

(11)式对 $k=1,2,\cdots$ 都成立,有 $a_0 < \frac{1}{5} \times \left(\frac{3}{2}\right)^{-1} + \frac{1}{5} = \frac{1}{3}$.

(ii) 当 $n=2k, k=1,2,\cdots$ 时,(10)式即为
$$(-1)^{2k-1}(5a_0-1) < \left(\frac{3}{2}\right)^{2k-2},$$
$$a_0 > -\frac{1}{5} \times \left(\frac{3}{2}\right)^{2k-2} + \frac{1}{5}. \tag{12}$$

(12)式对 $k=1,2,\cdots$ 都成立,有 $a_0 > -\frac{1}{5} \times \left(\frac{3}{2}\right)^{2\times 1-2} + \frac{1}{5} = 0$.

综上,(10)式对任意 $n \in \mathbf{N}^*$ 成立,有 $0 < a_0 < \frac{1}{3}$.

故 a_0 的取值范围为 $\left(0, \frac{1}{3}\right)$.

方法二:如果 $a_n > a_{n-1}(n \in \mathbf{N}^*)$ 成立,特别取 $n=1,2$ 有 $a_1-a_0=1-3a_0 > 0$. $a_2-a_1=6a_0 > 0$. 因此 $0 < a_0 < \frac{1}{3}$.

下面证明当 $0 < a_0 < \frac{1}{3}$ 时,对任意 $n \in \mathbf{N}^*$,

$a_n - a_{n-1} > 0$. 由 a_n 的通项公式得
$5(a_n-a_{n-1}) = 2 \times 3^{n-1} + (-1)^{n-1} 3 \times 2^{n-1} + (-1)^n 5 \times 3 \times 2^{n-1} a_0$.

(i) 当 $n=2k-1, k=1,2,\cdots$ 时,
$$5(a_n-a_{n-1}) = 2 \times 3^{n-1} + 3 \times 2^{n-1} - 5 \times 3 \times 2^{n-1} a_0$$
$$> 2 \times 2^{n-1} + 3 \times 2^{n-1} - 5 \times 2^{n-1} = 0.$$

(ii) 当 $n=2k, k=1,2,\cdots$ 时,
$$5(a_n-a_{n-1}) = 2 \times 3^{n-1} - 3 \times 2^{n-1} + 5 \times 3 \times 2^{n-1} a_0$$
$$> 2 \times 3^{n-1} - 3 \times 2^{n-1} \geqslant 0.$$

故 a_0 的取值范围为 $\left(0, \frac{1}{3}\right)$.

例14 如图 8-14-1,$\triangle OBC$ 的各个顶点坐标分别为 $(0,0)$、$(1,0)$、$(0,2)$,设点 P_1 为线段 BC 的中点,点 P_2 为线段 CO 的中点,点 P_3 为线段 OP_1 的中点,对于每一个正整数 n,点 P_{n+3} 为线段 $P_n P_{n+1}$ 的中点,令点 P_n 的坐标为 (x_n, y_n),$a_n = \frac{1}{2} y_n + y_{n+1} + y_{n+2}$.

(1) 求 a_1, a_2, a_3 及 a_n;

(2) 证明 $y_{n+4} = 1 - \frac{y_n}{4}, n \in \mathbf{N}^*$;

(3) 若记 $b_n = y_{4n+4} - y_{4n}, n \in \mathbf{N}^*$,证明 $\{b_n\}$ 是等比数列.(2004 年浙江省理科高考试题)

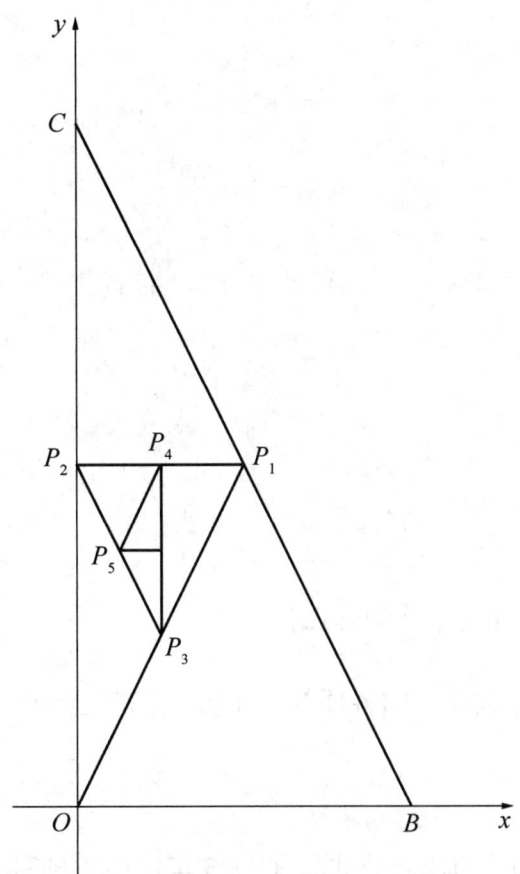

图 8-14-1

解 (1) 因为 $y_1 = y_2 = y_4 = 1, y_3 = \dfrac{1}{2}, y_5 = \dfrac{3}{4}$,

所以 $a_1 = a_2 = a_3 = 2$. 又由题意可知 $y_{n+3} = \dfrac{y_n + y_{n+1}}{2}$,

所以
$$a_{n+1} = \dfrac{1}{2} y_{n+1} + y_{n+2} + y_{n+3}$$
$$= \dfrac{1}{2} y_{n+1} + y_{n+2} + \dfrac{y_n + y_{n+1}}{2}$$
$$= \dfrac{1}{2} y_n + y_{n+1} + y_{n+2} = a_n,$$

所以 $\{a_n\}$ 为常数列.

故 $a_n = a_1 = 2, n \in \mathbf{N}^*$.

(2) 将等式 $\frac{1}{2}y_n + y_{n+1} + y_{n+2} = 2$ 两边除以 2,得

$$\frac{1}{4}y_n + \frac{y_{n+1} + y_{n+2}}{2} = 1,$$

又

$$y_{n+4} = \frac{y_{n+1} + y_{n+2}}{2},$$

所以

$$y_{n+4} = 1 - \frac{y_n}{4}.$$

(3) 因为 $b_{n+1} = y_{4n+8} - y_{4n+4} = \left(1 - \frac{y_{4n+4}}{4}\right) - \left(1 - \frac{y_{4n}}{4}\right)$

$$= -\frac{1}{4}(y_{4n+4} - y_{4n})$$

$$= -\frac{1}{4}b_n,$$

又

$$b_1 = y_8 - y_4 = -\frac{1}{4} \neq 0,$$

所以 $\{b_n\}$ 是公比为 $-\frac{1}{4}$ 的等比数列.

例 15 已知数列 $\{a_n\}$ 的各项都是正数,且满足:$a_0 = 1, a_{n+1} = \frac{1}{2}a_n(4 - a_n), n \in \mathbf{N}$.

(1) 证明:$a_n < a_{n+1} < 2, n \in \mathbf{N}$;
(2) 求数列 $\{a_n\}$ 的通项公式 a_n. (2005 年江西省理科高考试题)

解 (1) 用数学归纳法证明:1° 当 $n = 1$ 时,$a_0 = 1, a_1 = \frac{1}{2}a_0(4 - a_0) = \frac{3}{2}$,

所以 $a_0 < a_1 < 2$,命题正确.

2° 假设 $n = k$ 时有 $a_{k-1} < a_k < 2$ 成立,

则 $n = k+1$ 时,$a_k - a_{k+1} = \frac{1}{2}a_{k-1}(4 - a_{k-1}) - \frac{1}{2}a_k(4 - a_k)$

$$= 2(a_{k-1} - a_k) - \frac{1}{2}(a_{k-1} - a_k)(a_{k-1} + a_k)$$

$$= \frac{1}{2}(a_{k-1} - a_k)(4 - a_{k-1} - a_k).$$

而 $a_{k-1} - a_k < 0, 4 - a_{k-1} - a_k > 0$, $\therefore a_k - a_{k-1} < 0$.

又 $a_{k+1} = \frac{1}{2}a_k(4 - a_k) = \frac{1}{2}[4 - (a_k - 2)^2] < 2$.

所以 $n = k+1$ 时命题正确.

由 1°、2°知,对一切 $n\in\mathbf{N}$ 有 $a_n<a_{n+1}<2$.

(2) 因 $a_{n+1}=\dfrac{1}{2}a_n(4-a_n)=\dfrac{1}{2}[-(a_n-2)^2+4]$,所以
$$2(a_{n+1}-2)=-(a_n-2)^2.$$

令 $b_n=a_n-2$,则 $b_n=-\dfrac{1}{2}b_{n-1}^2=-\dfrac{1}{2}\left(-\dfrac{1}{2}b_{n-2}^2\right)^2=-\dfrac{1}{2}\cdot\left(\dfrac{1}{2}\right)^2 b_{n-2}^{2^2}=\cdots$
$=-\left(\dfrac{1}{2}\right)^{1+2+\cdots+2^{n-1}}b_0^{2^n}.$

又 $b_0=-1$,所以 $b_n=-\left(\dfrac{1}{2}\right)^{2^n-1}$,即 $a_n=2+b_n=2-\left(\dfrac{1}{2}\right)^{2^n-1}$.

例 16 已知数列 $\{a_n\}$ 满足 $a_1=1,a_2=3,a_{n+2}=3a_{n+1}-2a_n(n\in\mathbf{N}^*)$.
(1) 证明:数列 $\{a_{n+1}-a_n\}$ 是等比数列;
(2) 求数列 $\{a_n\}$ 的通项公式;
(3) 若数列 $\{b_n\}$ 满足 $4^{b_1-1}4^{b_2-1}\cdots\cdot 4^{b_n-1}=(a_n+1)^{b_n}(n\in\mathbf{N}^*)$,证明:$\{b_n\}$ 是等差数列.(2006 年福建省文科高考试题)

解 (1) 因 $a_{n+2}=3a_{n+1}-2a_n$,
所以 $a_{n+2}-a_{n+1}=2(a_{n+1}-a_n)$,
故 $\dfrac{a_{n+2}-a_{n+1}}{a_{n+1}-a_n}=2(n\in\mathbf{N}^*)$.
又 $a_1=1,a_2=3$,
所以 $\{a_{n+1}-a_n\}$ 是以 $a_2-a_1=2$ 为首项,2 为公比的等比数列.

(2) 由(1)得 $a_{n+1}-a_n=2^n(n\in\mathbf{N}^*)$,
所以 $a_n=(a_n-a_{n-1})+(a_{n-1}-a_{n-2})+\cdots+(a_2-a_1)+a_1$
$=2^{n-1}+2^{n-2}+\cdots+2+1$
$=2^n-1(n\in\mathbf{N}^*).$

(3) 因 $4^{b_1-1}4^{b_2-1}\cdots\cdot 4^{b_n-1}=(a_n+1)^{b_n}$,
所以 $4^{(b_1+b_2+\cdots+b_n)-n}=2^{nb_n}$,
故 $2[(b_1+b_2+\cdots+b_n)-n]=nb_n,$ (13)
$2[(b_1+b_2+\cdots+b_n+b_{n+1})-(n+1)]=(n+1)b_{n+1}.$ (14)
(14)−(13),得 $2(b_{n+1}-1)=(n+1)b_{n+1}-nb_n$,
即 $(n-1)b_{n+1}-nb_n+2=0.$ (15)
$nb_{n+2}-(n+1)b_{n+1}+2=0.$ (16)
(16)−(15),得 $nb_{n+2}-2nb_{n+1}+nb_n=0$,
即 $b_{n+2}-2b_{n+1}+b_n=0$,
于是 $b_{n+2}-b_{n+1}=b_{n+1}-b_n(n\in\mathbf{N}^*)$,

所以$\{b_n\}$是等差数列.

例 17 已知$A_n(a_n,b_n)(n\in \mathbf{N}^*)$是曲线$y=e^x$上的点,$a_1=a$,$S_n$是数列$\{a_n\}$的前$n$项和,且满足$S_n^2=3n^2a_n+S_{n-1}^2$,$a_n\neq 0$,$n=2,3,4,\cdots$.

(1) 证明:数列$\left\{\dfrac{b_{n+2}}{b_n}\right\}(n\geqslant 2)$是常数数列;

(2) 确定a的取值集合M,使$a\in M$时,数列$\{a_n\}$是单调递增数列;

(3) 证明:当$a\in M$时,弦$A_nA_{n+1}(n\in \mathbf{N}^*)$的斜率随$n$单调递增. (2007年湖南省理科高考试题)

解 (1) 当$n\geqslant 2$时,由已知得$S_n^2-S_{n-1}^2=3n^2a_n$.

因为$a_n=S_n-S_{n-1}\neq 0$,所以$S_n+S_{n-1}=3n^2$. (17)

于是 $S_{n+1}+S_n=3(n+1)^2$. (18)

由(18)-(17)得 $a_{n+1}+a_n=6n+3$. (19)

于是 $a_{n+2}+a_{n+1}=6n+9$. (20)

由(20)-(19)得 $a_{n+2}-a_n=6$, (21)

所以$\dfrac{b_{n+2}}{b_n}=\dfrac{e^{a_{n+2}}}{e^{a_n}}=e^{a_{n+2}-a_n}=e^6$,即数列$\left\{\dfrac{b_{n+2}}{b_n}\right\}(n\geqslant 2)$是常数数列.

(2) 由(17)有$S_2+S_1=12$,所以$a_2=12-2a$. 由(19)有$a_3+a_2=15$,$a_4+a_3=21$,所以$a_3=3+2a$,$a_4=18-2a$.

而(21)表明:数列$\{a_{2k}\}$和$\{a_{2k+1}\}$分别是以a_2,a_3为首项,6为公差的等差数列,所以$a_{2k}=a_2+6(k-1)$,$a_{2k+1}=a_3+6(k-1)$,$a_{2k+2}=a_4+6(k-1)$($k\in \mathbf{N}^*$),数列$\{a_n\}$是单调递增数列$\Leftrightarrow a_1<a_2$且$a_{2k}<a_{2k+1}<a_{2k+2}$对任意的$k\in \mathbf{N}^*$成立$\Leftrightarrow a_1<a_2$且$a_2+6(k-1)<a_3+6(k-1)<a_4+6(k-1)$

$\Leftrightarrow a_1<a_2<a_3<a_4\Leftrightarrow a<12-2a<3+2a<18-2a\Leftrightarrow \dfrac{9}{4}<a<\dfrac{15}{4}$.

即所求a的取值集合是$M=\left\{a\left|\dfrac{9}{4}<a<\dfrac{15}{4}\right.\right\}$.

(3) 方法一:因弦A_nA_{n+1}的斜率为$k_n=\dfrac{b_{n+1}-b_n}{a_{n+1}-a_n}=\dfrac{e^{a_{n+1}}-e^{a_n}}{a_{n+1}-a_n}$,

任取x_0,设函数$f(x)=\dfrac{e^x-e^{x_0}}{x-x_0}$,则$f'(x)=\dfrac{e^x(x-x_0)-(e^x-e^{x_0})}{(x-x_0)^2}$.

记$g(x)=e^x(x-x_0)-(e^x-e^{x_0})$,则

$g'(x)=e^x(x-x_0)+e^x-e^x=e^x(x-x_0)$,

当$x>x_0$时,$g'(x)>0$,$g(x)$在$(x_0,+\infty)$上为增函数,

当$x<x_0$时,$g'(x)<0$,$g(x)$在$(-\infty,x_0)$上为减函数,

所以$x\neq x_0$时,$g(x)>g(x_0)=0$,从而$f'(x)>0$,所以$f(x)$在$(-\infty,x_0)$和

$(x_0, +\infty)$ 上都是增函数.

由(2)知,$a \in M$ 时,数列 $\{a_n\}$ 单调递增,

取 $x_0 = a_n$,因为 $a_n < a_{n+1} < a_{n+2}$,所以 $k_n = \dfrac{e^{a_{n+1}} - e^{a_n}}{a_{n+1} - a_n} < \dfrac{e^{a_{n+2}} - e^{a_n}}{a_{n+2} - a_n}$.

取 $x_0 = a_{n+2}$,因为 $a_n < a_{n+1} < a_{n+2}$,所以 $k_{n+1} = \dfrac{e^{a_{n+1}} - e^{a_{n+2}}}{a_{n+1} - a_{n+2}} > \dfrac{e^{a_n} - e^{a_{n+2}}}{a_n - a_{n+2}}$.

所以 $k_n < k_{n+1}$,即弦 $A_n A_{n+1}$ ($n \in \mathbf{N}^*$) 的斜率随 n 单调递增.

方法二:设函数 $f(x) = \dfrac{e^x - e^{a_{n+1}}}{x - a_{n+1}}$,同方法一得,$f(x)$ 在 $(-\infty, a_{n+1})$ 和 $(a_{n+1}, +\infty)$ 上都是增函数,

所以 $k_n = \dfrac{e^{a_n} - e^{a_{n+1}}}{a_n - a_{n+1}} < \lim\limits_{x \to a_{n+1}^-} \dfrac{e^x - e^{a_{n+1}}}{x - a_{n+1}} = e^{a_{n+1}}$,$k_{n+1} = \dfrac{e^{a_{n+2}} - e^{a_{n+1}}}{a_{n+2} - a_{n+1}} > \lim\limits_{x \to a_{n+1}^+} \dfrac{e^x - e^{a_{n+1}}}{x - a_{n+1}} = e^{a_{n+1}}$.

故 $k_n < k_{n+1}$,即弦 $A_n A_{n+1}$ ($n \in \mathbf{N}^*$) 的斜率随 n 单调递增.

例 18 已知函数 $f(x) = x^2 - 4$,设曲线 $y = f(x)$ 在点 $(x_n, f(x_n))$ 处的切线与 x 轴的交点为 $(x_{n+1}, 0)$ ($n \in \mathbf{N}^*$),其中 x_1 为正实数.

(1) 用 x_n 表示 x_{n+1};

(2) 求证:对一切正整数 n,$x_{n+1} \leqslant x_n$ 的充要条件是 $x_1 \geqslant 2$;

(3) 若 $x_1 = 4$,记 $a_n = \lg \dfrac{x_n + 2}{x_n - 2}$,证明数列 $\{a_n\}$ 成等比数列,并求数列 $\{x_n\}$ 的通项公式.(2007 年四川省理科高考试题)

解 (1) 由题可得 $f'(x) = 2x$,

所以过曲线上点 $(x_n, f(x_n))$ 的切线方程为 $y - f(x_n) = f'(x_n)(x - x_n)$,

即 $y - (x_n^2 - 4) = 2x_n(x - x_n)$.

令 $y = 0$,得 $-(x_n^2 - 4) = 2x_n(x_{n+1} - x_n)$,即 $x_n^2 + 4 = 2x_n x_{n+1}$,

显然 $x_n \neq 0$,所以 $x_{n+1} = \dfrac{x_n}{2} + \dfrac{2}{x_n}$.

(2) (必要性) 若对一切正整数 n,$x_{n+1} \leqslant x_n$,则 $x_2 \leqslant x_1$,即 $\dfrac{x_1}{2} + \dfrac{2}{x_1} \leqslant x_1$,

而 $x_1 > 0$,所以 $x_1^2 \geqslant 4$,即有 $x_1 \geqslant 2$.

(充分性) 若 $x_1 \geqslant 2 > 0$,由 $x_{n+1} = \dfrac{x_n}{2} + \dfrac{2}{x_n}$,

用数学归纳法易得 $x_n > 0$,从而 $x_{n+1} = \dfrac{x_n}{2} + \dfrac{2}{x_n} \geqslant 2\sqrt{\dfrac{x_n}{2} \cdot \dfrac{2}{x_n}} = 2$ ($n \geqslant 1$),即 $x_n \geqslant 2$ ($n \geqslant 2$).

又 $x_1 \geqslant 2$,所以 $x_n \geqslant 2 (n \geqslant 1)$.

于是 $x_{n+1} - x_n = \dfrac{x_n}{2} + \dfrac{2}{x_n} - x_n = \dfrac{4-x_n^2}{2x_n} = \dfrac{(2-x_n)(2+x_n)}{2x_n} \leqslant 0$,

即 $x_{n+1} \leqslant x_n$ 对一切正整数 n 成立.

(3) 由 $x_{n+1} = \dfrac{x_n}{2} + \dfrac{2}{x_n}$,知 $x_{n+1} + 2 = \dfrac{(x_n+2)^2}{2x_n}$,同理,

$$x_{n+1} - 2 = \dfrac{(x_n-2)^2}{2x_n},$$

故 $$\dfrac{x_{n+1}+2}{x_{n+1}-2} = \left(\dfrac{x_n+2}{x_n-2}\right)^2,$$

从而 $\lg \dfrac{x_{n+1}+2}{x_{n+1}-2} = 2\lg \dfrac{x_n+2}{x_n-2}$,即 $a_{n+1} = 2a_n$,

所以,数列 $\{a_n\}$ 成等比数列. 故 $a_n = 2^{n-1} a_1 = 2^{n-1} \lg \dfrac{x_1+2}{x_1-2} = 2^{n-1} \lg 3$,

即 $\lg \dfrac{x_n+2}{x_n-2} = 2^{n-1} \lg 3$,从而 $\dfrac{x_n+2}{x_n-2} = 3^{2^{n-1}}$,

所以 $$x_n = \dfrac{2(3^{2^{n-1}}+1)}{3^{2^{n-1}}-1}.$$

例 19 已知数列 $\{a_n\}$ 中,$a_1 = 1, a_2 = 2$,且 $a_{n+1} = (1+q)a_n - qa_{n-1} (n \geqslant 2, q \neq 0)$.

(1) 设 $b_n = a_{n+1} - a_n (n \in \mathbf{N}^*)$,证明:$\{b_n\}$ 是等比数列;

(2) 求数列 $\{a_n\}$ 的通项公式;

(3) 若 a_3 是 a_6 与 a_9 的等差中项,求 q 的值,并证明:对任意的 $n \in \mathbf{N}^*$,a_n 是 a_{n+3} 与 a_{n+6} 的等差中项. (2008 年天津市文科高考试题)

解 (1) 由题设 $a_{n+1} = (1+q)a_n - qa_{n-1} (n \geqslant 2)$,得

$$a_{n+1} - a_n = q(a_n - a_{n-1}),$$

即

$$b_n = qb_{n-1}, n \geqslant 2.$$

又 $b_1 = a_2 - a_1 = 1, q \neq 0$,所以 $\{b_n\}$ 是首项为 1,公比为 q 的等比数列.

(2) 由(1),

$$a_2 - a_1 = 1,$$
$$a_3 - a_2 = q,$$
$$\cdots,$$
$$a_n - a_{n-1} = q^{n-2} (n \geqslant 2).$$

将以上各式相加,得 $a_n - a_1 = 1 + q + \cdots + q^{n-2} (n \geqslant 2)$. 所以当 $n \geqslant 2$ 时,

$$a_n = \begin{cases} 1 + \dfrac{1-q^{n-1}}{1-q}, & q \neq 1, \\ n, & q = 1. \end{cases}$$

上式对 $n=1$ 显然成立.

(3) 由(2),当 $q=1$ 时,显然 a_3 不是 a_6 与 a_9 的等差中项,故 $q\neq 1$. 由 $a_3-a_6=a_9-a_3$ 可得 $q^5-q^2=q^2-q^8$,由 $q\neq 0$ 得

$$q^3 - 1 = 1 - q^6, \tag{22}$$

整理得 $(q^3)^2+q^3-2=0$,解得 $q^3=-2$ 或 $q^3=1$(舍去). 于是

$$q = -\sqrt[3]{2}.$$

另一方面,

$$a_n - a_{n+3} = \frac{q^{n+2}-q^{n-1}}{1-q} = \frac{q^{n-1}}{1-q}(q^3-1),$$

$$a_{n+6} - a_n = \frac{q^{n-1}-q^{n+5}}{1-q} = \frac{q^{n-1}}{1-q}(1-q^6).$$

由(22)可得

$$a_n - a_{n+3} = a_{n+6} - a_n, n \in \mathbf{N}^*.$$

所以对任意的 $n\in\mathbf{N}^*$,a_n 是 a_{n+3} 与 a_{n+6} 的等差中项.

例 20 首项为正数的数列 $\{a_n\}$ 满足 $a_{n+1}=\dfrac{1}{4}(a_n^2+3), n\in\mathbf{N}^*$.

(1) 证明:若 a_1 为奇数,则对一切 $n\geq 2$,a_n 都是奇数;

(2) 若对一切 $n\in\mathbf{N}^*$ 都有 $a_{n+1}>a_n$,求 a_1 的取值范围.(2009 年安徽省理科高考试题)

解 (1) 已知 a_1 是奇数,假设 $a_k=2m-1$ 是奇数,其中 m 为正整数,则由递推关系得 $a_{k+1}=\dfrac{a_k^2+3}{4}=m(m-1)+1$ 是奇数.

根据数学归纳法,对任何 $n\in\mathbf{N}^*$,a_n 都是奇数.

(2) 方法一:由 $a_{n+1}-a_n=\dfrac{1}{4}(a_n-1)(a_n-3)$ 知,$a_{n+1}>a_n$ 当且仅当 $a_n<1$ 或 $a_n>3$.

另一方面,若 $0<a_k<1$,则 $0<a_{k+1}<\dfrac{1+3}{4}=1$;若 $a_k>3$,则 $a_{k+1}>\dfrac{3^2+3}{4}=3$.

根据数学归纳法,$0<a_1<1 \Leftrightarrow 0<a_n<1, \forall n\in\mathbf{N}^*$;$a_1>3 \Leftrightarrow a_n>3, \forall n\in\mathbf{N}^*$.

综上所述,对一切 $n\in\mathbf{N}^*$ 都有 $a_{n+1}>a_n$ 的充要条件是 $0<a_1<1$ 或

$a_1 > 3$.

方法二：由 $a_2 = \dfrac{a_1^2+3}{4} > a_1$，得 $a_1^2 - 4a_1 + 3 > 0$，于是 $0 < a_1 < 1$ 或 $a_1 > 3$.

因为 $a_{n+1} - a_n = \dfrac{a_n^2+3}{4} - \dfrac{a_{n-1}^2+3}{4} = \dfrac{(a_n+a_{n-1})(a_n-a_{n-1})}{4}$,

又 $a_1 > 0$，$a_{n+1} = \dfrac{a_n^2+3}{4}$，所以所有的 a_n 均大于 0，因此 $a_{n+1} - a_n$ 与 $a_n - a_{n-1}$ 同号.

根据数学归纳法，$\forall n \in \mathbf{N}^*$，$a_{n+1} - a_n$ 与 $a_2 - a_1$ 同号.

因此，对一切 $n \in \mathbf{N}^*$ 都有 $a_{n+1} > a_n$ 的充要条件是 $0 < a_1 < 1$ 或 $a_1 > 3$.

例 21 已知数列 $\{x_n\}$ 满足 $x_1 = \dfrac{1}{2}$，$x_{n+1} = \dfrac{1}{1+x_n}$，$n \in \mathbf{N}^*$.

(1) 猜想数列 $\{x_{2n}\}$ 的单调性，并证明你的结论；

(2) 证明：$|x_{n+1} - x_n| \leqslant \dfrac{1}{6}\left(\dfrac{2}{5}\right)^{n-1}$. (2009 年陕西省理科高考试题)

证明 (1) 由 $x_1 = \dfrac{1}{2}$ 及 $x_{n+1} = \dfrac{1}{1+x_n}$ 得 $x_2 = \dfrac{2}{3}$，$x_4 = \dfrac{5}{8}$，$x_6 = \dfrac{13}{21}$.

由 $x_2 > x_4 > x_6$ 猜想：数列 $\{x_{2n}\}$ 是递减数列.

下面用数学归纳法证明：

1° 当 $n = 1$ 时，已证命题成立.

2° 假设当 $n = k$ 时命题成立，即 $x_{2k} > x_{2k+2}$，

易知 $x_{2k} > 0$，那么 $x_{2k+2} - x_{2k+4} = \dfrac{1}{1+x_{2k+1}} - \dfrac{1}{1+x_{2k+3}} = \dfrac{x_{2k+3} - x_{2k+1}}{(1+x_{2k+1})(1+x_{2k+3})}$

$= \dfrac{x_{2k} - x_{2k+2}}{(1+x_{2k})(1+x_{2k+1})(1+x_{2k+2})(1+x_{2k+3})}$

> 0,

即 $x_{2(k+1)} > x_{2(k+1)+2}$.

也就是说，当 $n = k+1$ 时命题也成立，结合 1° 和 2° 知，命题成立.

(2) 当 $n = 1$ 时，$|x_{n+1} - x_n| = |x_2 - x_1| = \dfrac{1}{6}$，结论成立.

当 $n \geqslant 2$ 时，易知 $0 < x_{n-1} < 1$，所以 $1 + x_{n-1} < 2$，$x_n = \dfrac{1}{1+x_{n-1}} > \dfrac{1}{2}$,

所以 $(1+x_n)(1+x_{n-1}) = \left(1 + \dfrac{1}{1+x_{n-1}}\right)(1+x_{n-1}) = 2 + x_{n-1} \geqslant \dfrac{5}{2}$,

所以 $|x_{n+1} - x_n| = \left|\dfrac{1}{1+x_n} - \dfrac{1}{1+x_{n-1}}\right| = \dfrac{|x_n - x_{n-1}|}{(1+x_n)(1+x_{n-1})}$

$$\leqslant \frac{2}{5}|x_n-x_{n-1}| \leqslant \left(\frac{2}{5}\right)^2|x_{n-1}-x_{n-2}| \leqslant \cdots$$
$$\leqslant \left(\frac{2}{5}\right)^{n-1}|x_2-x_1|$$
$$=\frac{1}{6}\left(\frac{2}{5}\right)^{n-1}.$$

例 22 已知 $a_1=1, a_2=4, a_{n+2}=4a_{n+1}+a_n, b_n=\frac{a_{n+1}}{a_n}, n\in \mathbf{N}^*$.

(1) 求 b_1, b_2, b_3 的值;

(2) 设 $c_n=b_n b_{n+1}$, S_n 为数列 $\{c_n\}$ 的前 n 项和,求证:$S_n \geqslant 17n$;

(3) 求证:$|b_{2n}-b_n|<\frac{1}{64}\cdot \frac{1}{17^{n-2}}$. (2009 年重庆市文科高考试题)

解 (1) 因为 $a_2=4, a_3=17, a_4=72$,所以 $b_1=4, b_2=\frac{17}{4}, b_3=\frac{72}{17}$.

(2) 由 $a_{n+2}=4a_{n+1}+a_n$,得 $\frac{a_{n+2}}{a_{n+1}}=4+\frac{a_n}{a_{n+1}}$ 即 $b_{n+1}=4+\frac{1}{b_n}$,

所以当 $n\geqslant 2$ 时,$b_n>4$,于是 $c_1=b_1b_2=17$, $c_n=b_nb_{n+1}=4b_n+1>17 (n\geqslant 2)$,

所以 $S_n=c_1+c_2+\cdots+c_n \geqslant 17n$.

(3) 当 $n=1$ 时,结论 $|b_2-b_1|=\frac{1}{4}<\frac{17}{64}$ 成立.

当 $n\geqslant 2$ 时,有

$$|b_{n+1}-b_n|=\left|4+\frac{1}{b_n}-4-\frac{1}{b_{n-1}}\right|=\left|\frac{b_n-b_{n-1}}{b_nb_{n-1}}\right|\leqslant \frac{1}{17}|b_n-b_{n-1}|$$
$$\leqslant \frac{1}{17^2}|b_{n-1}-b_{n-2}|\leqslant \cdots \leqslant \frac{1}{17^{n-1}}|b_2-b_1|=\frac{1}{4\cdot 17^{n-1}}<\frac{1}{64}\cdot \frac{1}{17^{n-2}} (n\geqslant 2),$$

所以 $|b_{2n}-b_n|\leqslant |b_{n+1}-b_n|+|b_{n+2}-b_{n+1}|+\cdots+|b_{2n}-b_{2n-1}|$
$$\leqslant \frac{1}{4}\left[\left(\frac{1}{17}\right)^{n-1}+\left(\frac{1}{17}\right)^n+\cdots+\left(\frac{1}{17}\right)^{2n-2}\right]$$
$$=\frac{1}{4}\cdot \frac{\left(\frac{1}{17}\right)^{n-1}\left(1-\frac{1}{17^n}\right)}{1-\frac{1}{17}}<\frac{1}{64}\cdot \frac{1}{17^{n-2}} (n\geqslant 2),$$

因此,$|b_{2n}-b_n|<\frac{1}{64}\cdot \frac{1}{17^{n-2}} (n\in \mathbf{N}^*)$.

例 23 对于给定首项 $x_0>\sqrt[3]{a}(a>0)$,由递推关系 $x_{n+1}=\frac{1}{2}\left(x_n+\sqrt{\frac{a}{x_n}}\right)$

($n \in \mathbf{N}^*$)得到数列$\{x_n\}$,且对于任意的$n \in \mathbf{N}^*$,都有$x_n > \sqrt[3]{a}$,用数列$\{x_n\}$可以计算$\sqrt[3]{a}$的近似值.

(1) 取$x_0 = 5, a = 100$,计算x_1、x_2、x_3的值(精确到0.01),归纳出x_n、x_{n+1}的大小关系;

(2) 当$n \geq 1$时,证明:$x_n - x_{n+1} < \frac{1}{2}(x_{n-1} - x_n)$;

(3) 当$x_0 \in [5, 10]$时,用数列$\{x_n\}$计算$\sqrt[3]{100}$的近似值,要求$|x_n - x_{n+1}| < 10^{-4}$,请你估计$n$,并说明理由.(2011年上海市春季高考试题)

解 (1) $x_1 = 4.74, x_2 = 4.67, x_3 = 4.65$,猜想$x_{n+1} < x_n$.

(2) $x_n - x_{n+1} - \frac{1}{2}(x_{n-1} - x_n) = x_n - \frac{1}{2}\left(x_n + \sqrt{\frac{a}{x_n}}\right) - \frac{1}{2}x_{n-1} + \frac{1}{2}x_n$

$$= x_n - \frac{1}{2}\sqrt{\frac{a}{x_n}} - \frac{1}{2}x_{n-1}$$

$$= \frac{1}{2}\left(x_{n-1} + \sqrt{\frac{a}{x_{n-1}}}\right) - \frac{1}{2}\sqrt{\frac{a}{x_n}} - \frac{1}{2}x_{n-1}$$

$$= \frac{1}{2}\sqrt{\frac{a}{x_{n-1}}} - \frac{1}{2}\sqrt{\frac{a}{x_n}}$$

$$= \frac{\sqrt{a}}{2} \cdot \frac{\sqrt{x_n} - \sqrt{x_{n-1}}}{\sqrt{x_{n-1} x_n}}. \quad (10)$$

因为$x_n > \sqrt[3]{a}$,所以

$$x_n - x_{n+1} = x_n - \frac{1}{2}\left(x_n + \sqrt{\frac{a}{x_n}}\right) = \frac{1}{2}\left(x_n - \sqrt{\frac{a}{x_n}}\right) = \frac{1}{2} \cdot \frac{\sqrt{x_n^3} - \sqrt{a}}{\sqrt{x_n}} > 0,$$

所以 $\qquad x_n > x_{n+1}$.

由(10)式,得 $\quad x_n - x_{n+1} - \frac{1}{2}(x_{n-1} - x_n) = \frac{\sqrt{a}}{2} \cdot \frac{\sqrt{x_n} - \sqrt{x_{n-1}}}{\sqrt{x_{n-1} x_n}} < 0,$

所以 $\qquad x_n - x_{n+1} < \frac{1}{2}(x_{n-1} - x_n).$

(3) 由(2)得$0 < x_n - x_{n+1} < \frac{1}{2}(x_{n-1} - x_n) < \frac{1}{2^2}(x_{n-2} - x_{n-1}) < \cdots < \frac{1}{2^{n-1}}(x_1 - x_2) < \frac{1}{2^n}(x_0 - x_1),$

所以只要

$$\frac{1}{2^n}(x_0 - x_1) < 10^{-4}$$

即可,于是
$$2^n > 10^4(x_0 - x_1),$$
因为
$$x_0 - x_1 = \frac{1}{2}\left(x_0 - \frac{10}{\sqrt{x_0}}\right),$$
所以
$$n > \log_2\left[10^4 \cdot \frac{10-\sqrt{10}}{2}\right] \approx 15.1.$$
所以 $n = 16$.

例 24 已知数列 $\{a_n\}$ 的前 n 项和为 S_n,$a_1 = 1$,$a_n \neq 0$,$a_n a_{n+1} = \lambda S_n - 1$,其中 λ 为常数.

(1) 证明:$a_{n+2} - a_n = \lambda$;

(2) 是否存在 λ,使得 $\{a_n\}$ 为等差数列?并说明理由. (2014 年全国课标 I 理科高考试题)

解 (1) 由题设得 $a_n a_{n+1} = \lambda S_n - 1$,
$$a_{n+1} a_{n+2} = \lambda S_{n+1} - 1.$$
两式相减,得 $a_{n+1}(a_{n+2} - a_n) = \lambda a_{n+1}.$
由于 $a_n \neq 0$,所以 $a_{n+2} - a_n = \lambda.$

(2) 由题设 $a_1 = 1$,$a_1 a_2 = \lambda S_1 - 1$,可得 $a_2 = \lambda - 1$.

由(1)知 $a_3 = \lambda + 1.$

假设 $\{a_n\}$ 为等差数列,则 a_1, a_2, a_3 成等差数列,

所以 $a_1 + a_3 = 2a_2$,解得 $\lambda = 4.$

证明 $\lambda = 4$ 时,$\{a_n\}$ 为等差数列:由 $a_{n+2} - a_n = 4$ 知数列奇数项构成的数列 $\{a_{2m-1}\}$ 是首项为 1,公差为 4 的等差数列
$$a_{2m-1} = 4m - 3.$$

令 $n = 2m - 1$,则 $m = \frac{n+1}{2}$,

所以 $a_n = 2n - 1 (n = 2m - 1).$

数列偶数项构成的数列 $\{a_{2m}\}$ 是首项为 3,公差为 4 的等差数列
$$a_{2m} = 4m - 1.$$

令 $n = 2m$,则 $m = \frac{n}{2}$,

所以 $a_n = 2n - 1 (n = 2m).$

故 $a_n = 2n - 1 \ (n \in \mathbf{N}^*)$,$a_{n+1} - a_n = 2.$

因此,存在 $\lambda = 4$,使得 $\{a_n\}$ 为等差数列.

例 25 已知数列 $\{a_n\}$ 和 $\{b_n\}$ 满足 $a_1=1, b_1=0, 4a_{n+1}=3a_n-b_n+4$, $4b_{n+1}=3b_n-a_n-4$.

(1) 证明: $\{a_n+b_n\}$ 是等比数列, $\{a_n-b_n\}$ 是等差数列;

(2) 求 $\{a_n\}$ 和 $\{b_n\}$ 的通项公式. (2019 年全国课标 II 理科高考试题)

解 (1) 由题意可知
$$4a_{n+1}=3a_n-b_n+4,$$
$$4b_{n+1}=3b_n-a_n-4,$$
$$a_1+b_1=1, a_1-b_1=1,$$

所以 $4a_{n+1}+4b_{n+1}=3a_n-b_n+4+3b_n-a_n-4=2a_n+2b_n$,

即
$$a_{n+1}+b_{n+1}=\frac{1}{2}(a_n+b_n).$$

所以数列 $\{a_n+b_n\}$ 是首项为 1、公比为 $\frac{1}{2}$ 的等比数列,
$$a_n+b_n=\left(\frac{1}{2}\right)^{n-1}.$$

因为 $4a_{n+1}-4b_{n+1}=3a_n-b_n+4-(3b_n-a_n-4)=4a_n-4b_n+8$,

所以 $a_{n+1}-b_{n+1}=a_n-b_n+2$, 数列 $\{a_n-b_n\}$ 是首项 1、公差为 2 的等差数列,
$$a_n-b_n=2n-1.$$

(2) 由(1)可知, $a_n+b_n=\frac{1}{2^{n-1}}, a_n-b_n=2n-1$,

所以
$$a_n=\frac{1}{2}[(a_n+b_n)+(a_n-b_n)]=\frac{1}{2^n}+n-\frac{1}{2},$$
$$b_n=\frac{1}{2}[(a_n+b_n)-(a_n-b_n)]=\frac{1}{2^n}-n+\frac{1}{2}.$$

例 26 给定常数 $c>0$, 定义函数 $f(x)=2|x+c+4|-|x+c|$, 数列 $a_1, a_2, a_3, \cdots$ 满足 $a_{n+1}=f(a_n), n\in\mathbf{N}^*$.

(1) 若 $a_1=-c-2$, 求 a_2 及 a_3;

(2) 求证: 对任意 $n\in\mathbf{N}^*, a_{n+1}-a_n\geqslant c$;

(3) 是否存在 a_1, 使得 $a_1, a_2, \cdots, a_n, \cdots$ 成等差数列? 若存在, 求出所有这样的 a_1, 若不存在, 说明理由. (2013 年上海市理科高考试题)

解 (1) 因为 $c>0, a_1=-(c+2)$,

故 $a_2=f(a_1)=2|a_1+c+4|-|a_1+c|=2$,

$a_3=f(a_2)=2|a_2+c+4|-|a_2+c|=c+10$.

(2) 要证明原命题, 只需证明 $f(x)\geqslant x+c$ 对任意 $x\in\mathbf{R}$ 都成立,

$$f(x) \geqslant x+c \Leftrightarrow 2|x+c+4|-|x+c| \geqslant x+c,$$

即只需证明 $2|x+c+4| \geqslant |x+c|+x+c$.

若 $x+c \leqslant 0$, 显然有 $2|x+c+4| \geqslant |x+c|+x+c=0$ 成立;

若 $x+c>0$, 则 $2|x+c+4| \geqslant |x+c|+x+c \Leftrightarrow x+c+4 > x+c$ 显然成立.

综上, $f(x) \geqslant x+c$ 恒成立, 即对任意的 $n \in \mathbf{N}^*$, $a_{n+1}-a_n \geqslant c$.

(3) 由(2)知, 若 $\{a_n\}$ 为等差数列, 则公差 $d \geqslant c>0$, 故 n 无限增大时, 总有 $a_n>0$, 此时, $a_{n+1}=f(a_n)=2(a_n+c+4)-(a_n+c)=a_n+c+8$,

即 $d=c+8$,

故 $a_2=f(a_1)=2|a_1+c+4|-|a_1+c|=a_1+c+8$,

即 $2|a_1+c+4|=|a_1+c|+a_1+c+8$.

当 $a_1+c \geqslant 0$ 时, 等式成立, 且 $n \geqslant 2$ 时, $a_n>0$, 此时 $\{a_n\}$ 为等差数列, 满足题意;

若 $a_1+c<0$, 则 $|a_1+c+4|=4 \Rightarrow a_1=-c-8$,

此时, $a_2=0, a_3=c+8, \cdots, a_n=(n-2)(c+8)$ 也满足题意.

综上, 满足题意的 a_1 的取值范围是 $[-c,+\infty) \cup \{-c-8\}$.

例 27 已知数列 $\{a_n\}$ 与 $\{b_n\}$ 满足 $a_{n+1}-a_n=2(b_{n+1}-b_n), n \in \mathbf{N}^*$.

(1) 若 $b_n=3n+5$, 且 $a_1=1$, 求 $\{a_n\}$ 的通项公式;

(2) 设 $\{a_n\}$ 的第 n_0 项是最大项, 即 $a_{n_0} \geqslant a_n(n \in \mathbf{N}^*)$. 求证: $\{b_n\}$ 的第 n_0 项是最大项;

(3) 设 $a_1=\lambda<0, b_n=\lambda^n(n \in \mathbf{N}^*)$, 求 λ 的取值范围, 使得 $\{a_n\}$ 有最大值 M 与最小值 m, 且 $\dfrac{M}{m} \in (-2,2)$. (2015 年上海市理科高考试题)

解 (1) 根据题意 $a_{n+1}-a_n=2(b_{n+1}-b_n)=6$, 即 $\{a_n\}$ 为等差数列, 所以
$$a_n=1+(n-1) \times 6=6n-5.$$

(2) 根据题意正整数 n_0 为满足 $a_n \geqslant a_{n-1}$ 且 $a_n \geqslant a_{n+1}$ 的解.

当 $a_n \geqslant a_{n-1}, a_n-a_{n-1}=2(b_n-b_{n-1}) \geqslant 0$, 即 $b_n \geqslant b_{n-1}$;

当 $a_n \geqslant a_{n+1}, a_{n+1}-a_n=2(b_{n+1}-b_n) \leqslant 0$, 即 $b_n \geqslant b_{n+1}$.

所以正整数 n_0 为满足 $b_n \geqslant b_{n-1}$ 且 $b_n \geqslant b_{n+1}$ 的解, 即 $\{b_n\}$ 的第 n_0 项是最大项.

(3) 根据题意 $a_n-a_{n-1}=(2\lambda-2)\lambda^{n-1}$, 累加可得 $a_n=2\lambda^n-\lambda, (\lambda<0)$.

当 $\lambda \in (-1,0)$ 时, 偶数项均大于 $-\lambda$, 奇数项均小于 $-\lambda$,

因 $\lambda \in (-1,0)$, 所以偶数项是递减的, 奇数项是递增的.

于是 $M=a_2=2\lambda^2-\lambda, m=a_1=\lambda,$

故 $$\frac{M}{m}=\frac{2\lambda^2-\lambda}{\lambda}=2\lambda-1,$$

即 $2\lambda-1\in(-2,2)$,所以 $\lambda\in\left(-\frac{1}{2},0\right)$.

当 $\lambda=-1$ 时,奇数项均为 -1,偶数项均为 3,明显不符合题意.

当 $\lambda\in(-\infty,-1)$ 时,偶数项均大于 $-\lambda$,奇数项均小于 $-\lambda$.

因 $$\lambda\in(-\infty,-1),$$

所以偶数项是递增的,奇数项是递减的,无最大值和最小值.

综上 $\lambda\in\left(-\frac{1}{2},0\right)$.

例 28 数列 $\{a_n\}$ 满足 $a_{n+1}=\frac{1}{4}(a_n-6)^3+6(n=1,2,3,\cdots)$,则( ).

(A) 若 $a_1=3$,则 $\{a_n\}$ 是递减数列,且存在常数 $M\leqslant 0$,使得 $a_n>M$ 恒成立

(B) 若 $a_1=5$,则 $\{a_n\}$ 是递增数列,且存在常数 $M\leqslant 6$,使得 $a_n<M$ 恒成立

(C) 若 $a_1=7$,则 $\{a_n\}$ 是递减数列,且存在常数 $M>6$,使得 $a_n>M$ 恒成立

(D) 若 $a_1=9$,则 $\{a_n\}$ 是递增数列,且存在常数 $M>0$,使得 $a_n<M$ 恒成立

(2023 年北京市高考试题)

分析 思路 1:利用数学归纳法可判断选项 ACD 的正误,利用递推公式可判断数列性质,从而判断选项 B 的正误. 思路 2:构造 $f(x)=\frac{1}{4}(x-6)^3+6-x$,利用导数求得 $f(x)$ 的正负情况,再利用数学归纳法判断得各选项 a_n 所在区间,从而判断 $\{a_n\}$ 的单调性. 思路 3:利用数形结合,画图分析各选项合理性.

解 方法一:因为 $a_{n+1}=\frac{1}{4}(a_n-6)^3+6$,

故 $$a_{n+1}-6=\frac{1}{4}(a_n-6)^3,$$

对于选项 A,若 $a_1=3$,可用数学归纳法证明:
$$a_n-6\leqslant-3 \text{ 即 } a_n\leqslant 3.$$

证明:当 $n=1$ 时,$a_1-6=-3\leqslant-3$,此时不等关系 $a_n\leqslant 3$ 成立.

设当 $n=k$ 时,$a_k-6\leqslant-3$ 成立,

则 $a_{k+1}-6=\frac{1}{4}(a_k-6)^3\in\left(-\infty,-\frac{27}{4}\right)$,

故 $a_{k+1}-6\leqslant-3$ 成立,
由数学归纳法可得 $a_n\leqslant3$ 成立.

而 $a_{n+1}-a_n=\dfrac{1}{4}(a_n-6)^3-(a_n-6)=(a_n-6)\left[\dfrac{1}{4}(a_n-6)^2-1\right]$,

$$\dfrac{1}{4}(a_n-6)^2-1\geqslant\dfrac{9}{4}-1=\dfrac{5}{4}>0,a_n-6<0,$$

故 $a_{n+1}-a_n<0,a_{n+1}<a_n$,
即 $\{a_n\}$ 为递减数列.

注意 $a_{k+1}-6\leqslant-3<0$,

故 $a_{n+1}-6=\dfrac{1}{4}(a_n-6)^3=(a_n-6)\times\dfrac{1}{4}(a_n-6)^2\leqslant\dfrac{9}{4}(a_n-6)$,

结合 $a_{n+1}-6<0$,

所以 $6-a_{n+1}\geqslant\dfrac{9}{4}(6-a_n)$,

$$6-a_{n+1}\geqslant3\left(\dfrac{9}{4}\right)^{n-1},$$

故 $a_{n+1}\leqslant6-3\left(\dfrac{9}{4}\right)^{n-1}$.

若存在常数 $M\leqslant0$,使得 $a_n>M$ 恒成立,则 $6-3\left(\dfrac{9}{4}\right)^{n-1}>M$,

故 $\dfrac{6-M}{3}>\left(\dfrac{9}{4}\right)^{n-1}$,

故 $n<1+\log_{\frac{9}{4}}\dfrac{6-M}{3}$,

故 $a_n>M$ 恒成立仅对部分 n 成立,
故选项 A 不成立.
对于选项 B,若 $a_1=5$,可用数学归纳法证明:
$$-1\leqslant a_n-6<0\text{ 即 }5\leqslant a_n<6.$$
证明:当 $n=1$ 时,$-1\leqslant a_1-6=-1\leqslant0$,此时不等关系 $5\leqslant a_n<6$ 成立.
设当 $n=k$ 时,$5\leqslant a_k<6$ 成立,

则 $a_{k+1}-6=\dfrac{1}{4}(a_k-6)^3\in\left(-\dfrac{1}{4},0\right)$,故 $-1\leqslant a_{k+1}-6<0$ 成立,即

由数学归纳法可得 $5\leqslant a_{k+1}<6$ 成立.

而 $a_{n+1}-a_n=\dfrac{1}{4}(a_n-6)^3-(a_n-6)=(a_n-6)\left[\dfrac{1}{4}(a_n-6)^2-1\right]$,

$$\dfrac{1}{4}(a_n-6)^2-1<0,a_n-6<0,$$

故 $\qquad a_{n+1}-a_n>0,$

故 $\qquad a_{n+1}>a_n,$

故 $\{a_n\}$ 为递增数列.

若 $M=6$,则 $a_n<6$ 恒成立,故选项 B 正确.

对于选项 C,当 $a_1=7$ 时,可用数学归纳法证明:
$$0<a_n-6\leqslant 1 \text{ 即 } 6<a_n\leqslant 7.$$

证明:当 $n=1$ 时,$0<a_1-6\leqslant 1$,此时不等关系成立.

设当 $n=k$ 时,$6<a_k\leqslant 7$ 成立,

则 $\qquad a_{k+1}-6=\dfrac{1}{4}(a_k-6)^3\in\left(0,\dfrac{1}{4}\right],$

故 $0<a_{k+1}-6\leqslant 1$ 成立即 $6<a_{k+1}\leqslant 7$,

由数学归纳法可得 $6<a_n\leqslant 7$ 成立.

而 $\qquad a_{n+1}-a_n=(a_n-6)\left[\dfrac{1}{4}(a_n-6)^2-1\right]<0,$

故 $\qquad a_{n+1}<a_n,$

故 $\{a_n\}$ 为递减数列.

又 $\qquad a_{n+1}-6=(a_n-6)\times\dfrac{1}{4}(a_n-6)^2\leqslant\dfrac{1}{4}(a_n-6),$

结合 $a_{n+1}-6>0$ 可得:
$$a_{n+1}-6\leqslant(a_1-6)\left(\dfrac{1}{4}\right)^n,$$

所以 $\qquad a_{n+1}\leqslant 6+\left(\dfrac{1}{4}\right)^n.$

若存在常数 $M>6$,使得 $a_n>M$ 恒成立,

则 $M-6\leqslant\left(\dfrac{1}{4}\right)^n$ 恒成立,故 $n\leqslant\log_{\frac{1}{4}}(M-6)$,$n$ 的个数有限,矛盾,故选项 C 错误.

对于选项 D,当 $a_1=9$ 时,可用数学归纳法证明:
$$a_n-6\geqslant 3 \text{ 即 } a_n\geqslant 9.$$

证明:当 $n=1$ 时,$a_1-6=3\geqslant 3$,此时不等关系成立.

设当 $n=k$ 时,$a_k\geqslant 9$ 成立,

则 $a_{k+1}-6=\dfrac{1}{4}(a_k-6)^3\geqslant\dfrac{27}{4}>3,$

故 $a_{k+1}\geqslant 9$ 成立.

由数学归纳法可得 $a_n\geqslant 9$ 成立.

而 $a_{n+1}-a_n=(a_n-6)\left[\dfrac{1}{4}(a_n-6)^2-1\right]>0$,

故 $a_{n+1}>a_n$,

故 $\{a_n\}$ 为递增数列.

又 $a_{n+1}-6=(a_n-6)\times\dfrac{1}{4}(a_n-6)^2>\dfrac{9}{4}(a_n-6)$,

结合 $a_n-6>0$ 可得:

$$a_{n+1}-6>(a_1-6)\left(\dfrac{9}{4}\right)^n=3\left(\dfrac{9}{4}\right)^n,$$

所以 $a_{n+1}\geqslant 6+3\left(\dfrac{9}{4}\right)^n$.

若存在常数 $M>0$,使得 $a_n<M$ 恒成立,则

$$M>6+3\left(\dfrac{9}{4}\right)^{n-1},$$

故 $n<\log_{\frac{9}{4}}\left(\dfrac{M-6}{3}\right)+1$,$n$ 的个数有限,与 D 选项矛盾,故选项 D 错误.

故选 B.

方法二:因为 $a_{n+1}-a_n=\dfrac{1}{4}(a_n-6)^3+6-a_n=\dfrac{1}{4}a_n^3-\dfrac{9}{2}a_n^2+26a_n-48$,

令 $f(x)=\dfrac{1}{4}x^3-\dfrac{9}{2}x^2+26x-48$,

则 $f'(x)=\dfrac{3}{4}x^2-9x+26$.

令 $f'(x)>0$,得

$$0<x<6-\dfrac{2\sqrt{3}}{3} \text{ 或 } x>6+\dfrac{2\sqrt{3}}{3};$$

令 $f'(x)<0$,得

$$6-\dfrac{2\sqrt{3}}{3}<x<6+\dfrac{2\sqrt{3}}{3};$$

所以 $f(x)$ 在 $\left(-\infty,6-\dfrac{2\sqrt{3}}{3}\right]$ 和 $\left[6+\dfrac{2\sqrt{3}}{3},+\infty\right)$ 上单调递增,在 $\left(6-\dfrac{2\sqrt{3}}{3},6+\dfrac{2\sqrt{3}}{3}\right)$ 上单调递减.

令 $f(x)=0$,则

$$\dfrac{1}{4}x^3-\dfrac{9}{2}x^2+26x-48=0,\text{即}\dfrac{1}{4}(x-4)(x-6)(x-8)=0,$$

解得 $x=4$ 或 $x=6$ 或 $x=8$.

注意到 $4<6-\dfrac{2\sqrt{3}}{3}<5,7<6+\dfrac{2\sqrt{3}}{3}<8$,

所以结合 $f(x)$ 的单调性可知在 $(-\infty,4)$ 和 $(6,8)$ 上 $f(x)<0$,在 $(4,6)$ 和 $(8,+\infty)$ 上 $f(x)>0$.

对于选项 A,因为 $a_{n+1}=\dfrac{1}{4}(a_n-6)^3+6$,则 $a_{n+1}-6=\dfrac{1}{4}(a_n-6)^3$.

当 $n=1$ 时,$a_1=3$,$a_2-6=\dfrac{1}{4}(a_1-6)^3<-3$,则 $a_2<3$.

假设当 $n=k$ 时,$a_k<3$,

当 $n=k+1$ 时,$a_{k+1}-6=\dfrac{1}{4}(a_k-6)^3<\dfrac{1}{4}(3-6)^3<-3$,则 $a_{k+1}<3$.

综上:$a_n\leqslant 3$,即 $a_n\in(-\infty,4)$.

因为在 $(-\infty,4)$ 上 $f(x)<0$,所以 $a_{n+1}<a_n$,则 $\{a_n\}$ 为递减数列,

因为 $a_{n+1}-a_n+1=\dfrac{1}{4}(a_n-6)^3+6-a_n+1=\dfrac{1}{4}a_n^3-\dfrac{9}{2}a_n^2+26a_n-47$,

令 $h(x)=\dfrac{1}{4}x^3-\dfrac{9}{2}x^2+26x-47(x\leqslant 3)$,则 $h'(x)=\dfrac{3}{4}x^2-9x+26$.

因为 $h'(x)$ 开口向上,对称轴为 $x=-\dfrac{-9}{2\times\dfrac{3}{4}}=6$,

所以 $h'(x)$ 在 $(-\infty,3]$ 上单调递减,故

$$h'(x)\geqslant h'(3)=\dfrac{3}{4}\times 3^2-9\times 3+26>0,$$

所以 $h(x)$ 在 $(-\infty,3]$ 上单调递增,故

$$h(x)\leqslant h(3)=\dfrac{1}{4}\times 3^3-\dfrac{9}{2}\times 3^2+26\times 3-47<0,$$

故 $a_{n+1}-a_n+1<0$,即 $a_{n+1}<a_n-1$.

假设存在常数 $M\leqslant 0$,使得 $a_n>M$ 恒成立,

取 $m=-[M]+4$,其中 $M-1<[M]\leqslant M$,且 $[M]\in\mathbf{Z}$,

因为 $a_{n+1}<a_n-1$,所以 $a_2<a_1-1,a_3<a_2-1,\cdots,a_{-[M]+4}<a_{-[M]+3}-1$,

上式相加得,$a_{-[M]+4}<a_1-(-[M]+3)\leqslant 3+M-3=M$,

则 $a_m=a_{-[M]+4}<M$,与 $a_n>M$ 恒成立矛盾,故选项 A 错误.

对于选项 B,因为 $a_1=5$,

当 $n=1$ 时,$a_1=5<6$,$a_2=\dfrac{1}{4}(a_1-6)^3+6=\dfrac{1}{4}\times(5-6)^3+6<6$,

假设当 $n=k$ 时,$a_k<6$,

当 $n=k+1$ 时,因为 $a_k<6$,所以 $a_k-6<0$,则 $(a_k-6)^3<0$,

所以 $a_{k+1}=\dfrac{1}{4}(a_k-6)^3+6<6$.

又当 $n=1$ 时,$a_2-5=\dfrac{1}{4}(a_1-6)^3+1=\dfrac{1}{4}\times(5-6)^3+1>0$,即 $a_2>5$.

假设当 $n=k$ 时,$a_k\geqslant 5$,

当 $n=k+1$ 时,因为 $a_k\geqslant 5$,所以 $a_k-6\geqslant -1$,则 $(a_k-6)^3\geqslant -1$.

所以 $a_{k+1}=\dfrac{1}{4}(a_k-6)^3+6\geqslant 5$.

综上:$5\leqslant a_n<6$.

因为在 $(4,6)$ 上 $f(x)>0$,所以 $a_{n+1}>a_n$,所以 $\{a_n\}$ 为递增数列.

此时,取 $M=6$,满足题意,故选项 B 正确.

对于选项 C,因为 $a_{n+1}=\dfrac{1}{4}(a_n-6)^3+6$,则 $a_{n+1}-6=\dfrac{1}{4}(a_n-6)^3$,

注意到当 $a_1=7$ 时,

$$a_2=\dfrac{1}{4}(7-6)^3+6=\dfrac{1}{4}+6,$$

$$a_3=\dfrac{1}{4}\left(\dfrac{1}{4}+6-6\right)^3+6=\left(\dfrac{1}{4}\right)^4+6,$$

$$a_4=\dfrac{1}{4}\left[\left(\dfrac{1}{4}\right)^4+6-6\right]^3+6=\left(\dfrac{1}{4}\right)^{13}+6,$$

猜想当 $n\geqslant 2$ 时,$a_k=\left(\dfrac{1}{4}\right)^{\frac{1}{2}(3^{k-1}-1)}+6$,

当 $n=2$ 与 $n=3$ 时,$a_2=\dfrac{1}{4}+6$ 与 $a_3=\left(\dfrac{1}{4}\right)^4+6$ 满足 $a_n=\left(\dfrac{1}{4}\right)^{\frac{1}{2}(3^{n-1}-1)}+6$.

假设当 $n=k$ 时,$a_k=\left(\dfrac{1}{4}\right)^{\frac{1}{2}(3^{k-1}-1)}+6$,

当 $n=k+1$ 时,

$a_{k+1}=\dfrac{1}{4}(a_k-6)^3+6=\dfrac{1}{4}\left[\left(\dfrac{1}{4}\right)^{\frac{1}{2}(3^{k-1}-1)}+6-6\right]^3+6=\left(\dfrac{1}{4}\right)^{\frac{1}{2}(3^k-1)}+6$,

综上,$a_n=\left(\dfrac{1}{4}\right)^{\frac{1}{2}(3^{n-1}-1)}+6$ $(n\geqslant 2)$.

易知 $3^{n-1}-1>0$,则 $0<\left(\dfrac{1}{4}\right)^{\frac{1}{2}(3^{n-1}-1)}<1$,故 $a_n=\left(\dfrac{1}{4}\right)^{\frac{1}{2}(3^{n-1}-1)}+6\in(6,7)$ $(n\geqslant 2)$,所以 $a_n\in(6,7]$.

因为在 $(6,8)$ 上 $f(x)<0$,所以 $a_{n+1}<a_n$,则 $\{a_n\}$ 为递减数列.

假设存在常数 $M>6$,使得 $a_n>M$ 恒成立,

记 $m_0 = \log_3[2\log_{\frac{1}{4}}(M-6)+1]$，取 $m=[m_0]+1$，其中 $m_0-1<[m_0]\leqslant m_0, m\in \mathbf{N}^*$，

则 $3^m > 3^{m_0} = 2\log_{\frac{1}{4}}(M-6)+1$，

故 $\frac{1}{2}(3^m-1) > \log_{\frac{1}{4}}(M-6)$，

所以 $\left(\frac{1}{4}\right)^{\frac{1}{2}(3^m-1)} < M-6$，即 $\left(\frac{1}{4}\right)^{\frac{1}{2}(3^m-1)}+6 < M$，

所以 $a_{m+1}<M$，故 $a_n>M$ 不恒成立，故选项 C 错误.

对于选项 D，因为 $a_1=9$，

当 $n=1$ 时，$a_2-6=\frac{1}{4}(a_1-6)^3=\frac{27}{4}>3$，则 $a_2>9$.

假设当 $n=k$ 时，$a_k \geqslant 3$，

当 $n=k+1$ 时，$a_{k+1}-6=\frac{1}{4}(a_k-6)^3 \geqslant \frac{1}{4}(9-6)^3>3$，则 $a_{k+1}>9$，

综上，$a_n \geqslant 9$.

因为在 $(8,+\infty)$ 上 $f(x)>0$，所以 $a_{n+1}>a_n$，所以 $\{a_n\}$ 为递增数列.

因为 $a_{n+1}-a_n-1=\frac{1}{4}(a_n-6)^3+6-a_n-1=\frac{1}{4}a_n^3-\frac{9}{2}a_n^2+26a_n-49$，

令 $g(x)=\frac{1}{4}x^3-\frac{9}{2}x^2+26x-49(x\geqslant 9)$，则 $g'(x)=\frac{3}{4}x^2-9x+26$.

因为 $g'(x)$ 开口向上，对称轴为 $x=-\frac{-9}{2\times\frac{3}{4}}=6$，

所以 $g'(x)$ 在 $[9,+\infty)$ 上单调递增，故

$$g'(x) \geqslant g'(9) = \frac{3}{4}\times 9^2-9\times 9+26>0,$$

所以 $g(x) \geqslant g(9) = \frac{1}{4}\times 9^3-\frac{9}{2}\times 9^2+26\times 9-49>0$，

故 $a_{n+1}-a_n-1>0$，即 $a_{n+1}>a_n+1$.

假设存在常数 $M>0$，使得 $a_n<M$ 恒成立，

取 $m=[M]+1$，其中 $M-1<[M]\leqslant M$，且 $[M]\in\mathbf{Z}$.

因为 $a_{n+1}>a_n+1$，所以 $a_2>a_1+1, a_3>a_2+1, \cdots, a_{[M]+1}>a_{[M]}+1$，

上式相加得，$a_{[M]+1}>a_1+[M]>9+M-1>M$，

则 $a_m=a_{[M]+1}>M$，与 $a_n<M$ 恒成立矛盾，故选项 D 错误.

故选 B.

方法三(蛛网图)：令 $f(x)=\frac{1}{4}(x-6)^3+6$，则 $a_{n+1}=f(a_n)$.

故可利用数形结合判断$\{a_n\}$的单调性.

首选 $f(x)=\dfrac{1}{4}(x-6)^3+6$ 关于 $(6,6)$ 中心对称,

又由 $f'(x)=\dfrac{3}{4}(x-6)^2\geqslant 0$ 可知 $f(x)$ 在 **R** 上单调递增.

再令 $x=\dfrac{1}{4}(x-6)^3+6$,即 $(x-6)^3-4(x-6)=0$,

得 $(x-6)(x-4)(x-8)=0$,解得 $x_1=4,x_2=6,x_3=8$.

在同一坐标系下画出 $y=x$ 和 $y=f(x)$ 的图像如图 8-28-1 所示.

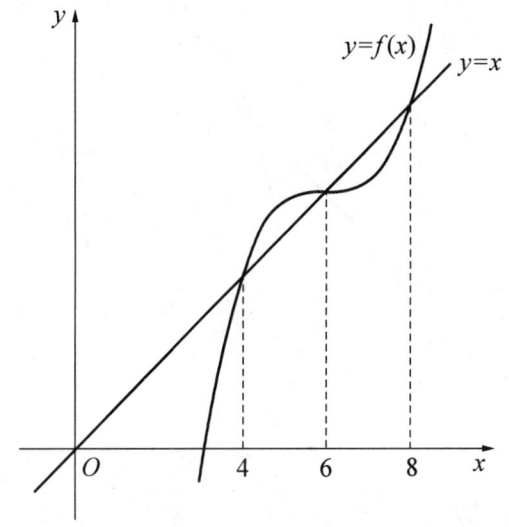

图 8-28-1

对于选项 A,当 $a_1=3$ 时,如图 8-28-2 所示.

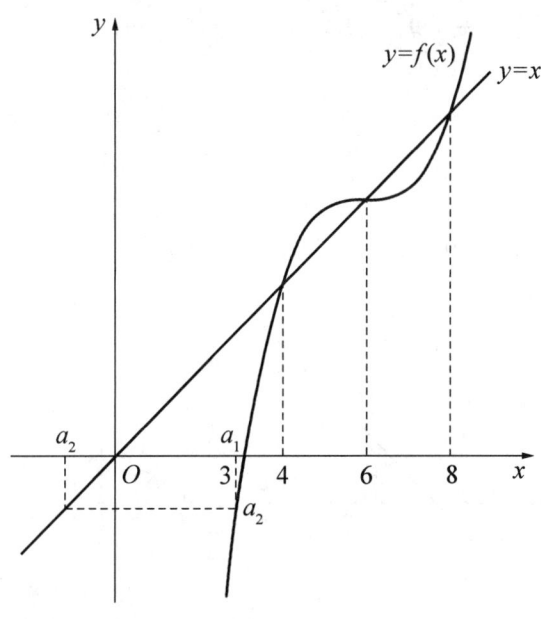

图 8-28-2

$\{a_n\}$ 是单调递减数列,且 $a_1=3>0$.

当 $n\geqslant 2$ 时,$a_n<0$,当 $n\to +\infty$ 时,$a_n\to -\infty$. 故不存在 $M\leqslant 0$,使 $a_n>M$ 恒成立.

故选项 A 错误.

对于选项 B,当 $a_1=5$ 时,如图 8-28-3 所示.

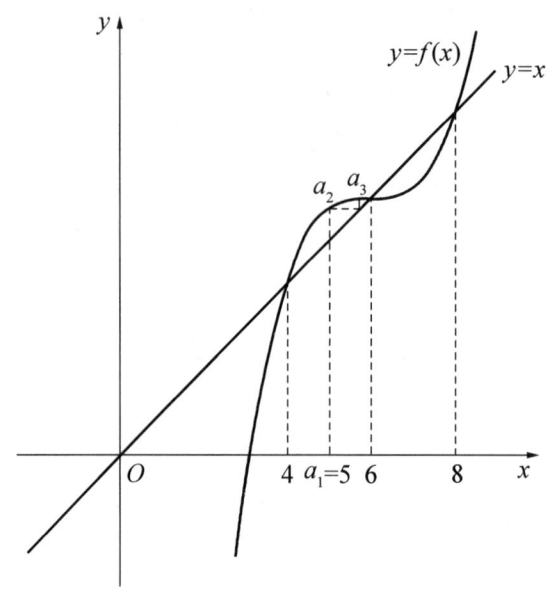

图 8-28-3

$\{a_n\}$ 是单调递增数列,且当 $n\to +\infty$ 时,$a_n\to 6$. 故取 $M=6$,可使得 $a_n<M$ 恒成立.

选项 B 正确.

对于选项 C,当 $a_1=7$ 时,如图 8-28-4 所示.

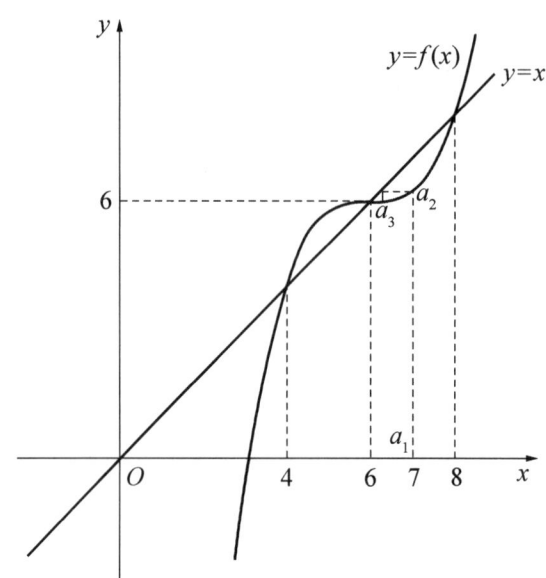

图 8-28-4

$\{a_n\}$ 是单调递减数列. 当 $n\to +\infty$ 时, $a_n \to 6$. 故不存在 $M>6$ 使得 $a_n>M$ 恒成立, 选项 C 错误.

对于选项 D, 当 $a_1=9$ 时, 如图 8-28-5 所示.

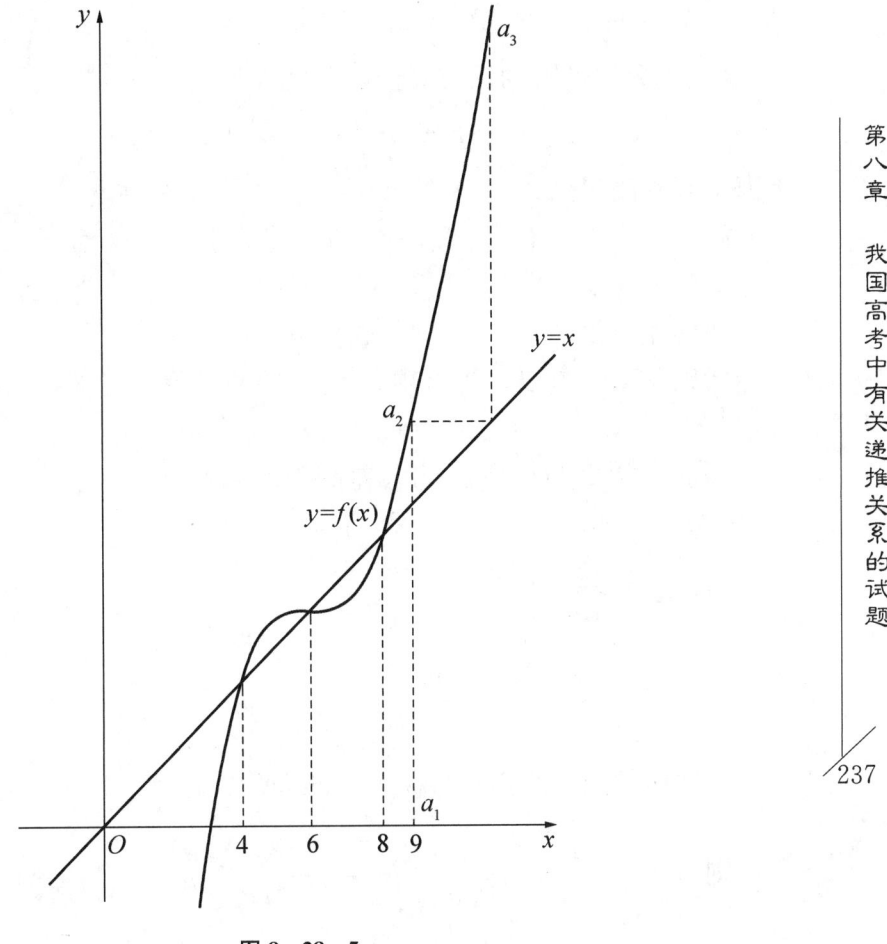

图 8-28-5

$\{a_n\}$ 是单调递增数列, 且当 $n\to +\infty$ 时, $a_n \to +\infty$. 故不存在 $M>6$, 使 $a_n<M$ 恒成立.

选项 D 错误. 故选 B.

【评注】解决本题的关键是根据首项给出相应的与通项性质相关的命题, 再根据所得命题结合放缩法得到通项所满足的不等式关系, 从而可判断数列的上界或下界是否存在.

例 29 已知数列 $\{a_n\}$ 满足 $a_n>0$, 双曲线 $C_n: \dfrac{x^2}{a_n}-\dfrac{y^2}{a_{n+1}}=1 (n\in \mathbf{N}^*)$.

(1) 若 $a_1=1, a_2=2$, 双曲线 C_n 的焦距为 $2c_n$, $c_n=\sqrt{4n-1}$, 求 $\{a_n\}$ 的通项公式;

(2) 如图 8-29-1,在双曲线 C_n 的右支上取点 $P_n(x_{P_n}, n)$,过点 P_n 作 y 轴的垂线,在第一象限内交 C_n 的渐近线于点 Q_n,联结 OP_n,记 $\triangle OP_nQ_n$ 的面积为 S_n. 若 $\lim\limits_{n\to\infty} a_n = 2$,求 $\lim\limits_{n\to\infty} S_n$.

(关于数列极限的运算,还可参考如下性质:若 $\lim\limits_{n\to\infty} u_n = A (u_n \geq 0)$,则 $\lim\limits_{n\to\infty} \sqrt{u_n} = \sqrt{A}$)(2014 年上海市春季高考试题)

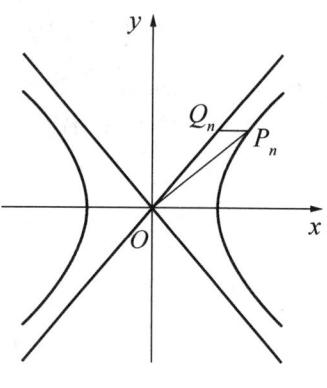

图 8-29-1

解 (1) 由题意,$a_n + a_{n+1} = 4n - 1$,则 $a_{n+1} + a_{n+2} = 4n + 3$.

两式相减得 $a_{n+2} - a_n = 4$,

所以 $\{a_{2k-1}\}$ 是以 1 为首项,4 为公差的等差数列,得
$$a_{2k-1} = 1 + 4(k-1) = 4k - 3;$$
$\{a_{2k}\}$ 是以 2 为首项,4 为公差的等差数列,得
$$a_{2k} = 2 + 4(k-1) = 4k - 2.$$
所以 $a_n = \begin{cases} 2n-1, & n = 2k-1, \\ 2n-2, & n = 2k \end{cases} (k \in \mathbf{N}^*).$

(2) 由题意,则 $\dfrac{x_{P_n}^2}{a_n} - \dfrac{n^2}{a_{n+1}} = 1$,所以 $x_{P_n} = \sqrt{\dfrac{a_n}{a_{n+1}} n^2 + a_n}$.

双曲线的渐近线 $l_{OQ_n}: y = \sqrt{\dfrac{a_{n+1}}{a_n}} x$,所以 $x_{Q_n} = \sqrt{\dfrac{a_n}{a_{n+1}}} n$.

则 $\lim\limits_{n\to\infty} S_n = \dfrac{1}{2} \lim\limits_{n\to\infty} n \left(\sqrt{\dfrac{a_n}{a_{n+1}} n^2 + a_n} - \sqrt{\dfrac{a_n}{a_{n+1}}} n \right)$

$= \dfrac{1}{2} \lim\limits_{n\to\infty} \dfrac{n a_n}{\sqrt{\dfrac{a_n}{a_{n+1}} n^2 + a_n} + \sqrt{\dfrac{a_n}{a_{n+1}}} n}$

$= \dfrac{1}{2} \lim\limits_{n\to\infty} \dfrac{a_n}{\sqrt{\dfrac{a_n}{a_{n+1}} + \dfrac{a_n}{n^2}} + \sqrt{\dfrac{a_n}{a_{n+1}}}}$

$= \dfrac{1}{2} \times \lim\limits_{n\to\infty} \dfrac{\lim\limits_{n\to\infty} a_n}{\sqrt{\dfrac{\lim\limits_{n\to\infty} a_n}{\lim\limits_{n\to\infty} a_{n+1}} + \lim\limits_{n\to\infty} a_n \times \lim\limits_{n\to\infty} \dfrac{1}{n^2}} + \sqrt{\dfrac{\lim\limits_{n\to\infty} a_n}{\lim\limits_{n\to\infty} a_{n+1}}}} = \dfrac{1}{2}$,

所以 $\lim\limits_{n\to\infty} S_n = \dfrac{1}{2}$.

例 30 已知 $f(x) = \ln x$,在该函数图像 Γ 上取一点 A_1,过点 $A_1(a_1,$

$f(a_1)$)作函数 $f(x)$ 的切线,该切线与 y 轴的交点记作$(0,a_2)$,若 $a_2>0$,则过点 $A_2(a_2,f(a_2))$ 作函数 $f(x)$ 的切线,该切线与 y 轴的交点记作$(0,a_3)$,以此类推得 $a_3,a_4,\cdots$,直至 $a_m<0$ 停止,由这些数构成数列$\{a_n\}$.

(1) 设 $a_m(m\geq 2)$ 属于数列$\{a_n\}$,证明:$a_m=\ln a_{m-1}-1$;

(2) 试比较 a_m 与 $a_{m-1}-2$ 的大小关系;

(3) 若正整数 $k\geq 3$,是否存在 k 使得 $a_1,a_2,a_3,\cdots,a_k$ 依次成等差数列?若存在,求出 k 的所有取值;若不存在,请说明理由.(2023 年上海市春季高考试题)

解 (1) $f'(x)=\dfrac{1}{x}$,则过点$(a_{m-1},f(a_{m-1}))$ 的切线的斜率为 $\dfrac{1}{a_{m-1}}$,

由点斜式可得,切线方程为

$$y-\ln a_{m-1}=\dfrac{1}{a_{m-1}}(x-a_{m-1}),$$

即

$$y=\dfrac{1}{a_{m-1}}x+\ln a_{m-1}-1.$$

令 $x=0$,可得 $y=\ln a_{m-1}-1$,

根据题意可知,$a_m=\ln a_{m-1}-1$,即得证.

(2) 先证明不等式 $\ln x\leq x-1(x>0)$,

设 $F(x)=\ln x-x+1(x>0)$,则 $F'(x)=\dfrac{1}{x}-1=\dfrac{1-x}{x}$,

易知当 $0<x<1$ 时,$F'(x)>0$,$F(x)$ 单调递增;当 $x>1$ 时,$F'(x)<0$,$F(x)$ 单调递减.

所以 $F(x)$ 在 $x=1$ 处取极大值也是最大值,

所以 $F(x)\leq F(1)=0$,即 $\ln x\leq x-1(x>0)$.

结合(1)可知,$a_m=\ln a_{m-1}-1\leq a_{m-1}-1-1=a_{m-1}-2$.

(3) 假设存在这样的 k 符合要求,

由(2)可知,数列$\{a_n\}$ 为严格的递减数列,$n=1,2,3,\cdots,k$,

由(1)可知,公差 $d=a_n-a_{n-1}=\ln a_{n-1}-a_{n-1}-1,2\leq n\leq k$.

先考察函数 $g(x)=\ln x-x-1$,则 $g'(x)=\dfrac{1}{x}-1=\dfrac{1-x}{x}$,

易知当 $0<x<1$ 时,$g'(x)>0$,$g(x)$ 单调递增;当 $x>1$ 时,$g'(x)<0$,$g(x)$ 单调递减.

则 $g(x)=d$ 至多只有两个解,即至多存在两个 a_{n-1},使得 $g(a_{n-1})=d$.

若 $k\geq 4$,则 $g(a_1)=g(a_2)=g(a_3)=d$,矛盾,则 $k=3$.

当 $k=3$ 时,满足 $2a_2=a_1+a_3$,即 $2(\ln a_1-1)=a_1+\ln(\ln a_1-1)-1$.设

函数 $h(x)=\ln(\ln x-1)-2\ln x+x+1$,

由于 $h(e^{1.1})=\ln 0.1-2.2+e^{1.1}+1=e^{1.1}-\ln 10-1.2<0, h(e^2)=-3+e^2>0$,

则存在 $x_0\in(e^{1.1},e^2)$, 使得 $h(x_0)=0$.

于是取 $a_1=x_0, a_2=\ln a_1-1, a_3=\ln a_2-1$, 它们构成等差数列.

综上, $k=3$.

第九章 杂题讨论

例 1 设数列 $\{a_n\}$ 满足：
$$\begin{cases} a_1=1, \\ a_{2n}=2a_{2n-1}, \\ a_{2n+1}=a_{2n}+2^{n-1}. \end{cases}$$

(1) 求 a_{2n}, a_{2n+1}；(2) 求 S_{2n}.

解 (1) 因为 $a_{2n}=2a_{2n-1}, a_{2n+1}=a_{2n}+2^{n-1}$，故
$$a_{2n+1}=2a_{2n-1}+2^{n-1}.$$

由此得以下各式：
$$a_3=2a_1+2^0,$$
$$a_5=2a_3+2^1,$$
$$\cdots,$$
$$a_{2n+1}=2a_{2n-1}+2^{n-1}.$$

将上述各式分别乘 $2^{n-1}, 2^{n-2}, \cdots, 2^2, 2, 1$ 之后相加，得
$$a_{2n+1}=2^n a_1+n\cdot 2^{n-1}=2^{n-1}(2+n).$$

因此，可得
$$a_{2n}=2a_{2n-1}=2\cdot 2^{n-2}(n+1)=2^{n-1}(n+1).$$

(2) $S_{2n}=(a_1+a_3+\cdots+a_{2n-1})+(a_2+a_4+\cdots+a_{2n})$
$$=(a_1+a_3+\cdots+a_{2n-1})+(2a_1+2a_3+\cdots+2a_{2n-1})$$
$$=3(a_1+a_3+\cdots+a_{2n-1})$$
$$=3[2\cdot 2^{-1}+3\cdot 2^0+4\cdot 2^1+\cdots+(n+1)\cdot 2^{n-2}].$$

方括号里是一个混合数列的部分和，只要利用错位法就可以求出. 于是
$$S_{2n}=3n\cdot 2^{n-1}.$$

例 2 设数列 $\{a_n\}$ 满足：
$$\begin{cases} a_{n+1}=a_n+An+B \ (n=1,2,\cdots), \\ a_1=2, a_2=5, S_{10}=395. \end{cases}$$

(1) 求常数 A、B；(2) 试证：$a_n \geqslant 2n$.

解 (1) 因为 $a_{n+1}=a_n+An+B$，故
$$a_n=a_1+\sum_{k=1}^{n-1}(Ak+B)=2+\frac{An(n-1)}{2}+(n-1)B.$$

又因为 $a_2=5$，所以，
$$5=2+A+B,$$

即
$$A+B=3. \tag{1}$$

同时,还因
$$S_{10}=2\times 10+\frac{A}{2}\left(\frac{10\times 11\times 21}{6}-\frac{10\times 11}{2}\right)+B\cdot\frac{9\times 10}{2},$$

因而有
$$20+165A+45B=395. \tag{2}$$

解(1)式与(2)式的联立方程，可得
$$A=2, B=1.$$

(2) 由上述(1)的结果，我们可得到
$$a_n=n^2+1.$$

显然，
$$a_n=n^2+1\geqslant 2n.$$

例 3 设 M 为满足
$$a_1=1, a_m=a_{m-1}+4 \ (m-1)$$
的全体数 a_m 构成的集合，而 N 是满足
$$b_1=5, b_n=b_{n-1}+4$$
的全体数 b_n 构成的集合. 求证：$M \subseteq N$.

证 因为 $a_m=a_{m-1}+4(m-1)$，故有
$$a_m=a_1+4[(m-1)+(m-2)+\cdots+1]=2m(m-1)+1.$$

因此，
$$M=\{a_m | a_m=2m(m-1)+1, m=1,2,3,\cdots\}.$$

另外，由 $b_n=b_{n-1}+4$，可得
$$b_n=b_1+4(n-1)=4n+1.$$

因而
$$N=\{b_n | b_n=4n+1, n=1,2,3,\cdots\}.$$

因为 $m(m-1)$ 是 2 的倍数,所以任一 a_m 都可以写成 $4n+1$ 的形式,即 $M \subseteq N$.

例 4 设三个数列 $\{x_n\}$、$\{y_n\}$、$\{z_n\}$ 满足

$$\begin{cases} x_{n+1} = \dfrac{1}{2}(y_n + z_n), \\ y_{n+1} = \dfrac{1}{2}(z_n + x_n), \\ z_{n+1} = \dfrac{1}{2}(x_n + y_n). \end{cases}$$

求证:(1) $x_n + y_n + z_n = x_1 + y_1 + z_1$;

(2) $\lim\limits_{n \to \infty}(x_n - y_n) = \lim\limits_{n \to \infty}(y_n - z_n) = \lim\limits_{n \to \infty}(z_n - x_n) = 0$;

(3) $\lim\limits_{n \to \infty} x_n = \lim\limits_{n \to \infty} y_n = \lim\limits_{n \to \infty} z_n = \dfrac{1}{3}(x_1 + y_1 + z_1)$.

证 (1) 因为 $x_{n+1} = \dfrac{1}{2}(y_n + z_n)$, $y_{n+1} = \dfrac{1}{2}(z_n + x_n)$, $z_{n+1} = \dfrac{1}{2}(x_n + y_n)$, 故有

$$x_{n+1} + y_{n+1} + z_{n+1} = x_n + y_n + z_n,$$

即 $\{x_n + y_n + z_n\}$ 是常数列. 所以

$$x_n + y_n + z_n = x_1 + y_1 + z_1.$$

(2) 由题设条件可得

$$x_{n+1} - y_{n+1} = \dfrac{1}{2}(y_n - x_n) = -\dfrac{1}{2}(x_n - y_n),$$

则

$$x_n - y_n = (x_1 - y_1) \cdot \left(-\dfrac{1}{2}\right)^{n-1}.$$

因此,

$$\lim\limits_{n \to \infty}(x_n - y_n) = 0.$$

同理,有

$$\lim\limits_{n \to \infty}(y_n - z_n) = \lim\limits_{n \to \infty}(z_n - x_n) = 0.$$

(3) 因为 $x_n = \dfrac{1}{3}[(x_n + y_n + z_n) + 2(x_n - y_n) + (y_n - z_n)]$, 故有

$$\lim\limits_{n \to \infty} x_n = \dfrac{1}{3}[\lim\limits_{n \to \infty}(x_n + y_n + z_n) + 2\lim\limits_{n \to \infty}(x_n - y_n) + \lim\limits_{n \to \infty}(y_n - z_n)]$$

$$= \dfrac{1}{3}(x_1 + y_1 + z_1).$$

同理,有
$$\lim_{n\to\infty}y_n=\lim_{n\to\infty}z_n=\frac{1}{3}(x_1+y_1+z_1).$$

例 5 多项式序列 $P_n(x)$ 的定义如下:
$$\begin{cases}P_0(x)=1,\\P_{n+1}(x)=P_n(x)[1+2xP_n(x)]\ (n=0,1,2,\cdots).\end{cases}$$

试求:(1) $P_n(x)$ 的一次项系数;(2) $P_n(x)$ 的次数.

解 (1) 由于
$$P_0(x)=1,$$
$$P_1(x)=1+2x,$$
$$P_2(x)=1+4x+8x^2+8x^3,$$
$$P_3(x)=1+6x+\cdots+128x^7,$$
$$\cdots$$

所以可以推测,当 $n\geqslant 2$ 时,有
$$P_n(x)=1+2nx+Q_n(x),$$
其中 $Q_n(x)$ 是各项都是二次或二次以上的多项式. 下面用数学归纳法来证明这一点.

当 $n=2$ 时,命题已经得证. 假设 $n=k$ 时命题成立,即 $P_k(x)=1+2kx+Q_k(x)$. 则当 $n=k+1$ 时,
$$P_{k+1}(x)=[1+2kx+Q_k(x)]\cdot\{1+2x[1+2kx+Q_k(x)]\}$$
$$=1+2(k+1)x+\cdots.$$

所以,命题对 $n\geqslant 2$ 皆成立.

结合 $P_0(x)$、$P_1(x)$ 的表示式可知,$P_n(x)$ 的一次项系数为 $2n$.

(2) 由 $P_0(x)$、$P_1(x)$、$P_2(x)$、$P_3(x)$ 的表示式,可推测 $P_n(x)$ 的次数是 2^n-1 次. 下面用数学归纳法来进行证明.

当 $n=0$ 时,结论已经得证. 假设 $n=k$ 时结论成立,即 $P_k(x)$ 是 2^k-1 次多项式. 则当 $n=k+1$ 时,
$$P_{k+1}(x)=P_k(x)[1+2xP_k(x)]$$
$$=P_k(x)+2x\cdot P_k(x)\cdot P_k(x),$$

因为 $P_k(x)$ 是 2^k-1 次,从而 $P_{k+1}(x)$ 是
$$2(2^k-1)+1=2^{k+1}-1$$
次多项式.

所以,$P_n(x)$ 是 2^n-1 次多项式.

例 6 设以数列 $\{a_n\}$ 的相邻三项 a_n、a_{n+1}、a_{n+2} ($n=1,2,3,\cdots$) 构成的二次方程
$$a_n x^2 - a_{n+2} x + a_{n+1} = 0$$
的两个解 α_n、β_n 满足
$$4\alpha_n - \alpha_n \beta_n + 4\beta_n - 3 = 0. \tag{3}$$
(1) 试求 a_n、a_{n+1}、a_{n+2} 的关系；(2) 用 a_1、a_2 表示 a_n；(3) 求 $\lim\limits_{n\to\infty} a_n$.

解 (1) 由韦达定理，有
$$\alpha_n + \beta_n = \frac{a_{n+2}}{a_n},\ \alpha_n \beta_n = \frac{a_{n+1}}{a_n},$$
代入(3)式，得
$$4a_{n+2} - a_{n+1} - 3a_n = 0.$$

(2) 上述递推关系的特征方程为
$$4k^2 - k - 3 = 0,$$
特征根为 $k_1 = 1, k_2 = -\dfrac{3}{4}$. 将上述递推关系变形成
$$a_{n+2} - a_{n+1} = -\frac{3}{4}(a_{n+1} - a_n),$$
从而得
$$a_n - a_{n-1} = \left(-\frac{3}{4}\right)^{n-2} \cdot (a_2 - a_1).$$
因此,
$$a_n = a_1 + (a_2 - a_1)\left[1 + \left(-\frac{3}{4}\right) + \left(-\frac{3}{4}\right)^2 + \cdots + \left(-\frac{3}{4}\right)^{n-2}\right]$$
$$= a_1 + \frac{4}{7}\left[1 - \left(-\frac{3}{4}\right)^{n-1}\right](a_2 - a_1).$$

(3) $\lim\limits_{n\to\infty} a_n = a_1 + \dfrac{4}{7}(a_2 - a_1) = \dfrac{3}{7}a_1 + \dfrac{4}{7}a_2.$

例 7 设 $f(x) = \dfrac{x-1}{x+1}$，数列 $\{a_n\}$ 各项满足
$$a_0 = x,\ a_{n+1} = f(a_n).$$
求证：(1) $a_{n+2} = -\dfrac{1}{a_n}$；(2) $\{a_{4n}\}$ 是一个常数列.

证 (1) 当 $n = 0$ 时，可证等式成立. 事实上，
$$a_2 = f[f(x)] = \frac{f(x) - 1}{f(x) + 1}$$
$$= \frac{\dfrac{x-1}{x+1} - 1}{\dfrac{x-1}{x+1} + 1} = -\frac{1}{x} = -\frac{1}{a_0}.$$

假设 $n=k$ 时等式成立,即 $a_{k+2}=-\dfrac{1}{a_k}$.那么,当 $n=k+1$ 时,有

$$a_{k+3}=f(a_{k+2})=\dfrac{a_{k+2}-1}{a_{k+2}+1}=\dfrac{-\dfrac{1}{a_k}-1}{-\dfrac{1}{a_k}+1}$$

$$=-\dfrac{a_k+1}{a_k-1}=-\dfrac{1}{\dfrac{a_k-1}{a_k+1}}=-\dfrac{1}{f(a_k)}$$

$$=-\dfrac{1}{a_{k+1}},$$

即等式也成立.

所以 $a_{n+2}=-\dfrac{1}{a_n}$ 对一切非负整数皆成立.

(2) 由(1)的结果 $a_{n+2}=-\dfrac{1}{a_n}$,我们得到

$$a_{n+4}=-\dfrac{1}{a_{n+2}}=a_n.$$

又因为 $a_0=x$,所以有

$$a_4=a_8=a_{12}=\cdots=x,$$

即 $\{a_{4n}\}$ 是常数列.

例 8 设 $a_0=1, b_0=24, a_n=\min\left\{\dfrac{23}{24}a_{n-1},\dfrac{1}{24}b_{n-1}\right\}, b_n=\min\left\{\dfrac{3}{4}a_{n-1},\dfrac{1}{4}b_{n-1}\right\}$.如果再设

$$r_n=\dfrac{b_n}{a_n},$$

问:(1) r_1、r_2 分别等于什么?(2) 对于 r_{n-1} 的不同范围,r_n 与 r_{n-1} 分别有什么关系?试写出数列 $\{r_n\}$ 的各项.

解 (1) $a_1=\min\left\{\dfrac{23}{24}a_0,\dfrac{1}{24}b_0\right\}=\min\left\{\dfrac{23}{24},1\right\}=\dfrac{23}{24}$,

$b_1=\min\left\{\dfrac{3}{4}a_0,\dfrac{1}{4}b_0\right\}=\min\left\{\dfrac{3}{4},6\right\}=\dfrac{3}{4}$,

故有

$$r_1=\dfrac{b_1}{a_1}=\dfrac{18}{23}.$$

$a_2=\min\left\{\dfrac{23}{24}a_1,\dfrac{1}{24}b_1\right\}=\min\left\{\dfrac{529}{576},\dfrac{1}{32}\right\}=\dfrac{1}{32}$,

$$b_2 = \min\left\{\frac{3}{4}a_1, \frac{1}{4}b_1\right\} = \min\left\{\frac{23}{32}, \frac{3}{16}\right\} = \frac{3}{16},$$

从而
$$r_2 = \frac{b_2}{a_2} = 6.$$

(2) $$r_n = \frac{\min\left\{\frac{3}{4}a_{n-1}, \frac{1}{4}b_{n-1}\right\}}{\min\left\{\frac{23}{24}a_{n-1}, \frac{1}{24}b_{n-1}\right\}}$$

$$= \frac{\min\left\{\frac{3}{4}a_{n-1}, \frac{1}{4}a_{n-1}r_{n-1}\right\}}{\min\left\{\frac{23}{24}a_{n-1}, \frac{1}{24}a_{n-1}r_{n-1}\right\}}$$

$$= \frac{\min\{3, r_{n-1}\} \cdot \frac{a_{n-1}}{4}}{\min\{23, r_{n-1}\} \cdot \frac{a_{n-1}}{24}} = 6 \cdot \frac{\min\{3, r_{n-1}\}}{\min\{23, r_{n-1}\}}.$$

如果 $r_{n-1} \leqslant 3$,则
$$r_n = 6 \cdot \frac{r_{n-1}}{r_{n-1}} = 6;$$

如果 $3 < r_{n-1} \leqslant 23$,则
$$r_n = 6 \cdot \frac{3}{r_{n-1}} = \frac{18}{r_{n-1}};$$

如果 $r_{n-1} > 23$,则
$$r_n = 6 \cdot \frac{3}{23} = \frac{18}{23}.$$

于是可以写出 $\{r_n\}$ 的各项如下:

显然,$r_0 = \frac{b_0}{a_0} = 24, r_1 = \frac{18}{23}, r_2 = 6.$

由于 $3 < r_2 < 23$,所以,
$$r_3 = \frac{18}{r_2} = 3;$$

由于 $r_3 \leqslant 3$,所以, $r_4 = 6.$

由此可推得
$$r_{2m} = 6 \ (m=1,2,3,\cdots),$$
$$r_{2m+1} = 3 \ (m=1,2,3,\cdots).$$

例 9 设 $\{a_n\}$ 满足
$$a_1 = 1, a_2 = 2, a_n = a_{n-1}\cos^2\alpha + a_{n-2}\sin^2\alpha$$

$$\left(n\geqslant 3, 0<\alpha<\frac{\pi}{2}\right),$$

试求 $\lim\limits_{n\to\infty}a_n$.

解 因为 $a_n = a_{n-1}\cos^2\alpha + a_{n-2}\sin^2\alpha$, 故有
$$a_n - a_{n-1} = -\sin^2\alpha(a_{n-1} - a_{n-2}).$$
所以, 数列 $\{a_n - a_{n-1}\}$ 是公比为 $-\sin^2\alpha$, 首项为 $a_2 - a_1$ (即 1) 的等比数列. 于是
$$a_n - a_{n-1} = (-\sin^2\alpha)^{n-2},$$
从而
$$a_n = 1 + \frac{1-(-\sin^2\alpha)^{n-1}}{1-(-\sin^2\alpha)}.$$
因为 $|-\sin^2\alpha| < 1$, 故有
$$(-\sin^2\alpha)^{n-1} \to 0 \ (n\to\infty),$$
因此,
$$\lim_{n\to\infty}a_n = 1 + \frac{1}{1+\sin^2\alpha}.$$

例 10 有一种细胞, 每隔一小时死亡 2 个, 剩下的细胞每个分别分裂成 2 个. 设最初有 7 个细胞, n 小时后有几个? 几小时后, 细胞数超过 1000?

解 设 a_n 为 n 小时后的细胞数. 根据题意, $a_0 = 7$, 且第 $n+1$ 个小时后的细胞数为 $a_{n+1} = 2(a_n - 2)$, 即
$$a_{n+1} = 2a_n - 4.$$
不难求得
$$a_n = 3\cdot 2^n + 4.$$
由 $a_n = 3\cdot 2^n + 4 > 1000$, 可解得 $n > 9$. 所以, 9 小时之后, 细胞数超过 1000 个.

例 11 设数列 $\{u_n\}$ 满足
$$\begin{cases} u_0 = 2, u_1 = \dfrac{5}{2}, \\ u_{n+1} = u_n(u_{n-1}^2 - 2) - \dfrac{5}{2} \ (n=1,2,3,\cdots). \end{cases}$$

试证: 对于任意自然数 n, $[u_n] = 2^{\frac{2^n-(-1)^n}{3}}$, 其中 $[x]$ 表示不超过非负数 x 的最大整数. (第十八届国际数学竞赛试题)

证 因为
$$u_0 = 2 = 2^0 + 2^{-0}, u_1 = 2\frac{1}{2} = 2^1 + 2^{-1},$$

$$u_2 = 2\frac{1}{2} = 2^1 + 2^{-1}, u_3 = 8\frac{1}{8} = 2^3 + 2^{-3},$$
$$u_4 = 32\frac{1}{32} = 2^5 + 2^{-5},$$

所以,可猜测
$$u_n = 2^{f(n)} + 2^{-f(n)}.$$

于是,
$$u_{n+1} = 2^{f(n+1)} + 2^{-f(n+1)}$$
$$= (2^{f(n)} + 2^{-f(n)})[(2^{f(n-1)} + 2^{-f(n-1)})^2 - 2] - \frac{5}{2},$$

即
$$2^{f(n+1)} + 2^{-f(n+1)} + 2^1 + 2^{-1}$$
$$= 2^{f(n)+2f(n-1)} + 2^{-f(n)-2f(n-1)} + 2^{f(n)-2f(n-1)} + 2^{-[f(n)-2f(n-1)]}. \tag{4}$$

为使(4)式左右两端的前两个幂相等,希望有
$$f(n+1) = f(n) + 2f(n-1). \tag{5}$$

再考虑到 $f(0) = 0, f(1) = 1$,不难知道,应有
$$f(n) = \frac{1}{3}[2^n - (-1)^n]. \tag{6}$$

此时,可推出
$$f(n) - 2f(n-1) = (-1)^{n-1},$$

这样一来,(4)式左右两端后两个幂又恰巧相等了. 因此,我们猜测
$$u_n = 2^{f(n)} + 2^{-f(n)} = 2^{\frac{1}{3}[2^n - (-1)^n]} + 2^{-\frac{1}{3}[2^n - (-1)^n]} \tag{7}$$

是数列 $\{u_n\}$ 的通项公式. 下面用数学归纳法证明之.

当 $n = 0, n = 1$ 时,已经得证. 假设 $n = k$ 及 $k - 1$ 时等式成立,即
$$u_k = 2^{f(k)} + 2^{-f(k)}$$
$$= 2^{\frac{1}{3}[2^k - (-1)^k]} + 2^{-\frac{1}{3}[2^k - (-1)^k]},$$
$$u_{k-1} = 2^{f(k-1)} + 2^{-f(k-1)}$$
$$= 2^{\frac{1}{3}[2^{k-1} - (-1)^{k-1}]} + 2^{-\frac{1}{3}[2^{k-1} - (-1)^{k-1}]}.$$

则当 $n = k + 1$ 时,
$$u_{k+1} = u_k(u_{k-1}^2 - 2) - \frac{5}{2}$$
$$= [2^{f(k)} + 2^{-f(k)}] \cdot \{[2^{f(k-1)} + 2^{-f(k-1)}]^2 - 2\} - \frac{5}{2}$$
$$= [2^{f(k)} + 2^{-f(k)}] \cdot [2^{2f(k-1)} + 2^{-2f(k-1)}] - \frac{5}{2}$$

$$= 2^{f(k)+2f(k-1)} + 2^{f(k)-2f(k-1)} + 2^{-f(k)+2f(k-1)}$$
$$+ 2^{-f(k)-2f(k-1)} - \frac{5}{2} = 2^{f(k+1)} + 2^{-f(k+1)}.$$

所以,(7)式确为 $\{u_n\}$ 的通项公式.

因为
$$f(n) = \frac{2^n - (-1)^n}{3} = \frac{2+1}{3}(2^{n-1} - 2^{n-2} + \cdots)$$

是正整数,就有
$$-f(n) < 0,$$

故
$$2^{-f(n)} < 1.$$

所以,
$$[u_n] = 2^{f(n)} = 2^{\frac{1}{3}[2^n - (-1)^n]}.$$

例 12 已知正整数数列 $\{a_n\}$ 满足 $a_{n+2} = a_{n+1}^2 + a_n^2 (n \geq 1)$. 若正整数 m 满足 $a_m = 2005$, 求所有可能的 m 构成的集合.

解 令 $a_1 = 2005$, 知 $m=1$ 可以; 令 $a_2 = 2005$, 知 $m=2$ 可以;

令 $a_1 = 18, a_2 = 41$. 由 $a_3 = a_1^2 + a_2^2 = 324 + 1681 = 2005$, 知 $m=3$ 亦可以.

若 $m=4$ 可以, 则有 $2005 = a_2^2 + (a_1^2 + a_2^2)^2$ $(a_1, a_2 \in \mathbf{N}_+)$.

由 $45^2 = 2025$, 知 $a_1^2 + a_2^2 \leq 44$, 故 $a_1, a_2 \leq 6$.

从而, $(a_1^2 + a_2^2)^2 = 2005 - a_2^2 \in [1969, 2004]$.

但 $44^2 = 1936 < 1969 < 2004 < 45^2$, 矛盾.

当 $m \geq 5$ 时, 同理知不可以.

所以 m 构成的集合为 $\{1,2,3\}$.

例 13 在数列 $\{a_n\}$ 中, $a_1 = 1$, $a_{n+1} = \begin{cases} a_n + 5, & \frac{n}{3} \notin \mathbf{N}^*, \\ a_{n-1}, & \frac{n}{3} \in \mathbf{N}^*, \end{cases}$ 求使 $a_n \leq 2021$ 对任意的 $n \leq k (k \in \mathbf{N}^*)$ 恒成立的最大值 k.

解 由已知可得数列 $\{a_n\}$: $1,6,11,6,11,16,11,16,21,\cdots$, 可得规律为 $1,6,11; 6,11,16; 11,16,21; \cdots$. 此时将原数列分为三个等差数列:

$$1,6,11,\cdots, a_n = \frac{5n-2}{3}, n \in \{n | n = 3m+1, m \in \mathbf{N}\};$$

$$6,11,16,\cdots, a_n = \frac{5n+8}{3}, n \in \{n | n = 3m+2, m \in \mathbf{N}\};$$

$$11, 16, 21, \cdots, a_n = \frac{5n+18}{3}, n \in \{n \mid n = 3m+3, m \in \mathbf{N}\}.$$

因为 $a_{1209} = 2021, a_{1211} = 2021, a_{1213} = 2021$,

所以满足 $a_n \leqslant 2021$ 对任意的 $n \leqslant k (k \in \mathbf{N}^*)$ 恒成立的最大 k 值为 1209.

习 题

1. 求由
$$a_1=\frac{1}{2}, a_{n+1}-a_n=\frac{1}{4n^2-1}$$
确定的数列的通项公式.

2. 设
$$a_0=1, a_1=b, (n+1)a_{n+1}-(n+b)a_n+ba_{n-1}=0,$$
求满足上述条件的数列 $\{a_n\}$ 的通项公式.

3. 设数列 $\{a_n\}$ 的前 n 项之和为 S_n. 若
$$a_1=1, S_{n+1}=4a_n+2,$$
(1) 求 a_{n+1}, a_n, a_{n-1} 的关系；
(2) 求该数列的通项公式.

4. 设数列 $\{a_n\}$ 的前 n 项之和为 S_n. 若
$$S_n=4-a_n-\frac{1}{2^{n-2}},$$
(1) 求 a_{n+1} 与 a_n 的关系；
(2) 求该数列的通项公式.

5. 设 $\{x_n\}$、$\{y_n\}$ 由下式确定：
$$x_1=x_2=1, x_{n+2}=x_{n+1}+2x_n;$$
$$y_1=1, y_2=7, y_{n+2}=2y_{n+1}+3y_n.$$
求证：除了"1"这个数之外，不存在别的数同时是 $\{x_n\}$ 及 $\{y_n\}$ 的项. (美国第二届中学生数学竞赛试题)

6. 对由
$$x_1=0, x_{n+1}=\sqrt{2-x_n}$$
确定的数列 $\{x_n\}$，试证：
(1) 若 n 为奇数，则 $x_{n+2}>x_n$；若 n 为偶数，则 $x_{n+2}<x_n$；
(2) 若 n 为奇数，则 $x_{n+1}>x_n$；若 n 为偶数，则 $x_{n+1}<x_n$.

7. 对于由
$$0<u_1<\frac{3}{2}, 9u_{n+1}=(10-u_n^2)u_n$$
确定的数列，证明：
(1) $0<u_n<\frac{3}{2}$；

(2) 如果 $u_1 > u_2$,则 $u_n > u_{n+1}$;如果 $u_1 < u_2$,则 $u_n < u_{n+1}$.

8. 设 x_1 为任意实数,且有
$$x_{n+1} = f(x_n),$$
其中 $f(x) = x(2-x)$.

(1) 求数列 $\{x_n\}$ 的通项公式;

(2) 求使数列 $\{x_n\}$ 收敛的 x_1 的范围.

9. 设
$$f_1(x) = \frac{1}{1+x}, f_{n+1}(x) = f_1(f_n(x)).$$

(1) 当 $f_n(0) = \dfrac{a_n}{b_n}$(既约分数)时,用 a_n, b_n 表示 a_{n+1}, b_{n+1};

(2) 假定 $\lim\limits_{n\to\infty} f_n(0)$ 存在,求 $\lim\limits_{n\to\infty} f_n(0)$.

10. 设 $f(x) = \dfrac{1}{2}x + 5$,试求数列
$$f_1(x) = f(f(x)), f_2(x) = f(f_1(x)), \cdots,$$
$$f_n(x) = f(f_{n-1}(x)), \cdots$$
的极限 $\lim\limits_{n\to\infty} f_n(x)$.

11. 设数列 $\{a_n\}$ 的相邻两项 a_n、a_{n+1} 是二次方程
$$x^2 + 3nx + c_n = 0$$
的两个根,且 $a_1 = 1$,求 $\sum\limits_{n=1}^{2p} c_n$.

12. 设有一个数列 $\{a_n\}$,二次方程
$$a_{n-1}x^2 - a_n x + 1 = 0$$
的两根 α 和 β 满足
$$3\alpha - \alpha\beta + 3\beta = 1.$$
试求:(1) a_n 和 a_{n-1} 的关系;

(2) $\{a_n\}$ 的通项公式及 $\lim\limits_{n\to\infty} a_n$.

13. 设数列 $\{a_n\}$ 满足
$$a_1 = 1, a_{n+1} = a_n \cos\theta + \sin^2\theta.$$

(1) 当 θ 是何值时,这个数列收敛?

(2) 当这个数列收敛的时候,$\lim\limits_{n\to\infty} S_n$ 是否存在?

14. 数列 $\{a_n\}$ 由下式确定:
$$a_1 = 1, a_{n+1} = pa_n + q.$$

(1) 求其通项公式;

(2) 若 $p=\sqrt{3}\tan\theta, q=1-\sqrt{6}\cos\theta\left(0<\theta<\dfrac{\pi}{2}\right)$,则当 θ 是何值时,数列 $\{a_n\}$ 收敛?

15. 设数列 $\{a_n\}$ 由下式确定:
$$\begin{cases}(\sin\theta)a_{n-1}-(\theta+\sin\theta)a_n+\theta a_{n+1}=0 & (n\geqslant 1),\\ (\sin\theta)a_0-\theta a_1=0,\end{cases}$$

其中 $0<\theta\leqslant\dfrac{\pi}{2}$. 试求其通项公式,并证明 $\lim\limits_{n\to\infty}S_n$ 存在.

16. 如果数列 $\{t_n\}$ 满足:
$$t_1=1, t_2=2, t_n=3t_{n-2}-t_{n-1} \quad (n\geqslant 3),$$

那么对于任意自然数 n,直线 $t_n x+t_{n+1}y=t_{n+2}$ 都通过一个与 n 无关的定点. 试证明之.

17. 设 $b_n=\dfrac{1}{C_n^0}+\dfrac{1}{C_n^1}+\cdots+\dfrac{1}{C_n^n}$ $(n\geqslant 1)$. 求证:
$$b_n=\dfrac{n+1}{2n}b_{n-1}+1 \quad (n\geqslant 2).$$

(美国第 19 届大学生数学竞赛试题)

18. 设数列 $\{R_n\}$ 满足下列关系式:
$$R_1=1, R_{n+1}=1+\dfrac{n}{R_n} \quad (n\geqslant 1).$$

求证:
$$\sqrt{n}\leqslant R_n\leqslant\sqrt{n}+1 \quad (n\geqslant 1).$$

(美国第 19 届大学生数学竞赛试题)

19. 数列 $\{u_n\}$ 的定义如下:
$$u_0=a, u_{n+1}=2u_n-n^2 \quad (n\geqslant 0).$$

如果它所有的项都是正的,求 a 的范围. (美国第 41 届大学生数学竞赛试题)

20. 半径为 1 的两圆 $\odot O_1$、$\odot O_2$ 互相外切,l 为外公切线. 作 $\odot O_3$ 与 $\odot O_1$、$\odot O_2$ 及 l 相切;作 $\odot O_4$ 与 $\odot O_1$、$\odot O_3$ 及 l 相切;$\cdots$;作 $\odot O_n$ 与 $\odot O_1$、$\odot O_{n-1}$ 及 l 相切. 求 $\odot O_n$ 的半径 $r_n(n\geqslant 2)$.

21. 半径为 1 的两圆 $\odot O_1$、$\odot O_2$ 互相外切,l 是外公切线. 作 $\odot O_3$ 与 $\odot O_1$、$\odot O_2$ 相切,且和 l 也相切;作 $\odot O_4$ 与 $\odot O_2$、$\odot O_3$ 相切,且和 l 也相切;$\cdots$;作 $\odot O_n$ 与 $\odot O_{n-1}$、$\odot O_{n-2}$ 相切,且和 l 也相切. 求 $\odot O_n$ 的半径 r_n.

22. 已知数列 $\{a_n\}$ 满足 $|a_i-a_{i+1}|\leqslant|a_{i+1}-a_{i+2}|$ $(i=1,2,\cdots,n-2)$.

(1) 若数列 $\{a_n\}$ 的前 4 项分别为 $4,2,a_3,1$，求 a_3 的取值范围；

(2) 已知数列 $\{a_n\}$ 中各项互不相同．令 $b_m=|a_m-a_{m+1}|$ $(m=1,2,\cdots,n-1)$，求证：数列 $\{a_n\}$ 是等差数列的充要条件是数列 $\{b_m\}$ 是常数列；

(3) 已知数列 $\{a_n\}$ 是 $m(m\in\mathbf{N}$ 且 $m\geqslant 3)$ 个连续正整数 $1,2,\cdots,m$ 的一个排列．若 $\sum_{k=1}^{m-1}|a_k-a_{k+1}|=m+2$，求 m 的所有取值．

23. 已知数列 $\{a_n\}$ 是由正实数组成的无穷数列，满足 $a_1=3$，$a_2=7$，$a_n=|a_{n+1}-a_{n+2}|$，$n\in\mathbf{N}^*$．

(1) 写出数列 $\{a_n\}$ 前 4 项的所有可能取法；

(2) 判断：是否存在正整数 k，满足 $a_k=1$，并说明理由；

(3) c_n 为数列 $\{a_n\}$ 的前 n 项中不同取值的个数，求 c_{100} 的最小值．

参考答案

1. $a_n=\dfrac{4n-3}{4n-2}$ **2.** $a_n=\dfrac{b^n}{n!}$ **3.** (1) 由 $S_{n+1}=4a_n+2$，$S_n=4a_{n-1}+2$，得到 $a_{n+1}=S_{n+1}-S_n=4(a_n-a_{n-1})$ (2) $a_n=2^{n-2}\cdot(3n-1)$ **4.** (1) $2^n a_{n+1}=2^{n-1}a_n+1$ (2) $a_n=\dfrac{n}{2^{n-1}}$ **5.** 提示：反证法 **6.** 提示：研究 $x_{n+2}-x_n$ **7.** 略 **8.** (1) $x_n=1-(1-x_1)^{2^{n-1}}$ (2) $0\leqslant x_1\leqslant 2$ **9.** (1) $a_{n+1}=b_n$，$b_{n+1}=a_n+b_n$ (2) $\lim\limits_{n\to\infty}f_n(0)=\dfrac{\sqrt{5}-1}{2}$ **10.** $\lim\limits_{n\to\infty}f_n(x)=10$ **11.** $\dfrac{1}{2}p(12p^2+9p-13)$ **12.** (1) $a_n=\dfrac{1}{3}a_{n-1}+\dfrac{1}{3}$ (2) $a_n=\dfrac{1}{2}+\left(a_1-\dfrac{1}{2}\right)\cdot\left(\dfrac{1}{3}\right)^{n-1}$，$\lim\limits_{n\to\infty}a_n=\dfrac{1}{2}$ **13.** (1) $\theta\neq(2k+1)\pi$ (2) 都不存在 **14.** (1) $a_n=\dfrac{q}{1-p}-\dfrac{p+q-1}{1-p}\cdot p^{n-1}$ $(p\neq 1)$，$a_n=1+(n-1)q$ $(p=1)$ (2) $0<\theta<\dfrac{\pi}{6}$，$\theta=\dfrac{\pi}{4}$ **15.** $a_n=\left(\dfrac{\sin\theta}{\theta}\right)^n\cdot a_0$ **16.**～**18.** 略 **19.** $a\geqslant 3$ **20.** $r_n=\dfrac{1}{(n-1)^2}$ **21.** $r_n=\dfrac{5}{\left[\left(\dfrac{1+\sqrt{5}}{2}\right)^n-\left(\dfrac{1-\sqrt{5}}{2}\right)^n\right]^2}$

22. (1) 由题意,得 $2 \leqslant |a_3-2| \leqslant |a_3-1| \Rightarrow \begin{cases} |a_3-2| \geqslant 2, \\ |a_3-2| \leqslant |a_3-1|, \end{cases} \Rightarrow$

$\begin{cases} a_3-2 \leqslant -2 \text{ 或 } a_3-2 \geqslant 2, \\ 2a_3-3 \geqslant 0, \end{cases} \Rightarrow \begin{cases} a_3 \leqslant 0 \text{ 或 } a_3 \geqslant 4, \\ a_3 \geqslant \frac{3}{2}, \end{cases} \Rightarrow a_3 \geqslant 4$ (2) 必要性:若数列 $\{a_n\}$ 是等差数列,设公差为 d,则 $b_m = |a_m - a_{m+1}| = |d|$,所以数列 $\{b_m\}$ 是常数列;充分性:若数列 $\{b_m\}$ 是常数列,则 $b_m = b_{m+1}(m=1,2,\cdots,n-2)$,即 $|a_m - a_{m+1}| = |a_{m+1} - a_{m+2}|$ $(m=1,2,\cdots,n-2)$. 所以 $a_m - a_{m+1} = a_{m+1} - a_{m+2}$ 或 $a_m - a_{m+1} = -(a_{m+1} - a_{m+2})$. 因为数列 $\{a_n\}$ 的各项互不相同,所以 $a_m - a_{m+1} = a_{m+1} - a_{m+2}$. 所以数列 $\{a_n\}$ 是等差数列 (3) 当 $m=3$ 时,因为 $|a_i - a_{i+1}| \leqslant 2(i=1,2)$,所以 $|a_1-a_2| + |a_2-a_3| \leqslant 2+2<5$,不符合题意;当 $m=4$ 时,数列为 $2,3,1,4 \Rightarrow |a_1-a_2| + |a_2-a_3| + |a_3-a_4| = 1+2+3=6$,符合题意;当 $m=5$ 时,数列为 $2,3,4,5,1 \Rightarrow |a_1-a_2| + |a_2-a_3| + |a_3-a_4| + |a_4-a_5| = 1+1+1+4=7$,符合题意;下证当 $m \geqslant 6$ 时,不存在 m 满足题意. 令 $b_k = |a_k - a_{k+1}|(k=1,2,\cdots,m-1)$,则 $1 \leqslant b_1 \leqslant b_2 \leqslant \cdots \leqslant b_{m-1}$,且 $\sum\limits_{k=1}^{m-1} b_k = m+2$,假设 $b_i = 1(i=1,2,3,\cdots,m-5)$,$b_{m-4}=2$,则 $\sum\limits_{i=1}^{m-1} b_i \geqslant m-5+4\times 2 = m+3 > m+2$,矛盾,故 $b_i = 1(i=1,2,\cdots,m-4)$,$a_i(i=1,2,\cdots,m-3)$ 是连续的正整数数列,且 $\{b_i\}$ 最后 3 项的和为 $(m+2)-(m-4)=6$. 因为 $(b_{m-3}, b_{m-2}, b_{m-1}) \in \{(1,1,4), (1,2,3), (2,2,2)\}$,所以 b_k 有以下三种可能:① 当 $\sum\limits_{k=1}^{m-1} b_k = m+2 = (m-2)\times 1 + 4$ 时,$b_k = \begin{cases} 1, & k=1,2,\cdots,m-2, \\ 4, & k=m-1; \end{cases}$ ② 当 $\sum\limits_{k=1}^{m-1} b_k = m+2 = (m-3)\times 1 + 2 + 3$ 时,$b_k = \begin{cases} 1, & k=1,2,\cdots,m-3, \\ 2, & k=m-2, \\ 3, & k=m-1; \end{cases}$ ③ 当 $\sum\limits_{k=1}^{m-1} b_k = m+2 = (m-4)\times 1$

$+2\times 3$ 时, $b_k=\begin{cases}1, & k=1,2,\cdots,m-4,\\ 2, & k=m-3,m-2,m-1.\end{cases}$ 方法一: ①时,因为 $b_1=b_2=\cdots=b_{m-2}$,由(2)知: $a_1,a_2,\cdots,a_{m-1}$ 是公差为 1 或 -1 的等差数列. (i) 当公差为 1 时,由 $b_{m-1}=4$ 得 $a_m-a_{m-1}=4$ 或 $a_{m-1}-a_m=4$,所以 $a_m=a_{m-1}+4=a_1+(m-2)\times 1+4>m$ 或 $a_m=a_{m-1}-4=a_{m-1}+[(m-5)-(m-1)]\times 1=a_{m-5}$,与已知矛盾. (ii) 当公差为 -1 时,同理得出与已知矛盾. 综上,不存在 m 满足题意. ②③时同理可得. 方法二: 不妨设 $a_i(i=1,2,3,\cdots,m-3)$ 为增数列, ① 若 $(b_{m-3},b_{m-2},b_{m-1})=(1,1,4)$,则 $\{a_n\}:a_1,a_2,a_3,\cdots,a_{m-3},a_{m-3}+1,a_{m-3}+2,a_{m-3}-2$,当且仅当 $a_{m-3}-2=a_1-1=1\Rightarrow a_1=2,a_{m-3}=3$,此时 $\{a_n\}:2,3,4,5,1$ 是 $1,2,3,4,5$ 的一个排列,得 $m=5$; ② 若 $(b_{m-3},b_{m-2},b_{m-1})=(1,2,3)$,则 $\{a_n\}:a_1,a_2,a_3,\cdots,a_{m-3},a_{m-3}+1,a_{m-3}+3,a_{m-3}$ 不是 $1,2,3,\cdots,m$ 的一个排列,舍去; ③ 若 $(b_{m-3},b_{m-2},b_{m-1})=(2,2,2)$,则 $\{a_n\}:a_1,a_2,a_3,\cdots,a_{m-3},a_{m-3}+2,a_{m-3}+4,a_{m-3}+6$ 不是 $1,2,3,\cdots,m$ 的一个排列,舍去. 综上可知,m 的所有取值为 4 或 5 **23.** (1) 由 $a_n=|a_{n+1}-a_{n+2}|$ 得 $-a_n=a_{n+1}-a_{n+2}$ 或 $a_n=a_{n+1}-a_{n+2}$,所以 $a_{n+2}=a_{n+1}+a_n$ 或 $a_{n+2}=a_{n+1}-a_n$. 因为 $a_1=3,a_2=7$,所以 $a_3=10$ 或 $a_3=4$. 所以,当 $a_3=10$ 时,$a_4=17$ 或 $a_4=3$; 当 $a_3=4$ 时,$a_4=11$ 或 $a_4=-3$. 因为数列 $\{a_n\}$ 是由正实数组成的无穷数列,所以 $a_4=-3$ 舍. 所以,数列 $\{a_n\}$ 前 4 项的所有可能取法有 $a_1=3,a_2=7,a_3=10,a_4=17$ 或 $a_1=3,a_2=7,a_3=10,a_4=3$ 或 $a_1=3,a_2=7,a_3=4,a_4=11$
(2) 不存在,下面证明: 因为 $a_n=|a_{n+1}-a_{n+2}|,n\in\mathbf{N}^*$,所以,$a_{n+2}=a_{n+1}+a_n$ 或 $a_{n+2}=a_{n+1}-a_n$. 当 $a_{n+2}=a_{n+1}+a_n$ 时,因为数列 $\{a_n\}$ 是由正实数组成的无穷数列,所以 $a_{n+3}=a_{n+2}+a_{n+1}>a_{n+2}=a_{n+1}+a_n>a_n$,即 $a_{n+3}>a_n$ 或 $a_{n+3}=a_{n+2}-a_{n+1}=a_n$,所以 $a_{n+3}\geq a_n$; 当 $a_{n+2}=a_{n+1}-a_n$ 时,因为数列 $\{a_n\}$ 是由正实数组成的无穷数列,所以 $a_{n+2}=a_{n+1}-a_n>0$,即 $a_{n+1}>a_n$. 所以 $a_{n+3}=a_{n+2}+a_{n+1}>a_{n+1}>a_n$ 或 $a_{n+3}=a_{n+2}-a_{n+1}=-a_n<0$ (舍). 综上, $a_{n+3}\geq a_n,n\in\mathbf{N}^*$. 所以 $a_{3k-2}\geq a_1=3,a_{3k-1}\geq a_2=7,a_{3k}\geq a_3=4$. 综上,不存在正整数 k,满足 $a_k=1$ (3) 由 $a_n=$

$|a_{n+1}-a_{n+2}|$,$n\in \mathbf{N}^*$,所以,$a_{n+2}=a_{n+1}+a_n$ ①或 $a_{n+2}=a_{n+1}-a_n$ ②,对于任意的 a_n、a_{n+1},均可以使用①递推,只有满足 $a_{n+1}>a_n$ 时,才可以使用②递推;若 $a_{n+2}=a_{n+1}-a_n$,显然 $a_{n+2}<a_{n+1}$,下次只能用①递推,即 $a_{n+3}=a_{n+2}+a_{n+1}$. 所以,②不能连续使用. 记 $b_k=\max\{a_{2k-1},a_{2k}\}$($k\in \mathbf{N}$ 且 $k\geqslant 1$),$b_{k+1}=\max\{a_{2k+1},a_{2k+2}\}$,若 $a_{2k+1}=a_{2k}+a_{2k-1}$,则 $b_{k+1}>b_k$;若 $a_{2k+1}=a_{2k}-a_{2k-1}$,则 $a_{2k+2}=a_{2k+1}+a_{2k}>a_{2k}>a_{2k-1}$,所以 $b_{k+1}>b_k$,所以 $b_{k+1}>b_k$($k\in \mathbf{N}$ 且 $k\geqslant 1$),所以,$a_1,a_2,\cdots,a_{100}$ 中至少有 $a_1,a_2,b_2,b_3,\cdots,b_{50}$ 共 51 项,即 $c_{100}\geqslant 51$. 举例如下:$a_n=\begin{cases}a_{n-1}+a_{n-2}, & n\text{ 为奇数},\\ a_{n-1}-a_{n-2}, & n\text{ 为偶数}.\end{cases}$ 所以 $\{a_n\}$:3,7,10,3,13,10,23,13,36,23,$\cdots$,此时 $c_{100}=51$,所以,c_{100} 的最小值为 51

第十章　递推关系、迭代和计算机

我们教材教一次方程、二次方程的解法,根与系数关系,韦达定理,技巧不少.按理,好的学生会自然想到,那么三次方程怎么解呢?甚至会问四次、五次方程.这样的优秀学生可能比较少,那教材应该启发学生去这么想啊!至少留下一个悬念,这就是所谓的"留白",对激发学生的求知欲是非常有效的方法.可惜,教材也好,教师也好,就事论事的比较多,能够做到"留白"的似乎并不太多.

那么为什么不讲三次、四次、五次……方程的解法?因为三次方程的解法(卡丹公式)很繁,笔算很困难;四次方程的解法(费拉里公式)更繁,更不适宜笔算.而五次以上的方程不存在公式解.

三次、四次方程解法很繁,中学里不教,当然是正常的.但是我们假如遇到一个三次方程,就没有什么办法了吗?办法还是有的,譬如可以用近似的方法.不要以为近似的方法是"次一等"的方法,对于五次方程,理论上已经证明没有公式解,那近似方法几乎是唯一选择.有时某个问题虽有精确的解法,但太繁;因为繁,在复杂的计算过程中,通过四舍五入等之后,得到的结果也不会是精确的.这时候人们宁肯用近似方法,常常比精确的公式更有效.

近似方法有多种多样,这里讲讲迭代.

由于计算机的产生,递推成为数学家思考问题的极其重要的模式.因为计算机不怕繁,只要方法划一,它就可以一次一次往下算.譬如,"世界末日"问题,它的递推关系表达式是:$a_1=1, a_{n+1}=2a_n+1$.

我们将 1 代入递推关系的右边中的 a_n,得到左边 $a_{n+1}=3$,

再将 3 代入右边,左边得 7,

再将 7 代入右边,左边得 15,

……

像这样按一个算式($2a_n+1$)不断将算得的结果再代入,又得到新的结果,再代入……这种工作叫迭代. 我们不去严格地区分,其实迭代与递推本质上是一回事.

例1 计算当 $x=3$ 时,多项式 $2x^3+3x^2-5x-1$ 的值.

用笔算求当 $x=3$ 时,多项式 $2x^3+3x^2-5x-1$ 的值时,就是将 3 代入,得

$$2\times 3^3+3\times 3^2-5\times 3-1=65,$$

但是对计算机来说,这样的做法并不方便,在计算机上,通常将这个三次多项式转化为

$$ax^3+bx^2+cx+d=((ax+b)x+c)x+d$$

的形式,即

$$2x^3+3x^2-5x-1=((2x+3)x-5)x-1.$$

这样,计算机只要做两个动作:先乘 x,再加上下一项的系数. 这两个动作是重复的,又是循环的,计算机处理起来十分拿手. 图 10-1-1 是相应的框图.

例如,当 $x=3$ 时,

先输入系数序列 $(2,3,-5,-1)$,即多项式的项按照 x 的降幂排列后每一项的系数,

再输入 x 的值 3,

然后读入第一个系数,即 2,

接下去,判断是否还有系数,此时后面还有三个系数 $3,-5,-1$,因此将 2 乘以 x,再加下一个系数 3,此时得到 9,

再判断是否还有系数,此时后面还有两个系数 $-5,-1$,因此将 9 乘以 x,再加下一个系数 -5,此时得到 22,

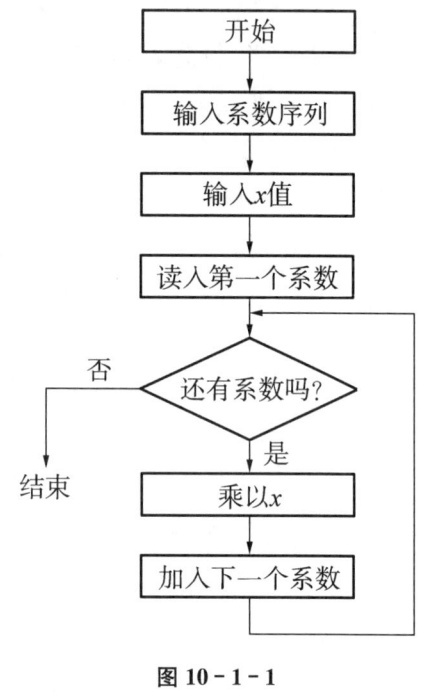

图 10-1-1

再判断是否还有系数,此时后面还有一个系数 -1,因此将 22 乘以 x,再加下一个系数 -1,此时得到 65,

再次判断是否还有系数,此时所有系数均已参与运算,不再有系数,因此计算结束.

因此最终结果为 65.

例2 计算 $\sqrt{2}$ 的数值.

过去的教材里教过笔算开平方,比较繁,早就不讲了.

那么用计算机是怎么算$\sqrt{2}$呢?

先确定递推公式

$$x_{n+1}=\frac{1}{2}\left(x_n+\frac{2}{x_n}\right).$$

我们就来计算这个数列极限的近似值.

先取一个初始的值.譬如认为$\sqrt{2}$近似等于1,这个1就可以作为x_1.于是

$$x_2=\frac{1}{2}\left(1+\frac{2}{1}\right)=1.5000000,$$

$$x_3=\frac{1}{2}\left(1.5+\frac{2}{1.5}\right)=1.4166667,$$

$$x_4=\frac{1}{2}\left(1.4166667+\frac{2}{1.4166667}\right)=1.4142157.$$

只用三次迭代,就能求得$\sqrt{2}$的很精确的近似值了.

例3 解方程$x^3-2x-1=0$.

这个例子是个三次方程,中学里是不讲的.

将原方程变形为$x=\sqrt[3]{2x+1}$.

令$x=10$,代入$\sqrt[3]{2x+1}$进行迭代,

第一次得2.758924176381120,近似值为2.759;

第二次得1.867962201283610,近似值为1.868;

第三次得1.679325646130720,近似值为1.679;

第四次得1.633493366202400,近似值为1.633;

第五次得1.621961087481980,近似值为1.622;

第六次得1.619033383495710,近似值为1.619;

第七次得1.618288438616500,近似值为1.618;

第八次得1.618098780289130,近似值为1.618,与上一次迭代近似值相同,即可结束迭代.

因此方程$x^3-2x-1=0$的近似解为$x=1.618$.

例4 求解$x=10+\lg x$.

这是对数方程,属于超越方程,中学里没有系统进行讨论过.

输入10,代入$10+\lg x$进行迭代.

第一次迭代得11;

第二次迭代得11.0413927;

第三次迭代得 11.0430239；

第四次迭代得 11.0430880；

第五次迭代得 11.0430905；

第六次迭代得 11.0430906；

第七次迭代得 11.0430906.

根据需要的精确度,精确度越高,迭代次数则需要越多.

从上面四个例子可以看到计算机的威力,其数学原理实际上是迭代法的威力,也就是递推关系的威力.

以上这些解法是什么道理呢？其实就是在寻找一个由递推关系确定的数列的极限,这里主要用的是不动点法. 请参见第三章第六节和第七章第四节.

参考文献

[1] 甘超一.谈两道高考递推数列问题[J].数学通讯,1986(12).

[2] 成应瑑.浅谈数列的非线性递推问题[J].数学通讯,1986(11).

[3] 湖南省数学会.数学竞赛专题讲座[M].长沙:湖南大学出版社,1986.

[4] 田洪生.关于 $x_{n+1}=\dfrac{x_n(x_n^2+3)}{3x_n^2+1}$ 的通项公式[J].中学数学,1987(1).

[5] 周沛耕.谈谈迭代法[N].中学生学习报,高中版.

[6] 张数尧.待定系数法求递推数列通项几例[J].中学生数理化,1987(5).

[7] 童伟民.1986年高考部分数学试题解法选登[J].数学通讯,1986(11).

[8] 周亿同.有关数列的两个问题[J].数学教学研究,1987(2).

[9] 史济怀.母函数[M].上海:上海教育出版社,1980.

[10] 杨迅文.数列求和方法拾缀[M].福州:福建人民出版社,1983.

[11] 游兆永.高等数学的解题方法和技巧[M].西安:陕西科技出版社,1986.

[12] 蒋文蔚,杨延龄.数学归纳法[M].北京:北京师范大学出版社,1985.

[13] 笹部贞市郎(日).代数学辞典[M].上海:上海教育出版社,1982.

[14] 矢野健太郎(日).数学解题技巧[M].哈尔滨:黑龙江人民出版社,1983.

[15] 杉村保(日).漸化式と帰納の定義[M].日本:大阪教育图书株式会社,1972.

[16] 宫原繁(日).漸化式[M].日本:科学新興社,1970.

[17] 陆晓静,茹双林.周期数列的几种形式[J].数学通讯,2006(5):15.

[18] 鲁和平.周期数列的识别及求解策略[J].数理天地(高中版),2021(4):16-18.

[19] 欧筑峰.变系数线性归纳数列的通项与求和问题[N].安顺师专学报

（自然科学版），1996(4)：13－25.

[20] 徐广华.关于周期数列的重要性质与结论的探究[J].中学数学研究，2018(2)：1－2.

[21] 刘学文.关于周期数列的八个结论[J].中学生数理化高考版，2010(2).

[22] 党星元.用不动点求递推数列的通项公式[J]，理科考试研究（数学版），2013(8)：18－19.

[23] 陈 烈.不动点法在求递推数列通项公式中的应用[J].中学教学参考，2014(20).

[24] 祖 萩.用特征方程组法求一类分式型递推数列的通项公式[J].中学数学教学，1999年增刊：64－65.

[25] 李春雷.用累乘法求递推数列的通项公式[J].2005(5)：18－19.

[26] 梁 瑛，吴宏锷.常系数线性递推关系通项的求解[J].高等数学研究，2007(7)：56－58.

[27] 邹 峰，范广哲.一道特殊递推数列通项公式的求法、推广与应用[J].中学数学教学，2020(3)：38－39.

[28] 奇趣数学苑.数列专题：递推数列求通项公式拓展[OL].奇趣数学苑，2023－9－16.

[29] 韩老师带你学数学.数列递推公式求通项最全技巧[OL].韩老师带你学数学，2023－9－14.

[30] 爱与数.专题：数列的递推关系[OL].爱与数，2023－8－30.

[31] 王慧兴.强基计划数学—数列与递推方法[OL].华数数学，2023－8－13.